陈长松 著

陈独秀前期报刊实践与传播思想研究（1897—1921）

本书得到了『江苏省青蓝工程优秀青年骨干教师项目』的支持。

中国社会科学出版社

图书在版编目(CIP)数据

陈独秀前期报刊实践与传播思想研究:1897～1921/陈长松著. —北京:中国社会科学出版社,2015.12
ISBN 978-7-5161-7118-9

Ⅰ.①陈… Ⅱ.①陈… Ⅲ.①报刊—新闻事业史—中国—1897～1921②陈独秀(1879～1942)—传播学—思想评论 Ⅳ.①G219.295②G206

中国版本图书馆 CIP 数据核字(2015)第 283358 号

出 版 人	赵剑英
选题策划	陈肖静
责任编辑	陈肖静
责任校对	刘 娟
责任印制	戴 宽

出　　版	中国社会科学出版社
社　　址	北京鼓楼西大街甲 158 号
邮　　编	100720
网　　址	http://www.csspw.cn
发 行 部	010-84083685
门 市 部	010-84029450
经　　销	新华书店及其他书店

印刷装订	三河市君旺印务有限公司
版　　次	2015 年 12 月第 1 版
印　　次	2015 年 12 月第 1 次印刷

开　　本	710×1000　1/16
印　　张	16.75
插　　页	2
字　　数	270 千字
定　　价	62.00 元

凡购买中国社会科学出版社图书,如有质量问题请与本社营销中心联系调换
电话:010-84083683
版权所有　侵权必究

目　录

有意义的"考证"与"发掘",有价值的"读解"与"商榷"
　　——序《陈独秀前期报刊实践与传播思想研究(1897—1921)》……（1）

绪论 …………………………………………………………………（1）

第一章　报人生涯的"预演":维新时期传播实践初探……………（21）
　　第一节　由"选学妖孽"到"康梁派"…………………………（22）
　　第二节　《论略》的传播学分析………………………………（24）

第二章　初涉报坛:清末新政时期的报刊实践……………………（31）
　　第一节　清末新政时期的社会环境……………………………（32）
　　第二节　安徽拒俄运动的兴起:发起两次演说会……………（38）
　　第三节　初涉报坛:参与创刊、编辑《国民日日报》…………（44）
　　第四节　小试牛刀:创办《安徽俗话报》………………………（56）

第三章　成就"元典":"五四"前后的报刊实践……………………（94）
　　第一节　汝南晨鸡,先登坛唤:参编《甲寅》…………………（95）
　　第二节　创办《新青年》,成就"五四"新文化运动的"元典"……（109）
　　第三节　创办《每周评论》,引领评论性报刊新潮流…………（172）

第四章　"一枝独秀":陈独秀前期传播思想评析…………………（198）
　　第一节　爱国忧民的传播主题…………………………………（198）

— 1 —

第二节　思想启蒙的传播宗旨…………………………………(204)
　　第三节　自由主义的传播思想…………………………………(218)

结语　一枝独秀:陈独秀前期报刊实践与传播思想的再认识…………(238)

附录一　《俗话报》各栏目篇目一览表………………………………(243)

附录二　《每周评论》相关栏目篇目一览表…………………………(249)

主要参考文献……………………………………………………………(254)

后记………………………………………………………………………(259)

有意义的"考证"与"发掘",有价值的"读解"与"商榷"

——序《陈独秀前期报刊实践与传播思想研究(1897—1921)》

陈独秀作为中国近现代新闻传播史上的重量级人物,其报刊实践和传播思想理应受到高度重视,然而由于种种原因,以往的研究远未到位。陈长松博士的专著《陈独秀前期报刊实践与传播思想研究(1897—1921)》,对这一在中国新闻史乃至中国历史上都存在较大缺失的论题,进行了颇有学术价值的研究。

专著《陈独秀前期报刊实践与传播思想研究(1897—1921)》,以陈独秀前期(1897—1921)报刊实践与传播思想为主要研究对象,从新闻传播史的视角梳理其发展脉络,在此基础上,深入探讨了陈独秀独具个性的传播思想。作者分"维新时期"、"清末新政时期"以及"五四新文化运动时期"三个时段,考察了陈独秀的报刊实践活动,在梳理史实的基础上,对陈独秀的报刊实践活动进行了"还原"。这表现在两个方面:一是对相关史料的"考证"与"发掘"。如对《扬子江形势论略》一文的"分析",为分析陈独秀维新时期的传播理念提供了可能;对《国民日日报发刊词》、《近四十年世风之变态》作者的"考证",在指出这两篇文章具有陈氏思想色彩的同时,也为研究《安徽俗话报》前的陈独秀传播思想提供了较为可靠的文本。二是对相关史实的"读解"与"商榷"。如对陈独秀清末新政时期"思想启蒙,而非革命排满"的报刊传播旨趣的论述,突破了以往"革命史"视角给陈独秀报刊活动贴上的"革命"标签;对《新青年》与《甲寅》两份报刊之间"扬弃"关系的阐释,对以往"《甲寅》对《新青年》全面影响"的论点进行了商榷；对《新青年》"激烈"的言论态度以及"五四青年"的"分化"等问题的讨论，均有助于更为客观地认识《新青年》杂志。作者在第四章评析了陈独秀的传播思想，认为陈独秀这段时期的传播观主要由爱国忧民的传播主题、思想启蒙的传播宗旨、自由主义的传播思想三部分组成。其中，爱国忧民的传播主题与思想启蒙的传播宗旨是贯穿陈独秀报刊实践的两条主线，自由主义则是其前期传播思想的重要特征。作者在"结语"部分指出陈独秀前期的报刊实践与社会革命活动是"交替"进行的，这在同时代报人中具有"唯一性"，并由此高度评价了陈独秀——不仅是近代中国转型期的思想巨人，也是变革社会的行动巨人，不仅在领导革命活动、推动社会进步方面功不可没，而且也给中国思想史、文化史和新闻史等诸多领域留下了一笔宝贵遗产。

该著思路清晰，结构合理，逻辑性强，史论结合，运用史料和引用文献都颇为充分、翔实，分析与论述比较全面、到位。这反映出陈长松博士扎实的专业功底和较强的理论思辨能力。这样扎实的基础性研究，很值得鼓励。

我是陈长松博士学位论文的答辩主席，与其导师曾建雄教授是老友。通过一定的渠道，我得知：在论文的写作过程中，陈长松博士甘愿坐"冷板凳"，并先后两次去陈独秀家乡安庆进行实地考察，还就相关问题向陈独秀研究专家、安徽大学沈寂教授求教。这充分反映出陈长松博士的严谨学风。

值此，作为书稿的最早读者之一，我衷心祝贺《陈独秀早期报刊实践与传播思想研究（1897—1921）》顺利出版，也祝愿他在今后的学术研究中更上一层楼。

是为序。

丁柏铨[①]

2015 年 1 月 18 日

[①] 丁柏铨，南京大学新闻传播学院学术委员会主任，南京大学新闻研究所所长、教授，博士生导师。

绪　论

一　陈独秀前期报刊实践和传播思想的研究价值

陈独秀作为中国近现代新闻传播史上的重量级人物，其报刊活动和传播思想本应受到高度重视，然而由于种种原因，对于陈独秀的研究曾一度成为学术禁区。改革开放后，国内有关陈独秀的研究逐渐全面展开，还原陈独秀作为一个有血有肉、独具个人魅力的历史人物，成果斐然。但是，他作为一个有重要影响的报人兼社会活动家，以往的研究远未到位。正因如此，从新闻传播的视角深入研究和探讨陈独秀前期的报刊活动和传播思想，有其独特的价值。

本书将对陈独秀前期（1897—1921）的报刊实践展开较为全面细致地研究，以此考察、回顾陈独秀前期的报刊实践，在此基础上，分析、归纳陈独秀前期的传播思想，力求从总体上对陈独秀前期报刊实践及传播思想做出实事求是的解读与评价，并阐明其在新闻史上的独特价值和启迪意义。

这项研究既有一定的理论创新价值，也有积极的现实意义。中国社会在从近代社会向现代社会的转型进程中，陈独秀发挥了不可替代的独特作用。作为引领潮流的一位思想巨人，其社会变革活动与报刊活动密不可分。探讨陈独秀前期报刊实践和传播思想，还原其历史的真实，在尊重史实的前提下得出正确的结论，有助于我们更好地认识报刊活动与中国近代启蒙运动的关系。另外，深入系统地研究探讨陈独秀的前期报刊实践和传播思想，也是完善中国新闻史研究和新闻传播学学科建设的需要。它既可以作为学术成果弥补过去本学科专业相关领域研究存在的某些缺陷和不足，也可以为当前和今后的传媒人提供有益的报刊业务与传播思想方面的借鉴。这是本书研究的意义所在。

二 国内外研究现状述评

陈独秀作为中国社会大变革时期的一位举足轻重的思想家和社会活动家，其一生都与报刊活动密切相关，在成为中共领袖之前，他的社会活动更以创办、编撰报刊为主。研究中国近现代史包括新闻事业史，必然要研究陈独秀，也必然要对陈独秀的报刊活动及其对当时社会的影响进行系统深入的研究，这是无法回避的历史事实。同时，对陈独秀的研究还应当采用多学科、综合性的研究视角，因为在中国社会转型期能够引领潮流的人物，大都具有某种历史的复杂性和丰富性。然而令人遗憾的是，以往新闻传播学科有关陈独秀的研究，恰恰缺乏多学科、综合性的研究视角，故而对其认识解读也显得平面单薄。

从现有的研究成果看，新闻传播学界对陈独秀报刊实践的研究，论文虽多，但视角较为狭窄，缺少宏观视野和历史眼光。这些研究或是在革命范式或启蒙范式下对陈独秀的报刊活动进行"为我所需"的割裂式解读，或是仅就陈独秀的报刊活动进行孤立的铺陈与论述，这势必导致认识的片面性和表面化，也缺乏对历史人物立体化的剖析和具有穿透力的解读，未能揭示其本应具有的复杂性、丰富性和各种内在联系，以及蕴含的价值和意义。

据笔者查询，海外及港台学者专门针对陈独秀报刊实践活动及其传播思想的研究成果基本没有。[①] 原因有二：一是因为关注点是更为宏观的思想史和政治史，研究对象主要为五四运动及新文化运动；二是因为研究陈独秀的专论比较少，已有论著或为政治视角、思想史视角的研究成果或为回忆、传记性成果。当然任何有关陈独秀的系统研究都必然或多或少涉及陈独秀的报刊实践，因此，尽管没有专门论述陈独秀报刊实践活动及传播

---

① 这个结论首先建立在陈辽《港台及海外学者对陈独秀的研究》(《安徽师范大学学报》2005年第1期)的基础上，在这篇论文中，作者根据已收集到的研究成果，认为陈独秀研究在海外及我国港台地区已经成为一门"陈学"。该论文列举的研究成果中没有专门研究陈独秀报刊实践和传播思想的成果。其次根据郭成棠《陈独秀与中国共产主义运动》(台北联经出版社2006年9月初版第三刷)，郭也认为关于陈独秀的研究成果较少，而且郭书列出的相关研究成果也没有专门论述陈独秀报刊实践和传播思想的专著或论文。当然，这种结论仅是在专门论述陈独秀报刊实践和传播思想的意义上才成立，因为任何研究陈独秀的论著都无法绕开陈独秀的报刊实践，所以关于陈独秀的研究成果虽多，但专门研究陈独秀报刊实践和传播思想的研究成果则很少。

理论的研究成果，但是海外及港台的陈独秀研究却可为本书提供有益参考。以下是对相关论著最具代表性的观点所作的简要评述：

（一）关于《安徽俗话报》的研究

《安徽俗话报》是陈独秀早年在安徽创办的一份报刊，体现了陈独秀早年的思想和主张。现有的新闻史著作，或很少对《安徽俗话报》予以关注，或者仅在白话报刊章节中予以简要介绍。如方汉奇等编著的《中国新闻事业通史》对《安徽俗话报》进行了简单的介绍。现有的研究论文也多为《安徽俗话报》的简单介绍，缺少深度，少数论文在分析《安徽俗话报》的创办缘起、主要内容、地位和影响的基础上，分析《安徽俗话报》的性质与陈独秀的思想变化。其中胡明"陈独秀表现于报刊的思想倾向主要是同情社会底层的劳苦大众，向往西方的民主精神，企图通过媒体改造国民的劣根性"[①] 与邓伟"《安徽俗话报》在当时主要是一份面向地方大众社会启蒙性的综合读物，政治态度并不违背一般政府官员的观念，并顺应了当时社会危机下'开通民智'的文化共识"[②] 的结论具有一定的参考价值。现有的学位论文中，多数论文站在各自的学科视角对《安徽俗话报》进行选择性研究[③]，另有两本学位论文对《安徽俗话报》展开了详细的文本研究[④]。

已有文献对《安徽俗话报》做了深入细致的研究：(1) 理清了俗话报的办刊经过；(2) 对俗话报的办刊宗旨进行了深入地探讨；(3) 对俗话报的内容进行了较为详细的文本研究；(4) 对俗话报的地位和贡献也做了有益的探讨；(5) 对陈独秀当时的思想也作了有益的探讨。但也存在以下问题：(1) 对刊物的性质缺乏深入地探讨。现有研究或在革命范式或在启蒙范式下研究刊物的性质，带有一定的局限性；(2) 对俗话报地位的研究有欠深入。必须在比较的视角下，对俗话报的地位进行研究；(3) 对俗话报文本的解读视角较为狭厌。脱离宏观语境的微观解读以及由此得出的结论

---

① 胡明：《论陈独秀早期的报刊文字与舆论诉求》，《西北大学学报》2003年第4期。
② 邓伟：《晚清白话与白话文学的实现程度——重读〈安徽俗话报〉》，《江淮论坛》2006年第6期。
③ 韩彩玲：《〈安徽俗话报〉研究》，河南大学硕士学位论文，2006年；孙杰：《白话报与近代白话文运动——从〈安徽俗话报〉对五四白话文运动的影响》，安徽大学硕士学位论文，2007年；聂曙廷：《试论〈安徽俗话报〉对中下层民众的启蒙教育》，北京师范大学硕士学位论文，2008年。
④ 丁苗苗：《〈安徽俗话报〉研究》，安徽大学硕士学位论文，2005年；黄晓红：《〈安徽俗话报〉研究》，安徽大学博士学位论文，2010年。

缺乏坚实的基础。

(二) 关于《甲寅》(月刊) 与《新青年》关系的研究

陈独秀在创办《新青年》之前,曾受章士钊邀请去日本参编《甲寅》,参编《甲寅》对创办《新青年》具有重要影响,因此关于《甲寅》与《新青年》的关系是学界研究的热点之一。

一些学者认为两者之间存在明显的传承关系。岳升阳认为,《甲寅》不仅在组织上同《新青年》有着密切联系,在思想上对于《新青年》和新文化运动也有很大影响,《新青年》的许多思想都可以在《甲寅》月刊中找到原型。[①] 杨琥认为,两者之间虽存在差异,但并不能否定《新青年》与《甲寅》两者之间存在着一定的传承关系。[②] 甚至有学者认为《青年杂志》沿袭《甲寅》月刊。庄森认为,陈独秀创办《青年杂志》时并没有成熟的办刊思想,而是沿用《甲寅》的办刊宗旨,相袭其编辑思路,依靠其作者队伍。[③]

另有一些学者认为《青年杂志》与《甲寅》存有明显差异。李永中认为,陈独秀创办《青年杂志》并非出于谋生,而是经过了思想上的充分酝酿与准备。[④] 孟庆澍指出,《新青年》与《甲寅》月刊虽有很深的渊源,但一些看似势所必至、理所应然的历史现象,背后往往有偶然的社会性因素在发挥作用。[⑤] 他还认为,较之《甲寅》,《新青年》减少了政论的比重,转而寻求从思想文化角度发表议论、影响社会,完成了从青年励志刊物向新文化舆论载体的转型。[⑥]

上述研究对《甲寅》与《新青年》,尤其是与《青年杂志》的渊源关系作了深入探讨,但却存在一个问题,都在强调《甲寅》对《新青年》的影响,这种研究取向导致将两个刊物的形式、内容进行比较,部分论文仅从形式进行比较,另一些论文则在前者的基础上,对两者的内容进行比

[①] 岳升阳:《〈甲寅〉月刊与〈新青年〉的理论准备》,《清华大学学报》1989年第1期。
[②] 杨琥:《〈新青年〉与〈甲寅〉月刊之历史渊源》,《北京大学学报》2002年第6期。
[③] 庄森:《〈青年杂志〉相承〈甲寅〉论》,《学术研究》2005年第5期。
[④] 李永中:《〈甲寅〉上〈青年杂志〉广告》,《新文学史料》2007年第3期。
[⑤] 孟庆澍:《〈甲寅〉与〈新青年〉渊源新论》,《中国现代文学研究丛刊》2010年第5期。
[⑥] 孟庆澍:《新文学缘何而来——从〈新青年〉与〈甲寅〉月刊的差异说起》,《河南大学学报》2010年第5期。

较，由此得出《甲寅》对《新青年》的"全面影响"，甚至得出"陈独秀为了生计创办《青年杂志》"，"其时并没有成熟的办刊思想"，所以沿用《甲寅》金字招牌的研究结论。这忽视了陈独秀桀骜不群、不甘人后的性格因素，也忽略了陈独秀对《甲寅》的贡献，更没有对陈独秀刊于《甲寅》的《爱国心与自觉心》这一"逆文"进行分析。因此，有必要对《甲寅》与《青年杂志》（《新青年》）的关系进行重新审视。

(三) 关于《新青年》与《每周评论》的研究

1. 关于《新青年》的研究

《新青年》作为新文化的"元典"，目前已形成多元化的研究格局。本书作为新闻传播视角的《新青年》研究，主要关注本学科的代表性文献，兼及其他学科视角研究得出的有益于新闻传播视角研究的相关论著。

(1)《新青年》创办背景的研究

几本具有代表性的中国新闻史著作在"'时代需要启蒙'是《新青年》创办的背景"这一点上达成了一致。[①] 另外章清"晚清以降，随着中西思想冲突的加剧，传统由'知识资源'向'学术资源'过渡"的结论[②]，对深入探讨《新青年》的创办背景也有所助益。

(2)《新青年》的宗旨与性质研究

关于《新青年》的宗旨与性质研究，郭汉民等在《1949年以来〈新青年〉研究述评》一文中已对这些观点做了较详细的评析。如关于《新青年》的办刊宗旨主要有四种意见，即初期《新青年》以思想启蒙为宗旨，基本不涉时政；后期《新青年》是密切关心政治、议论时政的；《新青年》与时俱进，其办刊宗旨是不断演变、前后有别的；《新青年》有其始终如一的办刊宗旨，这就是对青年的启迪与教育。关于《新青年》的性质基本上可以分为三类，即政治角度的定位、文化角度的定位及其他角度的定位。[③]

进入21世纪以来，学界对这一问题仍十分关注，上述观点各有市场。

[①] 宁树藩主编：《中国新闻事业通史第二卷》，中国人民大学出版社1996年版；丁淦林：《中国新闻事业史》，高等教育出版社2007年版；吴廷俊：《中国新闻史新修》，复旦大学出版社2008年版；黄瑚：《中国新闻事业发展史》，复旦大学出版社2009年版；赖光临：《中国近代报人与报业》，台北商务印书馆1980年版。

[②] 章清：《传统：由"知识资源"到"学术资源"》，《中国社会科学》2000年第4期。

[③] 郭汉民、董秋英：《1949年以来〈新青年〉研究述评》，《近代史研究》2001年第6期。

陈平原认为,《新青年》作为"同人杂志",已超越一般意义上的大众传媒,而兼及社会团体的动员与组织功能。[①] 庄森认为,《新青年》第8卷第1—5号还是新青年社团的"共同"刊物,而不是中国共产党上海发起组织的机关刊物。[②] 吴廷俊认为,《新青年》前期从1915年创刊到1920年上半年为启蒙刊物;后期则从1920年下半年到1926年终刊,为共产党(先是发起组)的机关刊物。[③] 陈昌凤认为,"发动思想改造运动,重建社会价值体系"是《新青年》的宗旨,"反传统"是《新青年》的思想倾向,"同人杂志模式"是《新青年》的组织形式。[④] 黄瑚认为,《新青年》属于"文教性报刊",是"提倡科学民主的新文化战士"。[⑤]

(3)《新青年》的内容研究

中国新闻史专著几乎一致认为,文学革命、反孔非儒、白话文运动、提倡民主和科学、反对迷信是《新青年》的主要内容。但与其他学科相比,在深入研究方面则存在不足,因此,陈平原"'新青年'同人思维方式的最大特点,是力图将文学革命与思想革命统一起来,用发起运动的方式来促进文学革新。无论是杂志编排,还是话题设计,陈独秀等人都是希望兼及思想与文学。这是《新青年》所倡导的'文学革命'的基本特色,也显示了新文化人的盲点。这必然导致除了白话文的讨论全面获胜外,其他新青年议题充满争议,甚或失败"的研究结论[⑥];严家炎"把'五四'新文化运动说成是全盘否定传统文化、造成'断裂'的说法存在着问题"的观点[⑦];杨红军对五四报刊文化批评的隐晦结构及其流弊的分析[⑧];黄

[①] 陈平原:《思想史视野中的文学——〈新青年〉研究(上)》,《中国现代文学研究丛刊》2002年第3期。

[②] 庄森:《〈新青年〉第八卷还是社团"公同"刊物——中国现代新闻传播史重要史实辨正》,《社会科学战线》2008年第6期。

[③] 吴廷俊:《中国新闻史新修》,复旦大学出版社2008年版,第169—174页。

[④] 陈昌凤:《中国新闻传播史:传媒社会学的视角》,清华大学出版社2009年版,第139—145页。

[⑤] 黄瑚:《中国新闻事业发展史》,复旦大学出版社2009年版,第138—139页。

[⑥] 陈平原:《思想史视野中的文学——〈新青年〉研究(上)》,《中国现代文学研究丛刊》2002年第3期。

[⑦] 严家炎:《"五四""全盘反传统"问题之考辨》,《文艺研究》2007年第3期。

[⑧] 杨红军:《五四报刊文化批评的隐晦结构及其流弊——以陈独秀和〈新青年〉为主线》,《学术界》2010年第9期。

华文"由于受制于具体国情和民主启蒙运动代表人物的认识水平,五四民主启蒙运动又明显地存在着民主理论建构不足的缺憾"的分析。① 张宝明"《新青年》同人通过语言'断裂'来实现现代性最大化的演进,昭示了《新青年》同人在走向现代性过程中手段的残酷性"的结论②;陈方竞"'横行与标点'是《新青年》尚难以实现的目标,是一个改变上千年中文阅读与写作习惯而需要不断启蒙的话题"的研究③;黄华关于"白话文"运动本身牵涉"上层文化"(传统文化)同"通俗文化"(胡适、陈独秀等人提倡的白话文学)的文化霸权之争,涉及"知识垄断"和知识生态结构的重组问题的研究分析④,都可以为深化《新青年》内容研究提供有益参考。

(4)《新青年》的栏目研究

现有的中国新闻史著述基本没有对《新青年》的栏目展开分析。21世纪以来,对《新青年》栏目的研究成果主要集中于"通信"和"随感录"两个栏目。李宪瑜认为,由于"综合主题的选择、学术性的加强、编辑方式的改动"等,"通信"栏"由公众论坛而趋向自己的园地"⑤。刘震认为,"通信"栏的演变过程,显示了近代报刊民间化和政党化的双重影响,也从一个特定角度投影出了中国近代以来"公共空间"既建构又解构的悖论性状况。⑥ 丁晓原认为,"随感录"是陈独秀、鲁迅等《新青年》作家进行文化与社会批评的一种主要方式。⑦ 李辉认为,"随感录"是《新青年》首创的讲究时效性、新闻性的杂感类报刊专栏,是抨击封建思想文化和不良时政的一种理想方式,类似报刊专栏的设立为当时知识分子

---

① 黄华文:《对五四民主启蒙运动的审视》,《江汉论坛》2001年第9期。
② 张宝明:《"文白不争"引发的历史悲情——从文化社会学的视角看现代性的两副面孔》,《学术界》2005年第2期。
③ 陈方竞:《"横行与标点":〈新青年〉新文化倡导的一个并非轻松的话题》,《文艺研究》2009年第7期。
④ 黄华:《从文化霸权的角度分析"白话文运动"》,《国际新闻界》2010年第5期。
⑤ 李宪瑜:《"公众论坛"与"自己的园地":〈新青年〉杂志"通信"栏》,《中国现代文学研究丛刊》2002年第3期。
⑥ 刘震:《〈新青年〉与"公共空间"——以〈新青年〉"通信"栏目为中心的考察》,《延边大学学报》2003年第3期。
⑦ 丁晓原:《从新文体到"随感录"》,《中国现代文学研究丛刊》2006年第1期。

开拓了一种新的批评空间，也为日后以鲁迅为代表的杂文的成熟奠定了基础。① 陈平原认为，"通信"栏除了拉近与读者的距离，更多的是为了获得独立思考以及自由表达的权利。然而"通信"栏目并没有成为"公众论坛"，其"对话状态"不只是虚拟的，而且有明确的方向感。"通信"还具有穿针引线的作用，将不同栏目、不同文体、不同话题纠合在一起，很好地组织或调配。"随感录"的横空出世，不仅仅为作家赢得了一个自由挥洒的专栏"文体"，更凸显了五四新文化人的一贯追求——政治表述的文学化。② 这些研究都可以为《新青年》栏目研究提供参考。

（5）《新青年》的作者与读者研究

相较于中国新闻史著述，《新青年》的作者研究更多体现为论文成果。章清认为，分化后的"新青年"群体，其同人各自搭建起新的发言台，汇集成不同的政治力量。但思想界仍维持"我们"与"他们"的区分。③ 张化冰认为，《新青年》作者群是在文化和启蒙的旗帜下形成的，这是中国的知识分子为拯救民族危亡而选择救国道路的历史性发展。④ 尤小立认为，新文化派的老师辈没有直接参与"五四"学生的运动，是因为他们仍抱有启蒙之念，更倾向于坚守思想革命、以舆论批评这种知识分子参与社会的方式影响社会。然而随着新文化派中的激进成员逐渐接受和认同"社会革命"，新文化派彻底走向分裂。⑤

《新青年》的读者研究也主要表现为论文研究。李永中认为，由于传播机制的建立，《新青年》参与了对读者的塑造，读者之间形成了一定的阅读网络。一种基于读者最内在的私人主体性和社会公众联系在一起时，以理性话语霸权为特征的想象的共同体逐渐"浮出历史地表"⑥。邓金明认为，《新青年》的巨大影响是通过阅读实现的。新读者的主体是五四青

---

① 李辉：《〈新青年〉"随感录"研究》，《重庆工学院学报》（社会科学版）2007年第8期。
② 陈平原：《思想史视野中的文学——〈新青年〉研究（下）》，《中国现代文学研究丛刊》2003年第1期。
③ 章清：《1920年代：思想界的分裂与中国社会的重组——对〈新青年〉同人"后五四时期"思想分化的追踪》，《近代史研究》2004年第6期。
④ 张化冰：《浅论〈新青年〉作者群的形成》，《新闻与传播研究》2005年第4期。
⑤ 尤小立：《五四新文化派的政治转向及其思想差异——以〈每周评论〉时期为中心的分析》，《南京大学学报》2006年第6期。
⑥ 李永中：《从传播视阈看〈新青年〉对读者的形塑》，《文艺理论与批评》2007年第6期。

年,《新青年》通过大量的"青年论述",阐释了青年的性质;而五四青年通过对《新青年》的阅读,也产生了自我意识。这种自我意识发展的结果就是"青年崇拜"①。章清认为,身处不同地域、不同身份个体对《新青年》及新文化运动的"阅读",颇有差异,呈现出新文化运动的多姿多彩性,及中国社会的多样性。②

(6)《新青年》的地位和贡献研究

新闻传播学科对《新青年》地位和贡献的研究,多集中在两个方面:一是论述《新青年》对新文化运动的贡献;二是论述《新青年》在报刊业务改进方面的贡献。

台湾学者赖光临认为,《新青年》确然是中国思想界的一道界碑,划分新旧两个时代,而它的功过,都付出一份痛苦的代价。③ 吴廷俊认为,前期《新青年》对新文化运动的贡献体现在三方面:以大无畏的精神向孔家店发起猛烈的攻击;以昂扬的斗志,倡导"文学革命"和"白话文运动";广泛介绍西方科学知识,进行反封建迷信的宣传,卓有成效。《新青年》以民主和科学的态度办报则表现为:以"兼容并包"的方针组成同人编辑部;确立以"自由讨论"、"各抒己见"为原则编发稿件;提倡以充分说理的精神撰写文章。④ 黄瑚认为,《新青年》对新文化运动的贡献体现在:提倡自由民主,反对封建礼教,开展批孔斗争;提倡科学,反对迷信;发起文学革命运动。《新青年》在"新文化运动中报刊业务的重大改进"表现为:自由讨论风气的出现与政论传统的复苏;以白话文为核心的新文风的形成。⑤

(7)《新青年》与陈独秀的关系研究

在《新青年》这场大剧中,陈独秀集编剧、导演、演员于一身。因此有论文研究《新青年》与陈独秀的关系。

---

① 邓金明:《从〈新青年〉到"新青年":五四青年对〈新青年〉杂志的阅读研究》,首都师范大学博士学位论文,2008年。
② 章清:《五四思想界:中心与边缘——〈新青年〉及新文化运动的阅读个案》,《近代史研究》2010年第3期。
③ 赖光临:《中国近代报人与报业》,台北商务印书馆1980年版,第505—563页。
④ 吴廷俊:《中国新闻史新修》,复旦大学出版社2008年版,第169—174页。
⑤ 黄瑚:《中国新闻事业发展史》,复旦大学出版社2009年版,第142—144、150—151页。

庄森认为，陈独秀创办《青年杂志》并不是一个深思熟虑的计划，而是一种困于生活的无奈选择，并认为《青年杂志》的思想核心是个人主义。① 石钟扬认为，陈独秀作为主编，是杂志的灵魂，他的主编意识、主编素质、主编操作能力，深刻影响着《新青年》的风格、路数甚至命运。② 张宝明认为，《新青年》的辉煌一方面是其知识群体共同唱和的"实绩"，同时也是"主撰"立于时代浪尖运筹帷幄、纵横捭阖之引领的成就。从《新青年》创刊、转折与发展的精神历程来看，陈独秀起到了举足轻重的杠杆作用。③ 欧阳哲生认为，在《新青年》这场大剧中，陈独秀扮演了他人不能替代的重要角色。陈的个人意志对《新青年》办刊理论的演变和取向起有关键性作用，这一点在从同人刊物转变为中共机关刊物时尤为明显，过去人们对此似估计不足。④

从上述研究可以看出，21世纪以来，《新青年》研究的深度和广度都有所拓展，但从新闻传播视角来看，则存在下列问题：（1）多数研究成果是从其他学科视角展开的，虽不乏识见，但也存在一些学科盲点。比如《新青年》的出场距近代第一份中文刊物《察世俗每月统计传》的出版整整一百年，百年的新闻实践应该是《新青年》出场的重要背景和历史资源，这一点多少被忽视。（2）不少研究成果是在既有理论框架下进行研究的，对《新青年》文本进行选择性读解，其论证逻辑和结论看似客观、科学，但却是封闭的、主观的，研究结论缺乏效度。（3）新闻传播学视角的《新青年》研究成果较少，已有成果研究范围虽有所扩大，但缺乏研究深度。不但缺乏详细的文本研究，而且研究框架也多为思想史、革命史框架，缺少学科创见。

2. 关于《每周评论》的研究

相对于《新青年》研究，《每周评论》研究比较"落寞"，专门研究成

---

① 庄森：《陈独秀和〈青年杂志〉》，《文艺理论研究》2004年第6期。
② 石钟扬："改造青年之思想，为本志之天职：〈新青年〉的主编意识"，《江淮论坛》2008年第1期。
③ 张宝明："主撰"对〈新青年〉文化方向的引领，《中国现代文学研究丛刊》2008年第2期。
④ 欧阳哲生：《〈新青年〉编辑演变之历史考辨——以1920—1921年同人书信为中心的探讨》，《历史研究》2009年第3期。

果不多，且多被包含进《新青年》以及"五四新文化运动"的研究中。

现有的新闻史论著对《每周评论》多为简介，认为其性质属于统一战线（报刊新阵线），促进了马克思主义在中国的传播，并对此后评论性刊物的创办起到了示范作用。部分论文从不同角度研究了《每周评论》，结论具有一定的参考价值。如胡明认为，"问题与主义"之争只是在马克思主义部分内含、俄国革命道路和"点滴改良"与"根本解决"等问题上存在着不同看法而已，不能割裂《每周评论》在"五四"新文化运动大潮中思想启蒙政治启蒙完整的进步业绩。① 尤小立认为，五四新文化派受第一次世界大战结束、协约国胜利激发转向现实政治的标志是创办《每周评论》。《每周评论》与《新青年》虽有分工，但政治诉求上的关联却相当明显。② 周爱武认为，《每周评论》在编辑方法、文体风格、栏目设置、出版发行等方面的探索，影响了大批五四时期的刊物；聚集了一批新文化运动的开拓者，形成了它的品牌效应；还注重有意识传播，同时注重它的受众群体；注意与商会结合，注意广告的经济效益与社会效益。③

相关论文基本理清了《每周评论》的创刊缘起及终刊原因，也对《每周评论》的内容进行了较为详细的文本分析。然而，总体上看，目前对《每周评论》的研究多从革命范式出发，将其与"五四新文化运动"进行联动分析，这种分析虽有其合理性一面，但多少忽视了《每周评论》具有的多面相特征。

（四）关于陈独秀传播思想的研究

关于陈独秀传播思想的研究，也是学者关注的焦点。一部分论著关注陈独秀的编辑思想，另一部分论著则关注陈独秀的新闻传播思想，其中部分专著和论文侧重讨论陈独秀的自由主义报刊思想，部分专著则从党报角度、政治视角论述陈独秀的报刊思想。

研究陈独秀编辑思想的文献以李琴为代表。她认为，五四前后陈独秀的报刊编辑思想表现在：编辑报刊应有明确的宗旨；编辑报刊应有针对

---

① 胡明：《〈每周评论〉与"五四"思想文化》，《传统文化与现代化》1999年第3期。
② 尤小立：《五四新文化派的政治转向及其思想差异——以〈每周评论〉时期为中心的分析》，《南京大学学报》2006年第6期。
③ 周爱武：《〈每周评论〉的传播学意义》，《怀化学院学报》2007年第5期。

性；编辑报刊要有明确的政治方向，要服务于现实斗争；编辑报刊应坚持"真理以辩论而明"的宣传方式；报刊编辑工作应具有创新意识；报刊编辑工作者应具有良好的职业素质和职业道德。五四前后陈独秀报刊编辑思想的三大特色：广纳贤才，采百家之长，力求刊物特色鲜明；"以人为本"的理论；与时俱进，顺应时代发展的要求。[①]

研究陈独秀自由主义报刊思想的文献以张育仁为代表。他认为，陈独秀自由主义报刊思想，主要贯穿在"重新估定一切价值"的全新的思想文化努力当中。《新青年》发刊词中的"六义"构成了陈独秀报刊自由主义思想及特色的几大重要义项。陈独秀所追求的办报境界，既不是孙中山所醉心的"党报思想"，也不是于右任那种顶着"机关报"的幌子干着"为民请命"或者"监督政府"的勾当。陈独秀报刊自由主义思想体系中最核心的部分是反对学术专制，倡导思想自由。陈独秀的报刊自由主义主张是"超逾党派政见，且具有普世性价值意义的"[②]。

研究陈独秀党刊思想的则以郑保卫为代表。郑保卫等认为，陈独秀报刊思想包括：发扬民主舆论思想，敢于反抗舆论，善于引导舆论，敢于反抗把局部党见与国民舆论相混淆的冒牌舆论，反抗那种长期封建思想禁锢下的世俗偏见舆论，反抗那种不合理的群众盲目舆论；倡行为宣扬真理献身的报人品格；力主报刊应干预政治，反对不谈政治的主张；积极倡导联系实际，讲求真理的宣传战斗风格；还展现了为革命需要，学习和传播马克思主义，从研究书本走向实际斗争，由个人立言转向为集体立言，增强党性，克服文人习性的政治家办报的优秀风格。[③]

另外，王积龙、安璐"陈独秀早在1903年到1905年间就形成了较系统的新闻思想"的论断[④]，刘峰"陈独秀报刊思想有着明显的政治功利色彩，以及这种功利取向在某种程度上破坏了新闻学作为独立学科的正常成长"[⑤]的结论具有一定的参考价值。

[①] 李琴：《五四前后陈独秀报刊编辑思想探析》，湖南师范大学文学院硕士学位论文，2002年。
[②] 张育仁：《自由的历险——中国自由主义新闻思想史》，云南人民出版社2002年版，第225—239页。
[③] 郑保卫主编：《中国共产党新闻思想史》，福建人民出版社2004年版，第44—50页。
[④] 王积龙、安璐：《陈独秀早年的新闻思想》，《安庆师范学院学报》2003年第22期。
[⑤] 刘峰：《陈独秀传播思想研究》，安徽大学硕士学位论文，2007年。

上述研究文献对陈独秀的新闻传播思想进行了详细的研究，存在的问题是，绝大多数研究对"新闻思想"、"新闻传播思想"、"传播思想"、"编辑思想"等关键概念未作出明确界定，且研究视野存在局限，缺少跨学科视野和比较研究的方法，没有反映出陈独秀新闻传播思想的丰富性、复杂性及其发展演变轨迹，因而无法客观呈现陈独秀的传播思想在中国新闻传播史上的独特地位。

三 研究方法、研究思路与篇章结构

（一）研究方法

本书的研究属于横跨新闻传播学与历史学的交叉性研究，因此在研究方法上也综合运用新闻传播学与历史学的研究方法，主要采用比较分析法、文献研究法和个案研究法。

1. 比较分析法。按照特定的指标体系将客观事物加以比较，以更好地认识事物并做出较为客观、科学评价的方法。本书主要用于对陈独秀创办的报刊、参编的报刊与同时代有关报刊进行比较，也包含陈独秀的传播思想与同时代其他报刊活动家的传播思想的比较。目的在于更为客观地分析陈独秀报刊实践的特点以及陈独秀传播思想的历史意义。

2. 文献研究法。根据一定的研究目的或课题，通过调查文献来获得资料，从而全面地、正确地了解掌握所要研究问题的一种方法。主要运用于两方面：一是对陈独秀报刊活动的历史存疑进行研究；二是对陈独秀所撰部分文章的考辨。通过对陈独秀存世文字的较为准确、全面地分析，得出有关陈独秀报刊实践及传播思想的可靠结论。

3. 个案研究法。是指把研究者有兴趣的领域置于特定的时间内，对客体的种种，作完整、详尽的研究。[①] 本书研究的是陈独秀前期报刊实践与传播思想，属于个案研究，需要对陈独秀在维新时期、清末新政时期以及五四新文化运动时期等前期的报刊实践与传播思想进行比较全面、系统地考察和分析。

（二）研究思路与篇章结构

本书的研究对象是陈独秀前期的报刊实践与传播思想。本书研究的大

---

① 李茂政：《当代新闻学》，正中书局1987年版，第26页。

体思路是：在新闻传播学视角下，结合其他学科的研究成果，探讨陈独秀前期的报刊实践的动因是什么？取得了什么样的传播效果？表现出何种传播思想？以及陈独秀前期的报刊实践与传播思想在中国新闻史上占有什么样的历史地位？为此，本书首先用三章对陈独秀前期的报刊实践进行研究，在此基础上，用一章专门评析陈独秀前期的传播思想。采用这样结构的原因在于：一是因为陈独秀的报刊实践是分析陈独秀传播思想的基础；二是出于系统考察陈独秀前期报刊实践及传播思想发生、发展的需要。

本书分为绪论、主体和结语三大部分。绪论部分主要包括本论题的研究价值与意义、国内外研究现状评述、研究方法与研究的创新点、重点与难点。主体部分包括四章：第一章，维新时期报刊实践初探；第二章，清末新政时期报刊实践研究；第三章，五四新文化运动时期报刊实践研究；第四章，陈独秀前期传播思想评析。结语部分主要是总结陈独秀前期报刊实践的特点，对陈独秀前期传播思想进行概括，指出其报刊实践及传播思想之于中国新闻史的意义。

四 创新点、重点与难点

（一）创新点

1. 以《扬子江形势论略》一文为线索，对陈独秀维新时期的传播实践及传播理念进行了初步探讨。

2. 对《会启》、《国民日日报发刊词》、《近四十年世风之变态》等文章的考证，将陈独秀的报刊实践及传播思想研究，"真正"推进到《安徽俗话报》创刊之前。

3. 对陈独秀前期报刊实践的一些历史存疑，进行了尝试性的探讨，如陈独秀在《国民日日报》的地位及贡献，《新青年》第一、二卷时期的"惨淡经营"问题；也对部分颇有影响的研究结论进行学理商榷，如《新青年》与《甲寅》的关系，《新青年》同人"激烈"的言论态度，这些都有利于深化对陈独秀前期报刊实践的历史认知。

4. 对陈独秀前期传播思想的讨论也是本书的创新之处。将爱国忧民的传播主题，思想启蒙的传播宗旨，以及自由主义的新闻思想三者相互结合，指出陈独秀前期的传播思想，确实具有"一枝独秀"的特点。

(二) 重点与难点

1. "还原"史实既是本书的研究重点，也是本书的难点之一

尽管陈独秀的一生几乎都耗费在文字生涯中，也具有丰富的报刊实践，但相较于梁启超、章士钊、胡适等人，陈独秀不甚"爱惜"自己的文字，生前并没有将自己的文字结集出版，《独秀文存》是应汪孟邹之邀而选录的部分报刊"时文"，《实庵自传》也只写了两章，且带有浓厚的反思色彩。陈独秀虽与他人多有通信，但只有少量信件因胡适、蔡元培等收信人的妥善保存而存世，陈独秀本人并没有书信集留世。此外，直至目前，也没有发现有关陈独秀的日记、笔记之类的个人文字。这给研究陈独秀的报刊实践带来了困难，不宁唯是，陈独秀本人文字的"缺席"状态，也为其后，尤其是当代的各种"可能性解释"提供了可能，这又增加了研究的难度。因此，研究陈独秀的报刊实践，既需要挖掘新的史料，也需要对现有的文献资料进行深度解读，努力"还原"史实，这构成了本书的研究重点与难点。

2. 探讨陈独秀前期报刊实践的历史地位也是本书的重点与难点

以往对陈独秀报刊实践历史地位的探讨，主要集中于《新青年》与《每周评论》，且多采用了革命史的考察视角，甚至可以说，对《新青年》思想启蒙特征的解读也深受革命史范式的影响。然而，考察陈独秀这一时段的报刊实践，革命，尤其是暴力革命，并不是陈独秀报刊实践的主要特征，相反，其报刊实践表现出浓厚的思想启蒙的色彩，无论是其创办的《安徽俗话报》、《新青年》、《每周评论》，还是其参与的《国民日日报》与《甲寅》（月刊），都表现出这一特征。此外，围绕思想启蒙这一传播宗旨，其报刊实践多有创新，既有创设西学藏书楼，组织爱国学社，发表演讲等传播实践活动，也有创办杂志、报纸的办刊活动，且报刊形式也多有创新，这让陈独秀的报刊实践往往能够引领时代潮流。因此，在思想启蒙的视角下，探讨陈独秀报刊实践的历史地位也是本书的重点与难点之一。

3. 归纳、分析陈独秀的传播思想及历史地位也是本书的研究重点与难点

应该说，陈独秀丰富多彩的报刊实践缘于其"一枝独秀"的传播思想。然而，以往对陈独秀传播思想进行的研究，既缺乏对传播思想这一概念所作的较为清晰的界定，也往往沿用革命史的考察视角，得出的结论虽符合革命史的话语建构，但多少具有选择性建构的特征，缺乏历时性的考

察，在此种意义上，这种考察并不是"真正"的历史考察。事实上，陈独秀的传播思想有其发生、发展的演变过程。只有在较为全面地"还原"史实的基础上，通过研究陈独秀的报刊文字，注重其思想的发展演变，才能归纳、分析陈独秀的传播思想，并指出其价值和意义，这是本书需要重点解决的问题之一，也是难点之一。

五 几个核心概念的界定与相关问题的说明

（一）几个概念的界定

1. 报刊实践

本书的报刊实践，具有广义与狭义之分，狭义的报刊实践是指陈独秀从事的报刊创办、编辑出版以及报刊撰稿的活动，如创办《安徽俗话报》、《新青年》、《每周评论》，参编《国民日日报》、《甲寅》（月刊），以及他为其他各类报刊的文字撰述活动。广义的报刊实践还包括维新时期刻印散发《扬子江形势论略》，以及参编《国民日日报》前的两次演说会等传播活动。将上述活动纳入报刊实践的原因在于：刻印散发《扬子江形势论略》，既反映了陈独秀对《时务报》的阅读与"接受"，也具有标志陈独秀报人生涯"预演"的意义；第一次演说会期间，陈独秀不仅发起创设"西学藏书楼"，而且组织励志学社，更提出了拟办《爱国新报》的主张；第二次演说会期间，陈独秀不仅通过《苏报》对相关活动予以报道，而且已有明确的办报理念，这也见于《苏报》的相关报道。事实上，这一时期陈独秀的社会活动也是前后相关，密切相连的。因此，有必要将这两次演说会纳入报刊实践考察的范围。

2. 传播思想

传播思想并不是一个界限清楚而又容易研究的主题[①]，然而，因为传播思想是本书研究的一个重点内容，因此，本书在关绍箕、许正林、戴元光等人对"传播思想"界定的基础上[②]，尝试性地对"传播思想"进行界定。

[①] 关绍箕：《中国传播思想史》，正中书局2000年版，第3页。

[②] 应该说关绍箕《中国传播思想史》，许正林《欧洲传播思想史》，金冠军、戴元光、余志鸿等《中国传播思想史》（古代卷上）三本著作是两岸传播学界研究"传播思想史"的代表作品，虽存在一些缺陷，但直至目前，学界似乎没有更具代表性的研究论著出版。故本书对"传播思想"的界定主要参考上述三本著述。

绪　论

　　许正林认为，贯穿西方传播思想的核心要素是"信息的交流"，因此，传播思想史也就是"人类对信息传播的观念表述的历史描述"[①]。关绍箕将"传播思想"界定为"思想家或个人对传播现象或传播问题所提出的见解、观念、概念、主张、原理、学说或哲学"[②]。戴元光等人认为，"传播思想"是"关于人类社会信息流动规律的概念、认知、理解和把握"[③]。上述三种"界定"，许正林与戴元光的意见基本一致，都指向"信息传播"，关绍箕的定义则指向"传播现象与传播问题"。此外，上述三本著述均为传播思想史著作，而且都采取了宏观架构，因而对"传播思想"外延的界定也是宽泛的。[④]

　　应该说，上述三本著述在各自研究的框架内，对"传播思想"的界定是合适的。作为传播思想史的著作，对传播思想的归纳必须依赖白纸黑字的关于传播问题的文字表述。然而，本书研究的是陈独秀前期的报刊实践与传播思想。陈独秀作为报刊活动家，有着丰富的报刊实践，但其见诸文字的关于传播问题的意见表达，尤其是较为系统的理论阐述，则少之又少，若以转向马克思主义为分界，转向之前关于传播问题的意见表达远少于转向之后的意见表达。这事实上给归纳陈独秀传播思想带来了困难，而这也是陈独秀传播思想难以"彰显"的重要原因。

　　从研究的实际需要出发，本书尝试将"传播思想"界定为：指导报刊活动家进行报刊实践的根本思想、价值追求，以及在此过程中报刊活动家表达的对信息传播问题的见解、观念、概念、主张、原理、学说或哲学。做出这样界定的理由有三点：一是根本思想、价值追求是具体见解得以产生的重要的思想根源，任何报刊实践都是在一定的思想指导下进行的，即

[①] 许正林：《欧洲传播思想史》，上海三联书店2005年版，第3页。
[②] 关绍箕：《中国传播思想史》，正中书局2000年版，第3页。
[③] 余志鸿：《中国传播思想史》（古代卷上），上海交通大学出版社2005年版，第8页。
[④] 许正林认为"传播思想史"至少包含两个主要方面，其一是"信息的交流"的本体部分，这一部分包括交往、语言、符号、理解等；其二是影响"信息交流"的要素部分，这一部分包括影响交往与理解的社会、政治、经济、文化等因素（见《欧洲传播思想史》第3页）。关绍箕则将"中国传播思想"划分为五大范畴：语文传播思想；传播规范思想；人际观察思想；人际关系思想；民意与报业思想（见《中国传播思想史》第3页）。金冠军等认为，"……从横的内容范围来说，作为近现代中国的传播思想史论，主要包括政治传播思想、新闻传播思想、教育传播思想，重点是大众传播思想"[见《中国传播思想史》（古代卷上），第8—9页]。

使报刊活动家没有发表任何关于传播问题的具体见解和主张，其报刊实践也可反映出报刊活动家本人的价值追求；二是清末民初占主导地位的大众传媒是报刊，虽然1905年电影就开始登陆中国，书籍在中国也有着悠久的历史，但是，报刊无疑是这一时期占主导地位的大众传媒；三是相较于普通人，报刊活动家的传播思想更具有学术意义，也更具有"代表性"。当然，做这样的界定，也是为了便于研究陈独秀前期的传播思想，毕竟与陈独秀前期丰富的报刊实践相比，其关于传播问题的论述（特别是公开发表的相关论著）实在有限得很，只能根据其报刊实践以及散见各处的片语只言归纳提炼其传播思想。

3. 关于"陈独秀前期报刊实践和传播思想（1897—1921）"的时间说明

本书的研究对象是"陈独秀前期报刊实践和传播思想"，"前期"作为特定时间段的界定词，是指1897—1921年。将起始时间划在1897年，是因为该年陈独秀刻印散发了《扬子江形势论略》，该文既是陈独秀存世最早的一篇文字，也具有标志陈独秀传媒人生涯"预演"的意义。将研究时段下限划在1921年，尤指陈独秀于中共一大被推选为中共总书记之后。这主要是中共作为组织严密的政党实始于中共一大，之前的上海小组组织并不严密，对陈独秀的报刊实践基本没有产生组织性的压力。换句话说，此前的报刊传播活动带有浓厚的思想启蒙的色彩，即使是上海小组的一年间，陈独秀的报刊实践也可以从思想启蒙的角度进行考察。这明显有别于中共正式成立，报刊成为政党发起组织、进行宣传的媒介工具后，陈独秀报刊实践所表现出的浓郁的政治色彩。从时间来看，从1897年至1921年，时间约为24年，从1921年至1942年陈独秀逝世，时间约为21年，这个时间划分也基本符合陈独秀报刊实践前后划分的中线。需要指出的是，《新青年》（月刊，非季刊——笔者注）虽有3期刊于中共一大之后，但《新青年》的主体部分仍在前期。

这个时段含有三个历史时期：一是维新时期；二是清末新政时期；三是五四新文化运动时期。① 应该说，就本书研究内容来看，前两个历史时期的划分基本没有问题，陈独秀在这两个时期的报刊实践也确实发生在这

---

① 为了便捷的需要，文中标题部分以及部分内容使用了"五四前后"，意义与"五四新文化运动时期"相同。

两个时段之内，存在问题的是"五四新文化运动时期"。这是因为：首先，关于"五四新文化运动时期"的界定见仁见智，至今仍没有统一的标准；其次，本书对陈独秀报刊实践研究的下限时间为1921年。本书从启蒙报刊的视角，将"五四新文化运动时期"界定为1914—1921年。严格来说，这个界定并不严密，主要是为了研究的便利，然而，这并不意味着没有一定的"依据"。就上限时段1914年来说，虽然有观点认为早在1912年前，有关"新文化"运动的所有重要观点几乎在革命党人和改良派的著述中都有所表述①，但这种"溯源性"意义的"源头"显然不能成为"新文化"运动的时间上限。也有观点根据黄远庸在《甲寅》（第一卷第十号，1915年10月）所刊文章中提到"中国的文艺复兴"，将黄远庸视为"新文化运动的先驱"②，黄远庸提出这一观点的时间，与陈独秀创办的《青年杂志》第一卷第一期（1915年9月15日）的发行时间相差无几，据此，有观点将"五四新文化运动时期"的上限划在1915年③。从启蒙报刊的视角看，将上限时间界定为1914年，一个最重要的原因在于：1914年是袁世凯解散国会、修改《临时约法》，将辛亥革命建立的政治体制逐渐转为帝制体制的一年。事实上，这正是《甲寅》创办的重要原因，这也是陈独秀创办《新青年》的一个重要原因。从某种意义上说，正是因为袁世凯称帝野心的逐渐暴露，才使知识精英认识到思想启蒙的重要性。就1921年这一时间下限来看，一方面是为了本书研究的需要，这一原因已在前段予以说明；另一方面"五四新文化运动"中最重要的事件也都发生在"1917年年初到1921年年底的五年间"，1921年以后，"运动已发展为直接政治行动，以后几年里，思想改革和社会改革多多少少遭受忽略"④。所以，本

---

① ［美］夏洛特·弗斯：《五四与近代思想文化》，《五四：文化的阐释与评价——西方学者论五四》，山西人民出版社1989年版，第92页。

② 这个观点见于彭明《五四运动史》，周策纵在《五四运动的阐释与评价》（见王跃、高力克编《五四：文化的阐释与评价——西方学者论五四》，第15页）一文中也表达了类似的观点，当前各种旨在"发现"《甲寅》（月刊）的研究论著也普遍使用了这一观点。

③ 比如何干之主张"五四运动"应始于《新青年》（《青年杂志》）创刊的1915年（见周策纵《五四运动史》，第6页），周策纵也认为五四时代的有些民族思想和新思潮早在1915年就已成雏形了（见周策纵《五四运动史》，第7页），彭明也认为"'五四'前的启蒙运动——新文化运动的兴起以《新青年》杂志的创办为标志"（见彭明《五四运动史》，第131页）。

④ ［美］周策纵：《五四运动史》，岳麓书社1999年版，第7页。

书将五四新文化运动的时间划定为1914—1921年。

（二）相关问题的说明

1. 本书没有专章对陈独秀指导创办《劳动界》、《伙友》、《广东群报》等报刊活动进行研究。这是因为，陈独秀此时的身份已经逐渐由职业报人转向社会活动家，并开始发起组织中共党组织，办刊活动逐步退居次要的地位。当然，这并不代表这部分报刊文字不重要。事实上，他在上述刊物发表的文字均被纳入了本书考察的范围，这不仅对考察陈独秀转向共产主义、发起组织中共是必要的，对研究陈独秀的传播思想也是必要的。

2. 在本书论述陈独秀前期报刊实践的三章中，对《安徽俗话报》、《每周评论》进行了较为细致的栏目介绍，一是因为其重要；二是由于目前已有研究对这两份报刊的内容介绍不够细致、深入；对《国民日日报》、《甲寅》这两份陈独秀参编的报刊，本书也尝试性地探究了陈独秀在其中发挥的作用、地位与贡献；对《新青年》的研究，则主要针对当前学界关注的热点问题展开讨论。

3. 本书没有采用某种贯穿始终的特定的研究理论架构。采用特定的理论架构固然能够提供有益的考察视角，进而得出某些合理的"创见"，但却容易沦为"后见之明"。事实上，在陈独秀研究中，一些成果就具有"后见之明"的特征。这既背离了历史的同情，也对历史人物提出了不能承受之重的"历史责任"。当然，这并不意味着本书拒绝使用各种研究理论。本书是在尊重史实的基础上，采用思辨方法运用相关理论，并对一些重要问题展开学理商榷。由此得出的结论笔者也并不认为是"唯一"的，毕竟陈独秀本人相关文字的"缺席"状态，为各种解读提供了可能性。笔者更倾向于认为通过学理商榷，能够丰富我们对相关史实的"认知"。当然，学理商榷本身也更有利于逼近历史真相。而本书努力追求的一个主要目标就是逼近历史真相，以便使理性认识建立在更为坚实的基础之上。

第一章　报人生涯的"预演":维新时期传播实践初探

1894年爆发的中日甲午战争,以中国战败、清政府与日本签订丧权辱国的《马关条约》结束,中国社会受到极大震动,对中国士人的影响尤其深远。救亡图存成为当务之急,康梁顺势而起,宣传维新思想。他们通过组建学会、创办报刊,广泛传播变法主张,推动了中国新闻史上的"国人第一次办报高潮"。维新派报刊特别是《时务报》影响了一大批传统士人,陈独秀即是其中一员。

1897年南京乡试的经历让陈独秀在"一两个钟头"内就完成了思想转变。然而,此时的陈独秀并没有登上政治舞台,也没有开始办报活动,其见诸文字的维新活动也很少,除了其自述为康梁辩护而被视为"康党"、"名教罪人"的文字外,就是其1897年年底刻印散发的《扬子江形势论略》(下文简称《论略》)。

客观地说,记载陈独秀维新时期社会活动的史料少之又少。学界对维新时期陈独秀的"形象建构",基本都建立在五四时期陈独秀在批判康有为的文章中对自己"维新举动"的相关"描述",以及陈独秀20世纪30年代写于狱中的《实庵自传》第二章的基础上。[①] 尽管这个"基础"所具有的"合理性"是无可置疑的,然而,无论是《自传》,还是"描述",都具有"回忆"的性质,这就让维新时期刻印散发的"当下"文字——《论略》,具有了重要的研究价值。

《论略》一文不仅反映出陈独秀早年对报刊阅读的兴趣,也反映出陈

---

① 《实庵自传》只写了两章,第一章为"没有父亲的孩子",自述其家世,第二章为"江南乡试",自述江南乡试促成了其思想的"迅速转变"。

独秀积极传播的心态，这在一定程度上，是陈独秀报人生涯的"预演"。因此，陈独秀作为传媒人的生涯，实际可以上溯到此文的写作与传播活动。

第一节 由"选学妖孽"到"康梁派"

《论略》是目前发现的陈独秀存世文字中最早的一篇。该文刊印于光绪二十三年（1897）冬，系木刻竖排本，署名"怀宁陈乾生、众甫撰"[①]。以下对《论略》的写作背景分析，没有采用以往宏观的历史背景分析，主要从个人的思想转变，对《时务报》的精读与接受，以及陈独秀其时的人际交往圈子三个方面进行微观分析。

一 乡试见闻，让陈独秀彻底与科举决裂

《论略》写于光绪丁酉冬，即 1897 年冬天。1897 年 8 月，陈独秀与大哥，大哥的先生，大哥的同学和先生的几位弟兄，坐轮船去南京参加乡试，这是陈独秀初次出门，也是陈独秀唯一一次参加乡试。

乡试的经历对陈独秀影响很大，在《实庵自传》中，陈独秀详细描述了 1897 年参加南京乡试的经历让他彻底与科举分道扬镳的心路历程。陈独秀觉得，既然乡试"这场灾难是免不了的，不如积极地用点工，考个举人以了母亲的心愿"[②]，所以他对乡试是"着实准备了"的，对讨厌的八股文也"勉强研究了一番"。然而，赶考途中的观感以及科场中见到的怪人怪事，让他彻底与科举分手。当绝意于举业的陈独秀从南京回到安庆后，自然面临着人生之路的选择：今后干什么？从时间上推论，陈独秀回到安庆后，即将精力投入到了《论略》的资料搜集、写作及刻印散发上。

[①] 为陈独秀私人刻印，仅存孤本，现藏于安庆市图书馆。
[②] 陈独秀：《实庵自传》，《陈独秀著作选编》（第 5 卷），上海人民出版社 2009 年版，第 201—211 页。

二 阅读《时务报》，接受了康梁维新思想

1897年是维新运动步步高涨的一年。作为宣传维新变法思想的刊物，《时务报》以其鲜明的变法态度，新颖的改革主张和泼辣的文风大受知识界的欢迎，于是行销日广，风靡全国。陈独秀所作的《论略》正是得益于对《时务报》的阅读。

陈独秀接受康梁维新思想，成为"康梁派"的主要途径是阅读《时务报》。《实庵自传》中有这样的描写，陈独秀在考场上由从徐州来的大胖子的怪异举止"联想到所有考生的怪现状"，"最后感觉到梁启超那班人们在《时务报》上说的话是有些道理呀！这便是我由选学妖孽转变到康、梁派之最大动机"。陈独秀的这段自述透露出这样的信息：在此之前，他已经是《时务报》的读者，正是因为先前阅读《时务报》，才使他的转变有一个合理的解释。另据闾小波考证，《时务报》在安徽全省共有代销点9处，其中安庆有4处。据该报第50册（农历1897年底出版）公布的统计资料，安徽全省共代销《时务报》25628册。① 因此，陈独秀在写作《论略》前后，是能够读到《时务报》的。而且陈独秀对《时务报》的阅读，不是一般意义上的泛读，而是精读：一是如前所述，促使陈独秀思想转变的最大动机是《时务报》上的道理；二是《论略》一文，有关长江防务下游几处的文字论述均参考了《时务报》上的文字，而且文中"夹注"部分直接要求读者参看《扬子江筹防刍议》。

三 乡试前后，陈独秀结识了一批维新志士

1895年至1898年，是维新运动蓬勃发展的时期。各地进步人士纷纷从事结社、兴学、办报等活动。相较于京、沪、湘、粤、闽、浙、川诸省，安徽的维新运动"颇见沉寂"，"即在之后的立宪运动中，亦复如是"②。尽管资料阙如，但此时的陈独秀还是有所行动的。

当"旧派群起詈言康梁为离经叛道，名教罪人"时，陈独秀与"后

---

① 闾小波：《中国早期现代化中的传播媒介》，上海三联书店1995年版，第87—91页。
② 陈万雄：《新文化运动前的陈独秀（一八七九年——九一五年）》，香港中文大学出版社1982年版，第24页。

生小子，愤不能平，恒于广座为康先生辩护，乡里瞀儒，以此指吾辈康党，为孔教罪人，侧目而远之"①。可见，陈独秀虽然年纪尚轻，但已经与安徽省一些维新人士相过从。南京乡试期间，结识了汪希颜②，回到安徽后，又认识了汪孟邹、李光炯、邓艺苏、江暐等人③。尽管关于陈独秀1898年是否入读杭州"求是书院"存在争议，但1898年陈独秀离开安庆则是史实。④因此，上述陈独秀的言行及与维新人士的交往应主要发生于1898年之前，尤在1897年下半年。这是陈独秀写作《论略》时的主要社会交往圈子。

应该说，阅读《时务报》，陈独秀初步接受了康梁的维新思想，而南京乡试的经历则成为陈独秀思想转变的促发点，让陈独秀完成了由"选学妖孽"到"康梁派"的转变，并开始有所行动，不仅结识了一批维新志士，也开始了撰写、刻印散发《论略》的传播活动。

第二节 《论略》的传播学分析

《论略》作为陈独秀的早期文字，一经发现，即被绝大多数论著所重视。在这些论著中，《论略》或被从爱国主义视角进行解读，或被当作陈

---

① 陈独秀：《孔子之道与现代生活》，《新青年》1916年第二卷第四期。
② 汪原放在《亚东图书馆与陈独秀》（学林出版社2006年版，第5—6页）中，根据汪希颜所写的一封信（信中提到"今日皖城名士陈仲甫来会"，又说他只"18岁"），认为，（汪希颜）与陈仲甫相识可能还在1901年之前，或者陈独秀到南京乡试时，已和汪希颜有过来往。
③ 有资料显示，陈独秀与李光炯、邓艺苏、江暐等人早有交往。许乘尧口述，郑初民笔录，《民元前徽州革命党人之活动》，《中华民国开国五十年文献》第1编第12册，第184页。转引自：陈万雄，《新文化运动前的陈独秀（一八七九年——一九一五年）》（香港中文大学出版社1982年版，第49页）。
④ 关于入读求是书院，学界存在争议。一种观点认为，陈独秀入读杭州求是书院，只是求学时间尚短。可见于郭成棠《陈独秀与中国共产主义运动》，台北联经出版社2006年版，第43—44页；唐宝林、林茂生：《陈独秀年谱》，上海人民出版社1988年版，第12页；王观泉：《被绑的普罗米修斯——陈独秀传》，台北业强出版社1996年版，第53—54页；王光远：《陈独秀年谱》，重庆出版社1987年版，第5页。后两者甚至认为，陈独秀入读求是书院是在1898年春。沈寂则认为，陈独秀没有入读杭州求是书院，而是直接去了东北嗣父陈昔凡处。见沈寂《陈独秀传论》（安徽大学出版社2007年版，第143页）。然而，无论陈独秀是否入读求是书院，其于1898年离开安庆的结论是可靠的。

独秀由"选学妖孽到康梁派"转变的注解。① 应该说，上述结论对《论略》的传播学分析具有一定的启发意义。

一 文章内容：献策政府，希望见用

此处的内容分析主要是对《论略》的第一部分进行分析，兼及第二部分。这是基于以下的考虑：第一，如《扬子江形势论略》文名所示，《论略》的主要内容、大部分篇幅都在论述扬子江的"形势"及"防务"，全文共有六千九百四十八字，该部分即占六千七百二十三字；第二，文章第二部分，篇幅较短，主要是交代该篇文字的写作目的，虽是画龙点睛，但如果没有龙，就谈不上点睛。

《论略》第一部分，详细介绍了扬子江由长寿县东至吴淞口整个流程中水势的缓急、江道的深浅、江底的暗礁浅滩、江岸的重镇要隘，并参照历代战争的得失，对各地在军事上的利弊进行了分析，提出了改进扬子江沿岸的防御部署，加强各重要地段的军事力量的意见。需要指出的是，在所有长江沿岸的江防布置中，对镇江、圌山、江阴、吴淞口的江防作了最为细致的介绍。

应该看到，陈独秀对镇江、圌山、江阴、吴淞口等地江防的论述"借鉴"了《时务报》刊登的两篇"白人所论"——《扬子江筹防刍议》与《查阅沿江炮台禀》。② 当然，陈独秀的这种"借鉴"不是照搬，而是巧妙地消化了"白人所论"，使原本作为主要内容来源的"白人所论"变成《论略》的参照文，显示出陈独秀高超的文字驾驭能力。更为重要的是，

---

① 如张湘炳认为，《论略》反映出，在陈独秀的改良主义思想中，带有更强烈的反帝色彩，态度更鲜明、更激进，在保护中国主权方面要比其他改良主义者高出一筹，是陈独秀由一个完全被封建礼教束缚而转变为改良主义者后的第一个改良主义的思想成果，也是陈独秀思想闪光的第一块碑石。(《陈独秀的第一篇著作——〈扬子江形势论略〉评介》，《社会科学战线》1982年第1期)；间小波分析《论略》的目的在于说明的确是《时务报》"决定了我个人往后十几年的行动"(《论世纪之交陈独秀的思想来源与文化选择》，《社会科学研究》2002年第4期)。任建树认为，《论略》一文的主旨，在抵抗列强的侵略，陈独秀站在民族主义的立场，向清政府陈述加强江防建设的意见。所谓"防内乱"虽然是附带一笔，但却是站在清政府的一边，是为维护它的安全而说话。陈独秀认为这时的清政府还是可以代表中华民族人民的利益，能抵抗外国侵略的(《陈独秀传——从秀才到总书记(上)》，上海人民出版社1989年版，第43页)。

② 在笔者《〈扬子江形势论略〉考》(《淮阴师范学院学报》2013年第2期)一文中，对此进行了详细考证。

《论略》突破了"白人所论"的外防,增加了从长寿县直至金陵的内防,呈现了完整的长江防务,即不仅要防"外辱"也要防"内乱",说此篇文字为军事之作是合适的。①

此时的陈独秀已经"顺利"完成了由"选学妖孽到康、梁派"的转变,并且曾为翼教与维新之争而被乡儒指为"康党"、"孔教罪人",也"精读"了承载康梁变法学说的《时务报》。然而,为何陈独秀存世的第一篇文字竟是自己刻印散发的带有现代传播色彩的军事防务文字?为何作为《时务报》核心内容的康梁变法学说没有出现在这篇文字中,而两篇"白人所论"却被成功地吸收与转化呢?

爱国主义、救亡图存的解释是可行的,如王观泉所述,"然而囿于社会思潮和时局对人们思想的控制,上世纪(19世纪——笔者注)八九十年代的知识分子中,文的思变法维新,武的欲保卫国土,其最终目的仍在于安内攘外以维持清朝正统,康有为梁启超如此,陈独秀亦复如此"②,然而这不足以解释上述问题。任建树"陈独秀这时还不认识国家政治制度改革的重要意义,他在政治思想的领域及其发展的高度均不及康梁"③ 的结论也缺乏足够的说服力。因为这篇文章既体现了陈独秀的笔力,也表现出陈独秀的"消化"能力,况且陈独秀此时因实际的辩护行动而被乡儒指为"康党"、"孔教罪人"。最合理的解释,应该是陈独秀表明其参与"治国"的志向,希望能"引领于我国政府也"。因此,说此文是一篇"献策文"是合适的。康梁已有功名,且见用于政府,能够利用《时务报》宣传变法主张,而陈独秀虽是院试头名,但只是贡生,充其量只是取得了进入科场的入场券,更何况陈独秀此时已决绝于科场。如何才能宣传自己的主张?如何才能将自己的主张化为实际行动?只能求助于刻印散发《论略》,献策于政府,以期引起政府的注意和采纳,被政府任用。

二 传播方式:刻印散发,定向传播

鸦片战争以后,西方先进的传播技术、传播理念进入中国,中国传统

---

① 王观泉认为这是陈独秀的"第一部军事著作",沈寂也认为这是一篇上乘的政治地舆学之作。
② 王观泉:《被绑的普罗米修斯——陈独秀传》,业强出版社1996年版,第55页。
③ 任建树:《陈独秀大传》,上海人民出版社2004年版,第44页。

出版业开始向近代化转型。然而传统出版业的真正转型，是在戊戌维新时期。这一时期，不仅官办书局进行了改革，1896年清政府将强学会创办的强学书局改成京师官书局；中国的民族出版业也勃然兴起，旧式书坊、书肆纷纷转型为民办出版机构。国人办报办刊的热情形成了"国人第一次办报高潮"，新式报刊的出现、读者来稿的刊登，对中国传统士人的著述方式、传播方式也产生了重要影响，传统士人开始注重报刊传播。

应该说，《论略》不是一本著作，而是一篇吸收"白人所论"的充满文学色彩的讨论江防的文字。如果从《论略》写作的1897年的时代背景，以及《论略》中充满的"焦虑感"来看，这篇文字具有一定的"时新性"，符合报刊"时文"的标准。结合前段论述的晚清出版大背景，我们不禁要问陈独秀为何要用私人刻印散发的传统方式传播一篇"时文"呢？

近代安徽的出版业是滞后的，或许陈独秀此时不具备为维新报刊撰稿的条件，或许陈独秀将此文投给报刊，但报刊没有刊发。这些都是陈独秀采用私人刻印散发的可能性解释。但是上述解释都不能合理回答陈独秀为何要用私人刻印散发的传播方式传播一篇"时文"这一问题。因为，《论略》采用的传统士人私刻的传播方式，不符合"藏之名山、传之其人"的传播理念，况且晚清私人刻书逐步在走向衰落。[①]

这一问题的关键不在"私刻"，而在"散发"。《论略》采用了散发的传播方式，这是针对特定读者进行的定向传播活动，它不同于现代意义上的面向所有读者的无定向传播。如果结合下文分析的《论略》的读者是政府官员与"海内同志"，我们就可以很好地理解这一问题。《论略》是面向政府官员和"海内同志"撰写的，刻印散发可以有效地到达这两类人群，面向政府官员是为了"见用"于政府，面向"海内同志"则可以以文会友，结识更多的"海内同志"，这反映出陈独秀积极主动的传播意识。

三 预期读者：政府官员，海内同志

《论略》第一部分，陈独秀根据长江水流的形势，参照历代战争的得失，对各地在军事上的利弊进行了分析，提出了改进和加强扬子江沿岸防

---

① 史春风、李中华：《晚清出版业的近代化历程》，《滨州教育学院学报》2001年第2期。

御的意见。值得注意的是,《论略》虽对历代战争得失做了考察,但唯独没有对"国朝""洪杨乱事"进行考察。"洪杨乱事"失败时间距写作《论略》只有33年,安庆也是双方厮杀争夺的主战场之一,陈独秀的祖父陈晓峰及大伯陈衍藩更亲身参与战事并立有军功。按理说,不仅陈独秀一家对"洪杨乱事"感同身受,即使安徽官场、安庆士人对这场战争也应该留有深刻的"回忆"。然而,《论略》却回避了"洪杨乱事"。最应该写、最容易写的战争案例恰恰没有写,其中隐情只能以陈独秀的"自我审查"来解释。而《论略》第二部分中,"泊咸同间,粤逆蜂生,蠢流江表,曾胡诸公初出山时,即以通靖长江为平荡东南之重计,卒不越其算中"的文字,也进一步证实了这一猜想。

《论略》第二部分,阐明了该文的主旨和目的,"时事日非,不堪设想,爰采旧闻旅话暨白人所论,管蠡所及,集成一篇,略述沿江形势,举办诸端,是引领于我国政府也,勉付梨灾。愿质诸海内同志,共抱杞忧者"。上述文字表明了文章的预期读者是政府官员、"海内同志"、"共抱杞忧者"等读者群。这个预期读者群值得注意,按陈独秀本人的话说,他此时已成为"康、梁派",且已结识一辈"后生小子",因此"海内同志"当指"吾辈后生小子",而"海内同志"与政府官员应是有所区别的两个不同读者群。不过,无论是"吾辈后生小子"还是政府官员都可以归入"共抱杞忧者"之列,这正是陈独秀的高明之处。如何同时兼顾这两类不同的读者群?选择不涉及政治改革的长江防务题材无疑是高明的选择。

可见,《论略》的预期读者是政府官员与"海内同志","共抱杞忧者"只有同时兼顾政府官员与"海内同志"才有意义。对政府官员这一读者群的关注,让陈独秀"自我审查",刻意回避"洪杨乱事",只以"粤逆蜂生,蠢流江表"一带而过,忽略了这场战争在长江防务上的历史意义;对"海内同志"预期读者的关注,则让《论略》充满了"焦虑"与"救亡"意识,这正是陈独秀的高明之处。

四 传播效果:赢得文名,未被见用

此处的传播效果是指狭义的传播效果,即《论略》的刻印散发是否达到了陈独秀的预期目标?有关《论略》传播效果的具有史料价值的文献几乎没有，这里仅能根据有限的资料，并结合上述三方面的分析进行合乎逻辑的推论，《论略》并没有达到陈独秀预期的见用于政府的目标，但为其赢得了文名。

作为一篇献策文，《论略》全文虽六千九百四十八字，却旁征博引，纵论长江万里防务，虽气势磅礴，文采出众，但多少有点书生指点江山的意气，不如《刍议》、《复禀》显得实际。因此，《论略》肯定不会被政府采纳，况且晚清政府已经"冗员满朝"，政府也不会"收编"陈独秀，甚至恐怕连欣赏也无法做到。这篇文章没有产生太大的影响，1898年春，陈独秀离开安庆就是明证。

作为一篇以文会友的文章，《论略》还是取得了一些传播效果，巩固了陈独秀"皖城名士"的称誉。尽管陈独秀获誉"皖城名士"的缘由无从查考，但他在维新时期确被誉为"皖城名士"。汪原放在《亚东图书馆与陈独秀》中，回忆父亲汪希颜所写的一封家信，信中提到"今日皖城名士陈仲甫来会"，又说他只"18岁"，并进一步解释道，陈独秀因院试第一名而被称为"皖城名士"[1]。朱洪在《陈独秀风雨人生》中也持上述观点。王光远《陈独秀年谱》则记载，《论略》刻印散发后，陈独秀文名远扬，被誉为"皖城名士"[2]。不管"皖城名士"缘起如何，这篇文章是院试第一名公开刻印散发的文字，不仅显示了陈独秀的选学功底及其高超的文字驾驭能力，也帮助其赢得了"文名"，"皖城名士"当之无愧。

小　结

陈独秀彻底与科举决裂正是缘于1897年南京乡试的经历，此番经历导致他完成了由"选学妖孽到康、梁派"的心路历程。陈独秀决绝的态度是无可置疑的，但是，这种转变不可能真的在"一两个钟头"内实现，需要一个"心理调适"的过程。1897年年底刻印散发的《论略》正是这种"心理调适"的反映。一方面，他期望《论略》能够引起清政府的重视，获得建功立业的机会，因此《论略》具有献策文的色彩；另一方面，他也期望《论略》能够引起维新志士的重视，该文充满了忧国忧民、救亡图存

---

[1] 汪原放：《亚东图书馆与陈独秀》，学林出版社2006年版，第5—6页。
[2] 王光远：《陈独秀年谱》，重庆出版社1987年版，第4页。

的爱国主义色彩,"海内同志""共抱杞忧"是《论略》的主旋律,也是其最大亮点。而《论略》反映出的"忧患意识"、"爱国主义"、积极主动的传播意识以及"知新主义"的传播倾向,则贯穿了陈独秀前期报刊实践的始终。在一定程度上可以说,《论略》是陈独秀报人生涯的"预演",故而陈独秀作为传媒人的生涯,实际上也可追溯到此文的写作及相关的传播活动。

第二章　初涉报坛:清末新政时期的报刊实践

清末新政时期是清帝国风雨飘摇的最后时光,也是中国在20世纪迎来的头十年。在这十年里,清政府为了适应国际国内的紧张局势,扭转由《辛丑条约》引发的财政困境,维护其危在旦夕的封建统治,1901年,慈禧太后正式宣布实行"新政",自此长达十年的清末新政拉开了序幕。清末新政的内容涉及军事、教育、文化、经济、政治等各个方面,对中国社会的发展有着深远的影响,甚至可以毫不夸张地说,"新政"是一场多方面、深层次的自上而下的改革运动。满怀爱国热忱的青年陈独秀,通过组织演讲会,创办、编辑报刊,积极"参与"了这场改革运动。

陈独秀在这一时期的报刊实践主要集中在1902—1905年。1902年春发起第一次演说会,尽管影响不大,但却是安徽拒俄运动的"先声";1903年春发起的第二次演说会,则标志着安徽拒俄运动的兴起;1903年夏参与创办、编辑的《国民日日报》,则是陈独秀第一次参与办刊实践,具有"初涉报坛"的意义;1904年初创刊的《安徽俗话报》,则让陈独秀有机会将其传播思想"全面"付诸实践,陈独秀牛刀小试,成功地让《安徽俗话报》成为清末下层启蒙报刊的佼佼者。这一时期,陈独秀的报刊实践已经表现出思想启蒙的特征,革命排满并不是陈独秀报刊实践的旨趣。然而,随着革命形势的发展,陈独秀最终转向革命,放弃了《安徽俗话报》。

第一节 清末新政时期的社会环境

需要指出的是,陈独秀这一时期的报刊实践,除了第一次发起演说会外,其余报刊实践在时间上是前后相连的。因此,此处分析的社会环境,事实上也是《安徽俗话报》的创办背景。

一 报刊业的快速发展

清末"新政"的着力点主要在政治、经济、军事和教育等方面。为了顺利推行"新政",清政府需要借助现代报刊具有的沟通信息、引导舆论等媒介功能,于是在新政初期,清政府改变了戊戌政变后对报刊业实施的严厉镇压政策,实行了较为"宽松"的新闻出版政策,有限度地开放了"报禁"、"言禁",给予人民以创办报刊的自由权利,允许新闻舆论的合法存在。

当然这并不是清政府的本意,是不得已而为之。首先,清政府力有不逮,此时清政府的注意力都在上述几个清末新政的"改革重心"上[①];其次,制定报律的客观条件尚未成熟,"每个新的法律行为起源于并反映努力产生、阻碍或改变该行为的社会势力。当力量对比推向改变,改变就发生了。当它不推向改变时,制度保持原状"[②]。因此,直到1906年7月,清政府才出台有关新闻出版的专门法律《大清报律物件专律》,对报刊进行律法管理。

这种相对"宽松"的新闻出版政策极大地推动了报业的发展。维新报刊、革命报刊以及民间报刊均获得了较快的发展。据不完全统计,这一时期新创办的报刊,1901年为34种,1902年为46种,1903年为53

---

① 如1901年,新政初期,御史张百熙在其《敬陈大计疏》(见王延熙、王树敏辑《皇朝道咸同光奏议》卷6下,第18页),即建议清政府应"初定报律",向高层传递了新闻立法的必要性,但并没有被清政府采纳。

② [美]劳伦斯·M.弗里德曼:《法律制度——从社会科学角度观察》,李琼英、林欣译,中国政法大学出版社1994年版,第173—174页。

种,1904年为71种,1905年为85种。① 这些报刊的创办足以表明"清政府在事实上已经承认了近代报刊这一资本主义文明的表现形式的合法地位"②。

"宽松"的新闻出版政策,也有利于形成相对自由的报刊言论空间。相较于维新时期,这一时期的报刊言论在广度和深度两方面都有了长远的发展,而且显示出多元化色彩。维新派与革命派通过报刊展开论战,宣传各自的政治主张,显示出鲜明的政治色彩;民间报刊言论也显出多元化的色彩,如《苏报》以"鼓吹革命为己任"③,《中国白话报》也"不遗余力地鼓吹反帝爱国和排满革命的思想主张"④,《大公报》言论虽倾向保皇,却敢于揭露和攻击清政府的一些弊政。《京话日报》言论倾向于启蒙下层社会,"替穷苦大众说话",显示出鲜明的"斗争"色彩。总之,清末"新政"初期,清政府实施的相对"宽松"的新闻出版政策推动了中国报刊业的迅速发展。

二 新型知识分子群体的初步形成

科举时代,知识分子主要是指传统的封建士大夫,即熟读儒家经典,通过科考获取至少是秀才功名的士人。进入科场、获取功名,这既是检验一个人是否是读书人的一条起码的标准,也是一切读书人梦寐以求的目标。然而,到了晚清,西方的坚船利炮不仅攻破了中国国门,而且送来了西学知识,前者让清政府一败涂地,后者则让传统儒家学说遭受质疑。在这样的情势下,"科举"的合法性受到质疑,并逐渐走向末路穷途。这既是晚清废科举、办学堂、派留学的原因,也是20世纪初年,"青少年纷纷

---

① 黄瑚:《中国新闻事业发展史》,复旦大学出版社2001年版,第61页。
② 同上。
③ 本书认为对革命派报刊和维新派报刊的界定,应建立在创办人、主办人是否属于党派成员以及言论内容是否具有鲜明的党派色彩基础上,不能采用革命与维新(保皇)的两分法给所有报刊定性。在这样的视角下,《苏报》、《中国白话报》、《安徽俗话报》就不能笼统地归于《民报》一类的革命派报刊,《大公报》、《中外日报》也有别于《新民丛报》之类的维新派(保皇派)报刊,归为官绅士人创办的民间报刊更为合适。
④ 曾建雄:《中国新闻评论发展史(近代部分)》,广西师范大学出版社1996年版,第208页。

进入新军和新学堂的理由"[1]。

　　于是，在20世纪初年，新型知识分子群体初步形成了。新型知识分子的来源与构成基本上有三种：一是国内新式学堂的学生与教职员；二是留学生，尤其是留日学生；三是由具有传统功名的旧式士人转化而来的趋新人士。新型知识分子具有五个基本特征：一是其幼年、少年时期接受过儒家经典教育，甚至还获取了科场功名；二是其青年或中年时期转向西学，或进入新学堂或出洋留学或是通过译书看报"自修"西学知识；三是接受的西学知识多为文科知识，这既与年少的文学训练有关，也与工科、理科、医科需要系统地学习有关；四是其身份兼具现代与传统特征，少时接受的儒家经典让其骨子里接受了"修身齐家治国平天下"的儒家理论，西学知识则让其开阔了视野，拥有了批判的武器；五是阅读兴趣主要为西学译书与新式报刊，20世纪初年日本留学生的译书热以及第二次办报高潮，即可证明新型知识分子的阅读兴趣[2]，他们甚至通过来函来书、读报讲报等形式，更密切地参与到新式书报刊的传播过程中。

　　传统的科举之路，既是一条艰辛之路，也是一条谋生之路。新型知识分子选择了西学，即意味着失去了传统的谋生之路。在20世纪初年，科举制度虽穷途末路，但新式选拔制度并没有建立，新型知识分子该往哪里去实现他们的理想抱负呢？报业无疑是新型知识分子就业的最佳选择，既可以发挥所长，也可以赖以谋生，更可以激扬文字，实现理想抱负。虽然，在此之前，报馆文人被认为是"无赖文人以报馆主笔为末路"、"故一报社之主笔访员，均为不名誉之职业。不仅官场仇视之，即社会亦以搬弄是非轻薄之"、"当时社会所谓优秀份子，大都醉心科举，无人肯从事新闻事业，唯落拓文人，疏狂学子，或借此以发抒其抑郁无聊之意思"[3]。但随着社会的发展，新闻行业的成长，以及王韬、梁启超等报人在新闻史上的开拓性贡献，报业和报人的社会地位逐渐提高。正如戈公振所说，"迨

---

　　[1] 陈万雄：《新文化运动前的陈独秀（一八七九年——一九一五年）》，香港中文大学出版社1982年版，第4页。
　　[2] 李仁渊在《晚清的新式传播媒体与知识分子：以报刊出版为中心的讨论》（稻香出版社2005年版，第155—161页）中，详细论述了《清议报》的国内传播情况以及海外刊物的销售管道与海外新学的影响范围。由此可见当时国内读者对新式书报刊的阅读需求是很大的。
　　[3] 戈公振：《中国报学史》，上海古籍出版社2003年版，第123页。

梁启超等以学者出而办报,声光炳然,社会对于记者之眼光乃稍稍变矣"①。既然社会对新闻行业的职业歧视已经不复存在,那么新型知识分子从事这一行业就是理所当然的了。章士钊、陈独秀、刘师培、林白水等人是清末新型知识分子从事报刊职业的优秀代表。

三 白话报刊是下层启蒙的最佳媒体

在对甲午战败、洋务运动破产引发的反思中,维新派认为,失败的原因,在于"新其政不新其民,新其法不新其学"②,在于"中国民气散而不聚,民心默而不群,此其所以百事而不一效者也"③。由此,维新派提出了"开民智"以提高国民素质的"文化启蒙"这一命题。然而,"文化启蒙"还未及实施,"百日维新"即以失败告终。梁启超远走日本,创办《清议报》和《新民丛报》,虽带有"文化启蒙"的意味,但这种"启蒙"面向的是具有西学倾向的知识分子,并不是严格意义上的"文化启蒙",也不能实现"开民智"的目的。

面向底层民众的启蒙运动注定要由新型知识分子来完成。义和团事件及其引发的八国联军侵华事件,虽最终以签订《辛丑条约》告终,但对新型知识分子的影响是深远的。义和团民的"愚昧"与"迷信"让他们认识到严复、梁启超"开民智"的重要性,他们纷纷以各种形式投身于民众启蒙运动,启蒙对象开始由中上层社会向中下层民众转移。由此,严复、梁启超等"少数思想家的言论顷刻间转化成一场如火如荼的社会运动"④。值得注意的是,与西方启蒙运动中书籍是启蒙的重要手段相比,20世纪初年的中国启蒙运动中,报刊扮演了重要的角色。以文言、"新文体"为语言手段的报刊面向中上层民众,包括新型知识分子群体进行启蒙,以"白话文"、"语体文"为语言手段的各类白话报刊面向的则是底层民众。

面向底层民众进行启蒙的手段是多样的,白话报刊就是其中最为重要

---

① 戈公振:《中国报学史》,上海古籍出版社2003年版,第123—124页。
② 唐才常:《唐才常集》,中华书局1980年版,第32页。
③ 麦孟华:《总论·民主第一》,《时务报》第28册,1897年。
④ 李孝悌:《清末的下层社会启蒙运动:1901—1911》,河北教育出版社2001年版,第15—16页。

的一种启蒙手段[①]，无论是宣讲、演说，还是阅报社、读报社，其内容都以报刊为主。中国的白话报刊早在19世纪70年代就已出现，申报馆1876年3月发行白话报《民报》，维新时期也出现了《演义白话报》、《平湖白话报》、《无锡白话报》、《通俗报》、《女学报》等白话报刊，但维新时期的白话报无论在数量、地域分布以及思想内容方面，都存在局限，不能真正深入"底层社会"。因此，维新时期白话报刊更多体现为开拓意义。

20世纪初年，伴随民族危机的进一步加深，报人们对报纸的认识提升到了报纸有益于中国文明进步的高度。中国历史上，第一次真正面向底层社会的启蒙运动由此展开，而引领这一历史潮流的，则是世纪初年诞生的众多白话报刊。这一时期，白话报刊在数量、地域、内容方面均获得了快速的发展。据《大公报》1905年的统计，标名为白话、俗话的报刊就有20多种，许多报刊开辟了白话专栏。香港学者陈万雄曾将民国前国人编辑的67种白话报列表介绍，发现1904—1905年是白话报继1897—1898年维新人士创办白话报之后的又一个高潮年。这两年共有23种白话报刊问世，1904年出现了15种，1905年出现了8种。[②]

这一时期陈独秀创办、编辑的两份刊物都表现出了启蒙面相。不同的是，启蒙只是《国民日日报》众多面相中的一个面相，而对《安徽俗话报》来讲，启蒙则是其主要面相，甚至可以说是唯一面相。可以说，就启蒙面相来讲，这两份刊物不仅顺应了历史潮流，更是其中的佼佼者。

四　拒俄运动与知识分子的革命转向

1900年，沙俄在八国联军进攻中国的战争中，武装抢占中国东北三省。此后，沙皇政府多次逼迫清政府与其签订出卖东北的条约。1902年3月12日，沙俄提出约款十二条，企图全面剥夺中国对东北的主权。3月15日上海士商汪康年、蒋智由等二百人在张园集会，要求清政府"力拒俄约，以保危局"。江苏、浙江、广东、山东、澳门、香港等地士商和新加坡华侨纷纷响应。面对压力，清政府驻俄公使拒绝在约款上签字。沙俄

[①] 李孝悌在《清末的下层社会启蒙运动》（河北教育出版社2001年版，第6—7页）中，归纳了白话报刊、白话宣传品、阅报社、宣讲、讲报、演说、戏曲等启蒙手段。
[②] 丁苗苗：《〈安徽俗话报〉研究》，安徽大学硕士学位论文，2005年，第7页。

逼签条约失败，再变花招，于4月8日与清政府签订《东三省交收条约》，规定将侵占中国东北的俄军分三期在十八个月内全部撤走。1903年4月8日是俄军第二个阶段撤兵的最后期限，沙俄非但不撤兵，更提出七项新的侵略要求，妄图从法律上确认其对东三省和外蒙古的占领。4月27日，在上海的江苏、浙江等十八省爱国人士再次集会张园，除指斥沙俄"吞并"政策外，还指斥推行亲俄外交的清政府。同时分电各国外交部，申明中国人民的严正立场，指出"即使政府承允，我全国国民万不承认"。会后由冯镜如等发起组织"以保国土、国权为目的"的"国民总会"。29日，东京中国留学生五百多人集会，抗议沙俄对中国东北的侵略，并决定成立拒俄义勇队，要求开赴东北，与侵略军决一死战。后因受到日本政府干涉，改名为军国民教育会。在上海与东京拒俄浪潮的推动下，拒俄运动迅速发展到全国。北京、湖北、安徽、江西、福建、湖南等地的学生也纷纷集会，成立爱国组织。在全国普遍反对下，清政府拒绝了沙俄的七项要求。但是沙俄亡我之心不死，沙皇尼古拉二世决定废除交还中国东北的条约，10月，沙俄马步兵、炮兵1000余人，强行闯入奉天，占领清行宫及将军衙门等各署第，升起沙俄旗帜。与此同时，蔡元培等在上海组织对俄同志会，发刊《俄事警闻》，揭露沙俄侵华罪恶和清政府的卖国政策，广泛报道各地拒俄消息，号召社会各界奋起拒俄。在各地拒俄团体领导下，抗俄斗争一直持续到日俄战争结束。

在整个拒俄运动中，清政府虽迫于舆论压力对沙俄有所拒绝，但却一直敌视并镇压拒俄运动。1903年5月，湖广总督端方指责上海张园会议与会诸人"议论狂悖"，密电拿办。同月，再次指责爱国学生"名为拒俄，实则革命"。6月，《苏报》刊出《严拿留学生密谕》，舆论哗然。清政府的这种态度激化了政府与爱国知识分子之间的矛盾，使得最初愿"在政府统治之下"，只采用请愿、演说等方式的学生运动，迅速向排满革命运动转变，许多人由此转入反清行列，革命书刊剧增。军国民教育会改组为秘密革命团体，华兴会、科学补习所、光复会、岳王会相继成立，爱国救亡热潮遂转变为资产阶级民主革命运动。拒俄运动的重大意义在于促使相当一部分知识分子从爱国走向革命，有力地促进了民主革命运动的发展。

陈独秀 1902 年、1903 年两次发起演说会，目的均在拒俄。1903 年逃往上海参编《国民日日报》，也是因为清政府的通缉。1904 年创办的《安徽俗话报》也大力报道日俄战争，晓谕瓜分危机。1904 年年底于上海参加暗杀团，1905 年则发起重组岳王会。可以说，这一时期陈独秀报刊实践与拒俄运动密切相关，拒俄运动的重大意义在陈独秀身上也表现得非常明显。

第二节 安徽拒俄运动的兴起：发起两次演说会

1902 年 3 月上旬，陈独秀与曾参加 1901 年 3 月张园集会的何春台等人发起演说会。1903 年 4 月，陈独秀、邹容、张继三人因"剪辫"事件"被遣返回国"。回到安庆，即与潘赞化、葛温仲、张伯寅等筹组"安徽爱国社"，在藏书楼发起第二次具有三百多人规模的演说会。① 这是陈独秀早年有案可考的公开的报刊传播实践。

一 1902 年，第一次演说会

1902 年 4 月，陈独秀与何春台、葛温仲、张伯寅、柏文蔚等，为了"传播新知、牖启民智，曾集资购买一些图书，创设了一所藏书楼"②，"复于张伯寅家组织青年励志学社……每周聚会，则各出所得录为笔记，以相勉励"③。同年 9 月，陈独秀偕葛温仲、潘赞化等东渡留学。这次演说会有四点值得注意：

（一）拟办《爱国新报》

《大公报》对此有所报道，《大公报》"地方新闻"栏中《纪爱国新报》条报道了此事，内容如下：

---

① 沈寂：《陈独秀传论》，安徽大学出版社 2007 年版，第 145 页。
② 安徽省政协文史资料工作组：《辛亥前安徽文艺界的革命活动》，《辛亥革命回忆录》（四）第 382 页。转引自陈万雄《新文化运动前的陈独秀（一八七九年——一九一五年）》第 25 页，又见于唐宝林、林茂生《陈独秀年谱》，第 21 页。
③ 阙名：《安庆藏书楼革命演说会》，抄本，藏安徽省博物馆。转引于沈寂《陈独秀传论》，安徽大学出版社 2007 年版，第 62 页。

第二章 初涉报坛:清末新政时期的报刊实践

"有某某志士纠合同人拟开一报馆名曰《爱国新报》。其宗旨在探讨本国致弱之源，及对外国争强之道，依时立论，务求唤起同胞爱国之精神。其内一本馆论说；二本国新闻；三外国新闻；四本省新闻；五本城新闻；六外论；七诗论；八俗语丛编；九书籍介绍，来函。凡发告白者，如系关于文明事业概不收费。"①

由上可见，此时陈独秀已经有了办报的意愿。

(二) 爱国拒俄的演说主旨

这次演说会，不是反对清政府，而是把矛头指向外患沙俄，主要宣传爱国主义精神，并没有鼓吹革命。这从上述所引《纪爱国新报》关于《爱国新报》宗旨的论述即可以看出。况且此时，革命排满并没有成为爱国知识分子的首选目标，这与1903年由拒俄运动引发知识分子的革命转向是有区别的。

(三) "传播新知、牖启民智"的藏书楼

陈独秀等人创设的藏书楼又被称为"西学藏书楼"。《中外日报》1903年6月7日所刊译自《字林西报》(5月11日)的一条新闻——《安庆近事述函》对此有所报道，"西六月二日安庆来函云：此间开一西学藏书楼已一年有余，其费用乃由数名开化明达之士所捐集。近又增开一西学堂，与藏书楼相辅而行，其经费亦由民间自行募集"②。因此，所藏的书籍应为西学书籍，或以"西学书籍"为主。

(四) 演说会的影响并不大③

其一，陈独秀随后偕葛温仲、潘赞化去日本留学，行程是从容的，这有别于第二次陈独秀被通缉匆忙逃往上海；其二，现有史料中没有关于清政府与此次演说会的相关史料，这种史料阙如的情况与第二次演说会被禁、藏书楼被封、相关人等被通缉形成了鲜明的对照。因此，这次演说会的影响并不大。

---

① 《纪爱国新报》，《大公报》1902年4月19日。
② 这条新闻引自杨天石、王学庄编《拒俄运动1901—1905》，中国社会科学出版社1979年版，第272—273页。
③ 这是沈寂的观点，见《陈独秀传论》，安徽大学出版社2007年版，第145页，但文中没有给出判断的论据。笔者赞同这一观点，并对该论点进行了论证。

二　1903年，第二次演说会

1903年4月，陈独秀与潘赞化、葛温仲、张伯寅等筹组"安徽爱国社"，5月17日，在藏书楼发起第二次具有三百多人规模的演说会。这一次演说会因为事前有招贴——《会启》，所以参与人数多，具有很大的影响，成为"安徽省有史以来的第一次群众大会"①。演说会举办一周以后，5月24日，安庆知府桂英亲赴藏书楼查禁，不许学生"干预国事，蛊惑人心"②。6月27日，清政府电令逮捕陈独秀等人，陈独秀得吴汝澄密告，星夜逃往上海。第二次演说会有两点值得注意：

（一）再次拟办《爱国新报》

此次演说会，陈独秀仍有创办《爱国新报》的主张，尽管报纸没有办成，但在《苏报》刊登的《安徽爱国会演说》、《安徽爱国社拟章》中，表达了更为具体的办报主张。如《安徽爱国会演说》中，"据仆之意，有三要件：第一消息。如此次俄之密约，已在前月，本月初上海始知之，沿江沿海今始遍传，再入内地，不知何日始可得此消息！若欧美、日本，前月已喧传于各报。中国人尚不知之，其何以防之？第二思想。谓中国人天然无爱国性，吾终不服，特以无人提倡刺击，以私见蔽其性灵耳。若能运广长舌，将众人脑筋中爱国机关拨动，则虽压制其不许爱国，恐不可得"③。再如《安徽爱国社拟章》中"本社既名爱国，自应遵守国家秩序，凡出版书报，惟期激发志气，输灌学理，不得讪谤诋毁，致涉叫嚣"④。

（二）主旨仍为爱国拒俄

如同第一次演说会，这次演说会的矛头也指向外患沙俄，并没有反对清政府，这种爱国拒俄的情绪在上述二份文献以及《会启》中均有清晰的显示。然而，当前学界普遍认为，陈独秀发起组织"安徽爱国社"、发起演说会等活动即已表明陈独秀已在从事革命排满活动。这个观点是值得商榷的。这个观点一方面是受《苏报》有关报道的影响，以《苏报》的革命

---

① 任建树：《陈独秀大传》，上海人民出版社2004年版，第51页。
② 《安徽大学堂阻止学生拒俄情形》，《苏报》1903年5月29日。
③ 陈由己：《安徽爱国会演说》，《苏报》1903年5月26日。
④ 《安徽爱国社拟章》，《苏报》1903年6月7日。

排满色彩给陈独秀此时的活动贴上革命标签;另一方面也受到陈独秀后期作为叱咤风云的舆论领袖与革命领袖的影响,以陈独秀后期的革命领袖身份给陈独秀早期的传播活动贴上革命标签。

《苏报》对这一时期陈独秀的有关活动以及安徽的学潮报道共有以下几篇:5月25日"要件代论"刊登《安徽爱国会之成就》(内含《会启》——笔者注);5月26日"学界风潮"刊登《安徽省城大学堂第一次冲突之原因》;5月27日"学界风潮"刊登《安徽爱国会演说》(王国桢、潘进华[①]的演说);5月28日"学界风潮"刊登《安徽爱国会演说》(潘旋华、葛光廷的演说);5月29日"时事要闻"刊登《安徽大学堂阻止学生拒俄情形》;5月30日"时事要闻"刊登《再记安庆大学堂武备学堂桐城学堂冲突事》、《逼迁公学志要》;6月7日"专件摘要"刊登《安徽爱国社拟章》。

因为陈独秀是"安徽爱国会"的发起人并被公举为负责人之一,担任会章起草,故可断定上述报道中《会启》、《安徽爱国会演说》中陈独秀的演说以及《安徽爱国社拟章》三篇文字应出自陈独秀之手,或至少是获得陈独秀的首肯[②],反映陈独秀的观点。值得注意的是,《安徽爱国会之成就》所刊内容由两部分组成:《会启》及《会启》之前的"代论"。然而,这两部分内容存在不合之处,而且"代论"部分的观点与陈独秀、王国桢、潘进华、潘旋华、葛光廷等人的演说,以及《安徽爱国会拟章》等内容多有矛盾。

安徽爱国会之成就

顷得皖友来函:本月念一日(5月17日——笔者注),皖省志士,开大演说于藏书楼,组织一爱国会。同时到者,大学、武备、桐怀公学各学堂学生约二百人,外来者合计三百人以外。(是日大雨,到者故止此数。书楼甚窄,多立门外而听。)众情跃踊,气象万千。由陈君仲甫开演,大旨谓,当今非提倡军人精神,断不足以立国。外

---

① 潘进华,又名潘缙华,与前文潘赞化,下文潘旋华为堂兄弟。
② 王观泉认为《会启》由陈独秀捉刀。(见王观泉《被绑的普罗米修斯——陈独秀传》,第77页。)此外,学界对署名"由己"的演说词,以及《安徽爱国会拟章》两文由陈独秀撰写已达成了一致。

患日亟，瓜分立至，吾辈恐有不足为牛马奴隶之一日。词情慷慨，满座欷歔。继各学堂魁桀均有演词（演稿续寄），旨趣皆相同，而规则整严，精神团结。此吾皖第一次大会，而居然有如许气象，诚为难得。大义演毕，仍由陈君仲甫发起爱国会，立经全体赞成。旋议会中分设演说、体操（刻已寻场）各会，并附设一报（名曰《爱国新报》）。即公举七人（陈君仲甫、潘君缙华、大学二君、武备二君、桐城学堂体操教习杨君），立时起草，向众宣布，如办有基础，拟与上海爱国学社通成一气，并连络东南各省志士，创一国民同盟会，庶南方可望独立，不受异族之侵凌云云。既毕词，与会者鼓掌欢散，俟下礼拜再开大会。开会之知启如左：

启者：俄夷窥伺北方，匪伊朝夕，乘我虚弱，狡焉思逞。本月之八日，为俄兵驻我东三省第二次撤退之期，乃俄人包藏祸心，忽背前盟，另以密约胁我政府，迫允签押。其约之横暴无理，无一非夺我主权，侵我国土，戕我人民者。上海各报记录綦详，闻者发指。呜呼！事迫矣！势亟矣！若我国人心稍懦，俄约一经许允，则东西各国执利益均沾之说，并起而图，德索山东，法占两粤，日据闽、浙，英取长江，我最可敬爱、最可有为的大中国，岂不胥沦于异域，而尚有尺寸干净土哉？我神州血性男子，须知国与人民，利害相共，食毛践土，具有天良。时至今日，若仍袖手旁观，听天待毙，则性命身家，演己身目前之惨，奴隶牛马，贻子孙万代之羞。神州大陆，忍令坐沉，家国兴亡，在此一举。故日东留学生及上海士商均已开会集议，热诚所动，海内痛之。皖之国民，寂无闻焉。岂以此事为伪而非真耶？抑以为政府之责任，而无关于人民之利害耶？思想言论，事实之母。同人特拟于月之二十一日，风雨无阻，开演说于藏书楼，公布斯旨，且议补救之方、善后之策。凡寓皖诸公同斯义愤者，乞于是日下午一点钟早临会所，以冀众志成城之效焉。

皖城爱国会同人敬启[①]

[①] 《安徽爱国会之成就》，《苏报》1903年5月25日。

由上可知，《会启》写于21日演说会之前，应是陈独秀等发起人于会前所写，并张贴于安庆城内。这一点是没有疑问的，问题是《会启》前的那段内容是否出于陈独秀之手呢？从"顷得皖友来函"以及刊登于"要件代论"栏等表面形式来看，似乎是出自陈独秀之手，然而考诸《会启》内容，陈独秀、王国桢、潘进华、潘旋华、葛光廷等人的演说，以及《安徽爱国会拟章》等，这段内容则多有不合之处，尤其是"向众宣布，如办有基础，拟与上海爱国学社通成一气，并连络东南各省志士，创一国民同盟会，庶南方可望独立，不受异族之侵凌云云"的文字。

上述文字通常被当作陈独秀发起安徽爱国会，即是从事革命排满活动的证据，然而这段文字根本不符合安徽爱国会诸位同人的旨趣。不仅陈独秀的演说中没有上述话语，《安徽爱国社拟章》中"本社既名爱国，自应遵守国家秩序，凡出版书报，惟期激发志气，输灌学理，不得讪谤诋毁，致涉叫嚣"。也表明陈独秀此时也不可能有上述话语。其他发起人也不可能有此话语，如王国桢"至于一切办法，务要妥帖，不要那些大官说我们是造反，是康党，不生枝节，于事方能有济"的论述，葛光廷的演说主旨则强调国民独立之精神，认为"国可破，土可削，而国民独立自主之精神，终不可没"。虽然潘进华、潘旋华两兄弟的演说有"自治"、"通声气"、"相连络"的话语，如潘进华认为，"即于今日合同人先结一大会，然后分途去办：一、开演说以唤吾皖之梦梦；二、习体操以强吾人之身体；三、设报馆以通各国之声气。无事可立自治之规模，有事可与外人抵抗。诸君！诸君若思实力去行，请先于今日结一大团体"。潘旋华则强调"共结大团体，与各省通声气，相连络，以御外侮，以保主权。此愚所愿竭己力、拼死命，以从诸君子之后焉！"但潘氏兄弟的论述明显有别于"连络东南各省志士，创一国民同盟会，庶南方可望独立，不受异族之侵凌云云"的论述。因此，这一段论述并不代表陈独秀等安徽爱国社同人的意见。

既然这段论述并不代表陈独秀等人的意见，那么只能是章士钊等《苏报》同人所写，且合于这一时期《苏报》革命排满的主张。尽管在中国近代史上陈独秀的革命精神具有典型意义，但此时的陈独秀并没有革命排满的活动，其思想仍以爱国拒俄为主。

第三节 初涉报坛：参与创刊、编辑《国民日日报》

陈独秀因清政府通缉由安庆逃往上海时，"《苏报》案"已接近尾声，章士钊等正在筹办《国民日日报》，以接替被封的《苏报》，继续革命宣传。1903年8月7日，《国民日日报》创刊，1903年12月4日，《国民日日报》因内外交困停刊。《国民日日报》是陈独秀第一次严格意义上的办报活动。虽然初涉报坛，但陈独秀对该报的贡献丝毫不亚于章士钊。

一 既是创刊人之一，也是总理编辑之一

陈独秀在《国民日日报》的地位问题，历来都有争论，争论主要围绕两点，一是陈独秀是否为《国民日日报》创刊人之一；二是陈独秀在《国民日日报》是总理编辑之一还是仅为"文字编辑"。如果陈独秀既是《国民日日报》的创刊人之一，又是总理编辑之一，且参与了报刊创办的始终，那么陈独秀的地位当与章士钊不相上下，《国民日日报》也必然反映了陈独秀的新闻传播理念及思想印迹。

（一）冯自由、张继、章士钊等人的文字表述

冯自由在《国民日日报与警钟报》中称，"是报（指《国民日日报》——笔者注）初由章士钊、张继、何靡施、卢和生、陈去病等筹办数月，……担任是报文字者，除章、何、张、陈外，尚有苏曼殊、陈由己、金天翮、柳弃疾诸人"[①]。冯自由的上述表述对其后有关《国民日日报》的"历史表述"颇有影响，如台北中华民国史料研究中心编写的《中华民国史纪要》，即在冯自由论述的基础上，写道，"本日（八月七日），张继、章士钊、陈去病、卢和生等创办《国民日日报》于上海，因虑易招清廷仇视，即以粤人卢和生为发行人。……《国民日日报》发刊后，先后担任撰述者有张继、章士钊、何靡施、陈去病、苏曼殊、陈由己、柳弃疾等人，主张

---

① 冯自由：《革命逸史（初集）》，中华书局1981年版，第135页。

第二章 初涉报坛：清末新政时期的报刊实践

与《苏报》同，而篇幅及取材则较《苏报》为新颖"①。这种说法对大陆的相关研究也存有影响，如祖艳虽承认陈独秀对该报有一定的贡献，但却赞成冯自由的说法，即陈独秀并不是该报的创刊人之一，并认为冯氏说法并没有错，只是没有突出陈独秀的重要作用而已，关于冯自由有关陈独秀的表述是别有用心，故意贬低或出于政治立场心存贬意的说法，有些不妥。②

张继在其回忆录中写道，"其（陈梦坡）思想亦较开放，赞成革命，遂聘行严为主笔。余与威丹得常至报馆。太炎撰《驳康有为政见书》，威丹著《革命军》，大唱革命，《苏报》和之。余不能文，仅将报内纪事多添'满贼'而已。……江西谢小石出资，办《国民日日报》，租新闸新马路梅福里一楼一底。楼下安置印刷机及铅字，楼上作编辑室。行严、由己及余皆任事。余撰《说君》一文，行严润色之。偶与卢某涉讼，经费缺乏，停刊"③。

章士钊在《双枰记》中写道，"后糜施复来自闽，余方经营某新闻社，即约与同居。……独秀山民性伉爽，得糜施恨晚。吾三人同居一室，夜抵足眠，日促膝谈，意义至相得。时更有社友燕子山僧善作画，亦糜施剧谭之友"，又"盖新闻脱版，速亦无前于十二句者。脱版后必更阅全稿，防有误字。此役余与独秀递为之。然一人为之，余一人恒与相守，不独往寝。故余与独秀同逾十二句不睡以为常"④。章士钊于1926年又写道，"（陈独秀）东游不得意，返于沪，与愚及沧州张溥泉、南康谢晓石共立《国民日日报》。吾两人蛰昌寿里之偏楼，对掌辞笔，足不出户，兴居无节，头面不洗，衣敝无以易，并亦不浣。一日晨起，愚见其黑色祖衣，白物星星，密不可计，愚骇然曰：'仲甫，是为何耶？'独秀徐徐自视，平然曰：'虱耳。'其苦行类如此"⑤。章士钊于40年代又赋诗一首，追忆往事，"我与陈仲子，日期大义倡；《国民》即风偃，字字挟严霜。格式多创

---

① 中华民国史纪要编委会：《中华民国史事纪要（初稿）民国纪元前十年（一九〇二）至八年（一九〇四）》，中华民国史料研究中心1979年版，第495页。
② 祖艳：《〈国民日日报〉研究》，山东师范大学硕士学位论文，2008年，第12页。
③ 张继：《张溥泉先生回忆录·日记》，文海出版社1985年版，第5—6页。
④ 烂柯山人（章士钊）：《双枰记》，《甲寅杂志》1914年第1卷第4号。
⑤ 孤桐（章士钊）：《吴敬恒——梁启超——陈独秀》，《甲寅周刊》1926年第1卷第30号。

作，不愧新闻纲；当年文字友，光气莽陆梁"①。

（二）对上述文字的分析

以上文字，章士钊、张继两人是当事人。章士钊的论述明确肯定了陈独秀的创刊人身份以及总理编辑身份；张继的论述也提到了章士钊、陈独秀及他本人均任事《国民日日报》。考虑到章、张二人虽为拜把子兄弟，但民元后两人政治身份不同，张继与陈独秀更是不同政见者，因此张继的记述是可信的。值得注意的是，在张继的记述中，只提到了出资人谢晓石、章士钊、陈独秀及其本人，其他人等不见记载。因此，结合两人的论述，可以断定，陈独秀既是《国民日日报》的创刊人之一，也是报纸的总理编辑之一。

冯自由不是当事人，其论述虽提到陈独秀，但存有不实之处。如"是报初由章士钊、张继、何靡施、卢和生、陈去病等筹办数月"，事实上，这份报纸不可能筹办数月，因为《国民日日报》8月7日创刊，离《苏报》7月7日被封前后相隔仅30天；陈独秀于6月27日接吴汝澄密报星夜逃往上海，且按照章士钊的记载，章士钊筹办《国民日日报》时，陈独秀已在上海②；又按照章士钊的记载，何靡施自闽来沪参与办报，当在陈独秀之后，因此，何靡施参与筹办报纸的说法也是可疑的。此外，就冯自由列出的办报人员来看，苏曼殊此时的中文功底尚弱，尚需陈独秀指导③，而按照张继自己的说法，张本人的文字功底也是不及章、陈二人的，因此也不可能与陈、章两人一样总理编辑事务。因此，陈万雄"冯此文所记多失实，中仅说陈独秀曾担任该报文字，不无贬意"④，以及邓学稼，"大家都知道冯著常歪曲史实，贬陈可能由于国民党的反共或记错"⑤的结论有其合理性，那种认为冯氏说法没有错的观点是错误的。

---

① 章士钊：《初出湘》，《文史杂志》1941年第5期。
② 章士钊在《孤桐杂记》一文中说："是年（1903年）夏间，陈独秀已在上海。"《甲寅周刊》1926年12月15日）
③ 苏曼殊与陈独秀的终身友谊即是此时结下的。据记载"此时苏曼殊汉文根基尚浅，文字亦不甚通顺，仲甫隐然是他的老师"，这在当时是众人皆知的事实。章士钊、陈独秀、冯自由、柳亚子对此均有所论述。
④ 陈万雄：《新文化运动前的陈独秀：一八七九至一九一五》，中文大学出版社1982年版，第55页。
⑤ 邓学稼：《陈独秀传（上册）》，时报文化出版企业有限公司1989年版，第61页。

第二章 初涉报坛：清末新政时期的报刊实践

综上可知，陈独秀不仅是《国民日日报》的创刊人之一，也是《国民日日报》的总理编辑之一。

二 《发刊词》、《近四十年世风之变态》的考证

《国民日日报》是陈独秀参与创办的第一份报刊，其地位与章士钊同等重要，且此时中国报纸仍处于政论时代，报纸主笔及其"论说"对报纸赢得声誉至关重要。因此，"社说"栏肯定有陈独秀撰写的文章。然而，为了作者的人身安全，时论（主要为"论说"与"短批评"两栏）一类的文章多不署名，这就给识别陈独秀在《国民日日报》上所刊的文章带来了困难。如前所述，采用"既然陈独秀与章士钊总理编辑事宜，那么《国民日日报》的指导思想和它的重要言论，至少是得到陈独秀的赞同或赏识"[①]的观点虽然可行，但本书试图在此基础上，尝试性地讨论《国民日日报发刊词》、《近四十年世风之变态》的作者归属问题，指出这两篇文字所具有的陈独秀的思想色彩，为研究陈独秀的传播思想提供"可靠"的文本。

（一）《发刊词》应为陈独秀、章士钊合撰

沈寂认为，《国民日日报发刊词》为陈独秀、章士钊合撰。[②] 白吉庵认为，《发刊词》由章士钊所写。[③] 张之华认为，《发刊词》的作者为章士钊[④]，李开军认同张之华的观点[⑤]。但是，上述结论都没有给出据以论断的依据。本书认为陈独秀参与写作《发刊词》的主要原因在于：

1. 《发刊词》"言论为一切事实之母"与《会启》"思想言论，事实之母"相合

《发刊词》有三处表达了言论（舆论）是一切事业之母的观点，分别为："舆论者，造因之无上乘也，一切事业之母也。故将图国民之事业，不可不造国民之舆论。""如林肯为记者，而后有释黑奴之战争，格兰斯顿为记者，而后有爱尔兰自治案之通过。言论为一切事实之母，是岂不然。"

[①] 任建树：《陈独秀大传》，上海人民出版社2004年版，第55页。
[②] 沈寂：《陈独秀传论》，安徽大学出版社2007年版，第306页。
[③] 白吉庵：《章士钊传》，作家出版社2004年版，第23—24页。
[④] 张之华：《中国新闻事业史文选》，中国人民大学出版社1999年版，第107页。
[⑤] 李开军：《松本君平〈新闻学〉一书的汉译与影响》，《国际新闻界》2006年第1期。

"虽然,言论者必立于民党之一点而发者也。有足为事实之母之言论,必先有为言论之母之观念。"

上述表述有时使用舆论,有时使用言论,虽然表达的意思基本一致,即言论(舆论)为一切事业之母,但是"舆论"与"言论"的混用,已经表明发刊词的作者不是一人,至少可以说除了该文主笔外,还有其他人参与了修改。需要注意的是,后两处使用的"言论",尤其最后一处"有足为事实之母之言论,必先有为言论之母之观念",与陈独秀在第二次演说会期间撰写的《会启》中"思想言论,事实之母"的表述是一致的。由此可以推定陈独秀至少参与了该文的修改。

2. 相比章士钊,陈独秀阅读《新闻学》、梁启超相关新闻著述的可能性更大

发刊词中对"第四种族"进行了论述,而发刊词对第四等级的论述显然来源于松本君平的《新闻学》以及梁启超的《清议报一百册祝辞并论报馆之责任及本报馆之经历》(以下简称《祝辞》)①。因此,发刊词的作者应该阅读过松本君平、梁启超的相关著述。相较于章士钊,陈独秀阅读相关著述的可能性更大。

两次留日让陈独秀具备近水楼台的优势,完全有可能"阅读"上述新闻著述。陈独秀第一次留学日本是在1901年11月(光绪二十七年十月),到东京后,陈独秀参加了当时留学生中唯一的团体"励志会",而此时的"励志会"有专门的"译书汇编社"②,出版《译书汇编》月刊。在第七期(1901年7月30日)所载的"已译待刊书目录"中,第23种即为"新闻学日本松本君平著",但《新闻学》一书最终未刊载,陈独秀也因政见不一,退出"励志会"。因此,没有直接证据证明陈独秀在日本已经读过《新闻学》。然而,相较于章士钊,陈独秀毕竟近水楼台,陈独秀在维新时期就已表现出阅读报章、接受西学的高昂热情,陈独秀在1902年发起的

---

① 严格地说,梁启超《清议报一百册祝辞并论报馆之责任及本报馆之经历》一文中对第四等级的论述也深受松本君平《新闻学》的影响。
② 1900年,留日中国学生组织"励志会"成立后,随即发起第一个留学生译书团体"译书汇编社",社长戢翼翚,成员包括王植善、陆世芬、雷奋、杨荫杭、杨廷栋、周祖培、金邦平、富士英、章宗祥、汪荣宝、曹汝霖、钱承志、吴振麟等人。同年12月,编辑出版《译书汇编》月刊,这是译书汇编社的主要工作之一。

第二章 初涉报坛:清末新政时期的报刊实践

藏书楼所收藏的也是其从日本带回的西学书籍①,发起两次演说会时陈独秀所表现出的办报热情,也反映出他对书报的持续关注。因此,留日期间阅读《新闻学》是极有可能的事。梁启超作为近代知识分子的先觉者、启蒙者,其创办的《清议报》、《新民丛报》均在日本发行,且在留学生中间具有很大的影响。上述梁氏的论述发表的时间分别为1901年12月,此时陈独秀正在日本留学,因此阅读梁启超的《祝辞》是完全可能的。

章士钊阅读《祝辞》的可能性是微弱的。因为《清议报》发行100册后,报馆即遭焚毁。章士钊则于1902年3月才东下南京,入读南京陆师学堂,此前虽与黄兴于两湖书院认识,但主要忙于生计。② 因此,章士钊读到《清议报》的机会非常微小,因为1902年2月8日新刊的《新民丛报》已经取代了《清议报》的地位。章士钊阅读《新民丛报》是可能的,章士钊入读的南京陆师学堂不准阅读《新民丛报》等新书报的规定③,反证出《新民丛报》在进步学生中的流行情状。事实上,章士钊在《苏报》时期发表的相关论说④反映出梁启超《敬告我同业诸君》一文对他的深刻影响。如《论湖南官报之腐败》一文中,"业报馆者之应付官场,当如严父之教训其劣子⋯⋯拿破仑曰,有一反对报馆其势力之可畏,比四千枝毛瑟枪尤甚焉。此其尽报馆之天职者"⑤。又如《论报界》"报馆之性质,乃移人,而非移于人者也,乃监督人而非监督于人者也⋯⋯对于政府为唯一之政监,对于国民为唯一之向道,然后可以少博其价值,而有国会议院之倾向"⑥。与梁启超《敬告我同业诸君》一文提出的报馆具有监督政府、

---

① 该藏书楼被安庆官方及保守派称为"西学藏书楼",由陈独秀第一次留日期间收集的西学书籍构成,此亦可见陈独秀留日期间积极阅读西学,返国后热心传播西学的行为实践。关于藏书楼所藏西学书籍,虽然没有文献资料显示书目,但王观泉作了合理的推测,见王观泉《被绑的普罗米修斯——陈独秀传》,第75页。
② 参见白吉庵《章士钊传》,作家出版社2004年版,第4—5页。
③ 白吉庵:《章士钊传》,作家出版社2004年版,第10页。
④ 章士钊虽于1903年5月27日才正式入《苏报》主事,但他与《苏报》发生关系则更早(这段史实见于白吉庵《章士钊传》,第13—15页)。因此,这一时期《苏报》的论说,应该出自章士钊之手,即使不是出自章士钊之手,也应该代表章士钊的观点。本书分析的论述报界现象的三篇论说,《论湖南官报之腐败》(5月26日)、《论报界》(6月4日)及《读新闻报自箴篇》(6月30日)均发表于这一时期,反映了章士钊的观点。
⑤ 《论湖南官报之腐败》,《苏报》1903年5月26日。
⑥ 《论报界》,《苏报》1903年6月4日。

向导国民的两大天职,"报馆之对政府,当如严父之督子弟、父兄之视子弟,无所假借","其对国民,当如孝子之事两亲,不忘几谏,委曲焉,迁就焉,而务所以喻亲于道"①的观点如出一辙。而就《发刊词》中最为重要的"第四等级"与"言论为一切事业之母"的新闻理念,则无一笔。这意味着章士钊此时(1903 年 6 月)的新闻思想只受到了梁启超《敬告》一文的影响,似乎他只阅读了《新民丛报》,而没有阅读过《清议报》与《新闻学》。

松本君平的《新闻学》虽于 1903 年由商务印刷馆印行,但大范围的发行、形成影响则应在 1904 年②,这可以从该书的广告发布情况反映出来③。章士钊民元前的主要办报活动也主要集中于 1903 年,理论上章士钊是有可能阅读到松本君平的《新闻学》,但是如果考虑到在一个月的时间内,阅读、接受《新闻学》,进而有所创造发挥,实现思想资源的转变,这种可能性则是微小的。按照白吉庵在《章士钊传》中的论述,《苏报》被封后,章即从事"实际工作,又开始与黄兴加强联系,计划如何开展革命工作",《国民日日报》是在送走黄兴之后才得以刊行。④ 由以上论述可知,《国民日日报》创刊前章士钊一直忙于实际工作,在这种情况下,以不到一个月的时间完成思想资源的转换,由关注报馆转向关注记者(第四等级)是有很大困难的,且《新闻学》的大范围传布则是在 1904 年。

至此,我们有理由认为陈独秀参与了《发刊词》的写作,文中对"第四等级"、"言论为事实之母"的论述应来自于陈独秀。

(二)《近四十年世风之变态》为陈独秀所写

1. 文章内容更符合陈独秀该时期的思想主张

这是一篇具有现代媒介批评色彩的文字,该文是在"思想言论,事实

---

① 梁启超:《敬告我同业诸君》,《新民丛报》1902 年第 17 期。
② 虽于 1903 年印行,但具体刊印日期不可考。在余家宏、宁树藩、徐培汀、谭启泰编注的《新闻文存》中,前言收录的《新闻学》的封面,以及宁树藩于《新闻学》后所附的《松本君平与〈新闻学〉》一文,均没有具体的刊印日期。根据李开军提供的广告数据,该书极有可能刊印于 1903 年下半年,甚至是年底。
③ 1904 年 3 月 11 日《东方杂志》创刊号刊登的新书广告,1904 年 5 月 23 日《申报》及之后若干期所刊登的商务印书馆售书广告,1904 年 6 月 28 日《大公报》及此后若干期刊登的新书广告都有该书书目。(这里的数据来源于李开军《松本君平〈新闻学〉一书的汉译与影响》,《国际新闻界》2006 年第 1 期。)
④ 参见白吉庵《章士钊传》,作家出版社 2004 年版,第 32—33 页。

第二章 初涉报坛:清末新政时期的报刊实践

之母"的视角下,对"过渡时代的思想言论"进行考察,认为《格致汇编》、《经世文续编》、《盛世危言》、《时务报》、《清议报》以及《新民丛报》等书报倡导的思想言论,带来了愈发悲惨的社会现实,即"由制造以至洋务,吾民之脂膏被人吸去者几何,吾民之土地被人转赠朋友者几何;由洋务而时务而变法而保皇而立宪,吾民之脂膏被人吸去者几何,吾民之土地被人转赠朋友者几何"[①]。这篇文章批评的对象是过去的"历史事实",对"制造"、"洋务"有所批判,但这些都是过去的"政象",早已成为政界的反思对象。而康梁此时仍为清政府的缉拿对象,对梁启超维新派的报刊实践进行批判也与批评"时政"无涉。因此,该文虽是一篇批判文章,但并不是一篇"激烈"文章,而且该文最终的立脚点并不是革命排满,而是忧国忧民的人道主义情怀。

如前所述,两次演说会的宗旨都是爱国拒俄,革命排满不是陈独秀的志趣。不宁唯是,陈独秀还表现出了对国家秩序的服从,《安徽爱国社拟章》已经表明陈独秀追求的报刊实践,是在遵守国家秩序的前提下进行的,强调激发志气,灌输学理,反对讪谤诋毁,致涉叫嚣。如前所述,清政府对拒俄运动的"不当处理",促使了一部分知识精英的革命转向,以章士钊、刘师培、张继、林獬等人为典型代表,这从他们的报刊言论中,可以轻松的寻找到这种转变的思想轨迹。如章士钊、张继在《苏报》上进行的革命排满的宣传,刘师培、林獬两人从《国民日日报》到《警钟日报》再到《中国白话报》,态度愈趋"激烈",刘师培更被称为"激烈第一人"。反观陈独秀,不仅参与《国民日日报》之前强调书报出版应该遵守国家秩序,其后创办的《安徽俗话报》也没有出现反清排满的"激烈"言论。因此,从文章的思想内容来看,在上述诸人中,陈独秀写作的可能性最大。

此外,另有一些文辞字句也显示出该文为陈独秀所作。如首段"过渡时代之中,必有无量之思想以胚胎之,必有无量之言论以酝酿之,而此思想言论也,即为其事其物之母,其言论其思想不可不察。"末段"虽然言论者事实之母也,吾民族无有此进步之世风则已也……以言现今之趋势,则

[①] 《近四十年世风之变态》,《国民日日报》1903年10月21日、22日、23日连载,这一部分引文的文字均出自该文。

另有说。"首末两段出现的"思想言论"的字句，无疑与署名为"皖城爱国会同人"的《会启》中"思想言论，事实之母"的观点是相合的。末段中"以言现今之趋势，则有另说"的写作文风，早在《扬子江形势论略》即已出现，该文即有"湖中水师当另议"；《安徽爱国社拟章》中也有"出报，另具专章"，这些"另议"、"另说"、"另具"的文字都只是计划而已，并没有完成，至少目前没有相关存世文字，而且根据笔者对《国民日日报汇编》所收"论说"的阅读，章士钊、刘师培、张继所撰的论说没有这个特点[①]。

最为重要的是，该文部分段落的遣词造句及表达的主张符合陈独秀的报刊传播思想。陈独秀在《安徽爱国社拟章》中强调了"不得讪谤诋毁，致涉叫嚣"，但他本人并没有对"讪谤诋毁，致涉叫嚣"提供具体的例证。四个月后，《国民日日报》发表的《近四十年世风之变态》则提供了"讪谤诋毁，致涉叫嚣"的具体例证，该文"清议报之世风"一段，"设清议报馆以标其宗旨，康门弟子，乃收束其张三世通三统之门面语，而重张旗帜。三年之中，百号之内，有日日不可缺之述说焉，一揭宫中之淫事，以垂帘故；二攻荣禄之奸恶，以军机大臣故；三诋刚毅之横暴，以南下故；四骂张之洞之无知，以杀唐才常故；五嗤端庄之冥顽，以立大阿哥故"，"新民丛报之世风"一段，"呜呼，彼自称中国新民者，日在风潮漩涡之中，岂特为是聒聒者耶？吾人鉴其苦心孤诣，其见识真加人一等者。有数故焉，一联合旧交（戊戌间所共事者）；二联合立宪（如东京学生金邦平、吴止欺、章仲和之类）；三恐失保皇；四恐惧孙党；五服康先生。若夫散布南海先生最近政见书，则又彼秘密出版之妙策也"，上述引文中所用的"揭"、"攻"、"诋"、"骂"、"嗤"、"聒聒"、"恐"、"散布"等词无疑最合"讪谤诋毁，致涉叫嚣"。

2. 相较于其他报刊同人，陈独秀撰写此文的可能性最大

上述引文还表明该文作者是读过梁启超创办的《时务报》、《清议报》与《新民丛报》，并且这种读报行为不是简单的阅读，而是一种深度阅读，一种批判性的阅读。不光如此，上述引文对"如东京学生金邦平、吴止欺、章仲和之类"的点名批评，透露出作者熟知梁启超与留日学生的"联合"

[①] 需要指出的是，此处所说的章士钊、刘师培、张继所撰的论说，或是他们本人事后"认领"的文章，或是研究者考证出来的文章。

行为。亦即写作该文还要具备两个条件,一是"熟读"梁启超创办的《时务报》、《清议报》与《新民丛报》;二是"熟知"梁启超在日本的行为。

尽管冯自由关于《国民日日报》的描述多有谬误,但他提供了一份先后为报纸撰文的重要名单,即章士钊、张继、何靡施、卢和生、陈去病、苏曼殊、陈由己、金天翮、柳弃疾诸人。此外还要加上刘师培与林獬,这两人肯定参与了报纸的文字工作。这份名单中,此时有留日经历的只有陈独秀(由己)、张继、苏曼殊、林獬、陈去病五人,其他几人尚没有留日经历。上述人中,卢和生为发行人,陈去病、金天翮、柳弃疾等人在《国民日日报》上发表了不少诗作,这些诗作均有署名。苏曼殊英文最好,中文较弱,主要是译报,小说《惨社会》是由苏曼殊、陈独秀"合作"完成。何靡施来到上海后,与陈独秀、章士钊三人"共居一室",应该发表了一些文章,但在章士钊创作的小说《双枰记》及陈独秀、苏曼殊两人写的序中,以及在何死后,章、陈二人发表的悼诗中,对何靡施的写作能力均没有提及,与此对照的是,章、陈二人对此时苏曼殊中文功底较弱均有文字表述。因此,这篇文章应该不是何靡施所写。剩下的人中,只有陈独秀、章士钊、张继、刘师培、林獬等五人。这五人中,除了张继之外,其他四人都是近代著名的报刊活动家,即使是张继,此时也是一位积极的报刊著述者。在这一点上,这五人也有别于苏曼殊、陈去病、柳亚子等人。因此,该篇文章的作者极有可能在这五人中产生。

上述五人中,留学日本的只有陈独秀、张继以及林獬三人,但陈、张两人留学时间不仅早,而且长,林獬留学日本是在1903年,而且时间很短。事实上,1901年年底,陈、张二人就一起加入了第一个中国留日学生组织"励志会",与"金邦平、吴止欺、章仲和之类"成为同志,但不久即因意见不同,两人又一起退出该会。因此他们熟悉梁启超与金邦平、吴止欺、章仲和等人的"联合"行为。但是,两人相较,张继宣传革命的热情是有,但其文笔相对较差,陈独秀遵守"国家秩序",但文笔较好。

就章士钊、刘师培来看,《国民日日报》的创办,章士钊开始逐渐由"激烈"转向"舒缓",刘师培和林獬则愈发"激烈"。目前《章士钊全集》(章含之、白吉庵主编,文汇出版社2000年版)收录《国民日日报汇编》所收的《箴奴隶》、《说君》以及《王船山史说申义》三篇论说;《刘申叔遗书补录》(万仕国辑校，广陵书社 2008 年版) 收录《国民日日报汇编》所收《论中国古代信天之思想》、《中国鬼神原始》以及《道统辨》三篇论说。这也多少表明在白吉庵、万仕国等研究专家看来，该篇文章不合章、刘二人的写作风格。

而就对梁启超创办的《时务报》、《清议报》、《新民丛报》等报纸的批判性阅读来看，现有证据中，只有陈独秀才有可能进行这种批判性阅读。维新时期写就的《扬子江形势论略》不仅表明陈独秀阅读了《时务报》，而且这种阅读是一种精读，而文中只见《时务报》所刊的"白人所论"，不见梁启超的变法思想，也表明这种阅读具有选择性阅读的意味。章士钊虽阅读过《新民丛报》，但章士钊的相关论说中，透露出他对梁启超新闻理论的膺服和崇拜，离批判的态度尚有一定的距离。

综上，根据文中的思想内容、遣词造句以及报刊同人写作此文的可能性，该文由陈独秀独撰的可能性最大。

尽管上述两篇文章的考证，不可避免地具有推论的成分，但是，退一步讲，即使陈独秀不是主撰，陈独秀还是参与了这两篇文章的写作，这两篇文章反映出陈独秀这一时期的思想印迹。只有在这个意义上，"既然陈独秀与章士钊总理编辑事宜，那么《国民日日报》的指导思想和它的重要言论，至少是得到陈独秀的赞同或赏识的"的结论也才更有效度。

三 《国民日日报》的"舒缓"与陈独秀的加盟

《国民日日报》被时人赞评为"《苏报》第二"，但章士钊却说《国民日日报》"论调之舒缓，即远较《苏报》之竣急有差"。《国民日日报》不但排版格式上多有创新，篇幅取材也有所更张，有社说、外论、讲坛、中国警闻、南鸿北雁、谈苑、小说，等等，呈现出多面相的特征。通常认为，这是因为吸取了《苏报》被封的教训，所以"论调较舒缓"，不求"爆炸性之一击"，而且也认为，这是章士钊出于自己的个人认知而独立所为，与陈独秀无关。这个观点是值得商榷的，事实上，陈独秀对《国民日日报》的多面相特征是有贡献的。

章士钊此时是专心革命宣传的，其激烈程度丝毫不亚于号称"激烈第一人"的刘师培。按照白吉庵在《章士钊传》中的论述，《苏报》被封后，

第二章 初涉报坛:清末新政时期的报刊实践

章士钊即从事实际的革命组织工作,章士钊是在送走黄兴后,《国民日日报》才得以创刊,而且即使在编辑《国民日日报》期间,章士钊不仅参与实际的革命活动,如"抽出时间,去推行他与黄兴议定好在南京方面的工作",去南京出席北极阁"拒俄大会"[①];他还创设东大陆图书译印局,不仅出版许多革命书籍,如《猛回头》、《攘书》、《皇帝魂》、《苏报案纪事》等,而且自编《大革命家孙逸仙》,进行激烈的革命宣传活动。

那么,章士钊在专心革命宣传的同时,是否可以舒缓其革命宣传论调呢?个人的转变可以是瞬间地、突然地,但是这种瞬间地、突然地转变必须有一种内在的持续的思想根源为这种"突变"提供合法性。然而,思想的形成又是一个长期的过程,这就决定了思想资源的接受与转变对任何人来说都需要一个过程,对于陈独秀、章士钊等"思想者"来说,更是如此。"思想者"可以转变,如陈独秀由一个自由知识分子成为中共创始人,章士钊虽激烈宣传革命,但却拒绝加入"同盟会",后又成为北洋政府的教育部长。但是,这种转变并不意味着,一个人可以同时从事相互矛盾的两件事。很难想象,章士钊在出版《大革命家孙逸仙》、《猛回头》、《攘书》、《皇帝魂》等革命书籍宣传革命的同时,在《国民日日报》却"舒缓"其革命论调。事实上,章士钊在《国民日日报》所发文章的文辞也并不"舒缓",章士钊辑录的革命宣传书籍《皇帝魂》中即收录他发表于《国民日日报》的《汉奸辨》与《王船山史说申义》。因此,很难想象,章士钊以舒缓的形式宣传激烈的革命内容。

相反,陈独秀此时却是专心报纸编辑工作的,无论是创办《国民日日报》之前,还是之后创办《安徽俗话报》,革命都不是陈独秀的志趣,当然更不谈上激烈的革命排满。这也是陈独秀相较于"暴得大名"的章士钊、刘师培、林獬等人,显得默默无闻的重要原因,否则以陈独秀的才思文笔,要想"暴得大名"是件轻松的事,这也表明陈独秀有自己的追求、坚持与思考。因此,本书认为,《国民日日报》的"舒缓"与陈独秀的加盟密切相关,尽管陈独秀从没有论及其在《国民日日报》的地位,也没有

---

① 章士钊在《赵伯先事略》(《甲寅》第1卷第25号)中记载了这一次集会,"癸卯秋,愚潜返宁,为会于北极阁,假借俄事,极言革命,南京学生咸集,为内地公开演说之嚆矢,声势甚盛"。

认领过他在该报发表的文章。

第四节 小试牛刀:创办《安徽俗话报》

1904年3月31日,《安徽俗话报》(以下简称《俗话报》)第1期面世。《俗话报》的创办,不仅让陈独秀有机会将积累的报刊经验付诸实践,也让他拥有了可以系统阐释思想主张的媒介阵地。《俗话报》从创刊到停刊虽只有一年半,但陈独秀小试牛刀,成功地让《俗话报》成为清末下层启蒙报刊的佼佼者,不仅在中国新闻史上占有一席之地,而且在清末启蒙运动中也占有重要的地位。

一 前期与后期、停刊与终刊

《俗话报》先在安庆编辑,社址设在芜湖长街徽州码头科学图书社,科学图书社承担发行业务,上海东大陆印书局负责印刷。《俗话报》于1905年9月13日终刊,共出版23期(现仅见到1—22期)。《俗话报》可以分为前、后两个时期,在终刊之前,则经历了三次停刊。

(一) 前期与后期

《俗话报》的发展可以分为前后两个时期:前期(1—15期),由于陈独秀的专心打理,《俗话报》"风行一时"、"驰名全国"[1],"仅及半载,每期从一千份增至三千份,销路之广,为海内各白话(报)冠"[2];后期(16—22期),由于陈独秀转向革命,《俗话报》由同人勉强支撑,"停停歇歇",以致终刊。

1. 陈独秀所发文章及篇幅,前后迥然有别

《俗话报》前期,陈独秀不仅负责编辑业务,而且亲自撰稿,其文章占据了《俗话报》的重要位置。以下仅从文章篇幅角度进行统计分析,内容方面留待下文进行分析。

---

[1] 房秩五:《房秩五回忆〈俗话报〉诗一首》,《安徽革命史研究资料(第1辑)》(安徽省社会科学研究所历史研究室内部交流资料),1980年,第14页。
[2] 《本社广告》,《安徽俗话报》1904年第12期。

第二章 初涉报坛：清末新政时期的报刊实践

《俗话报》（1—15期）陈独秀文章一览表①

期数/总页数	序号	栏目	名称	篇幅	期数/总页数	序号	栏目	名称	篇幅
1/40	1	缘故	开办安徽俗话报的缘故	8	8/40	20	论说	亡国篇 第一章 亡国的解说	4
	2	论说	瓜分中国	4		21	历史	中国历代的大事	2
2/42	3	论说	论安徽的矿务	6		22	兵事	东海兵魂录	4
	4	实业	安徽的煤矿	6	9/40	23	论说	亡国篇	4
3/40	5	论说	恶俗篇	4		24	历史	中国历代的大事	2
	6	历史	中国历代的大事	4		25	兵事	东海兵魂录	4
	7	地理	地理略	4	10/40	26	论说	亡国篇	4
	8	教育	国语教育	2		27	历史	中国历代的大事	4
4/40	9	论说	恶俗篇	4	11/40	28	论说	论戏曲	6
	10	历史	中国历代的大事	4		29	小说	黑天国	8
5/40	11	论说	说国家	4	12/40	30	论说	恶俗篇	4
	12	历史	中国历代的大事	4		31	论说	亡国篇	4
	13	地理	地理略	4	13/40	32	历史	中国史略（原名中国历代的大事）	6
6/40	14	论说	恶俗篇	4		33	小说	黑天国	4
	15	历史	中国历代的大事	4	14/40	34	教育	王阳明先生训蒙大意的解释	4
	16	地理	地理略	6		35	兵事	枪法问答	4
7/40	17	论说	恶俗篇	6		36	小说	黑天国	4
	18	历史	中国历代的大事	6	15/42	37	论说	亡国篇	6
	19	地理	地理略	4		38	兵事	枪法问答	4
						39	小说	黑天国	4

由上表可以统计出：前15期《俗话报》，平均每期刊登陈独秀文章2.6篇；其文章篇幅占每期总篇幅的28.5%；如果把《俗话报》第1期《开办安徽俗话报的缘故》看作论说，则陈独秀的论说占前期全部16篇论

---

① 主要是对署名"三爱"的文章进行分析，这部分不涉及新闻栏目的统计，也没有对存有署名争议的文章进行统计，如诗词《醉东江·愤时俗也》。

说①的94%。

为了与前一部分形成对照,下表统计了陈独秀在《俗话报》(16—22期)的文章及篇幅。

《俗话报》(16—22期)陈独秀文章一览表

期数/总篇幅	序号	栏目	内容	篇幅	备注
16/43	1	历史	中国史略(原名中国历代的大事)	4	接第13期
	2	教育	王阳明先生训蒙大意的解释	6	接第14期
	3	兵事	枪法问答	4	接前
17/47	4	论说	亡国篇	4	第三章 亡国的原因
	5	兵事	中国兵魂录	8	
18/48	6	历史	中国史略(原名中国历代的大事)	8	接第16期第十一章
	7	教育	西洋各国小学情形(一)俄国	6	
	8	兵事	中国兵魂录		
19/40	9	论说	亡国篇	4	接第17期第三章
20/42	10	兵事	中国兵魂录	6	睢阳血战、靴中短刀
21—22/39					

由上表可以统计出:后7期《俗话报》,平均每期刊登陈独秀文章1.4篇,其文章篇幅占每期总篇幅的18.8%。相较于上文所列的2.6篇/每期,以及28.5%的篇幅比例,陈独秀在《俗话报》后期刊登的文章及篇幅大幅减少。而且,陈独秀在《俗话报》后期刊登的论说、教育、兵事等栏目的文章,主要为前期文章的余绪,《中国兵魂录》也是受《东洋兵魂录》启发而作,至于《西洋各国小学情形(一)俄国》一文,仅为普通的译介文章,且仅发表了第一篇。陈独秀在后期《俗话报》共发表论说2篇②,而后期《俗话报》共发表论说6篇,陈独秀论说所占比例为33.3%。这个数字远远低于前期94%的比例。

---

① 另有一篇论说为一痴《说爱国》(第14期)。
② 《亡国篇》第三章亡国的原因,分两期连载,分别为《亡国的原因之第一桩 只知道有家不知道有国》(第17期)、《亡国的原因之第一桩 只知道听天命不知道尽人力》(第19期)。为了方便统计,本书在数量上认定为2篇。

2. 新闻栏目前后也有很大差异

按照《俗话报》第 1 期《开办俗话报的缘故》，《俗话报》分 13 门，第 2 门为"要紧的新闻"，第 3 门为"本省的新闻"，可见新闻栏目是《俗话报》的重点栏目。《俗话报》前 15 期，尽管栏目名称略有变化，但刊登的都是严格意义上的"新闻"，《俗话报》后 7 期，虽然刊登了为数不少的"时事"，但绝大多数都是"过时新闻"①。

在《俗话报》总共刊登的 258 条"时事新闻"中，前 15 期共刊登 113 条；后 7 期（第 16—22 期）共刊登 145 条，其中"过期新闻"133 条，占同期刊登"时事新闻"总数的 91.7%，也占《俗话话》"时事新闻"总数的 51.6%。只有第 19 期刊登的"最近的时事"7 条以及"按时"出版的第 20 期的 5 条"时事"称得上是名副其实的"时事新闻"。

在《俗话报》总共刊登的 94 条"本省的新闻"中，前 15 期共刊登 55 条；后 7 期（第 16—22 期）共刊登 39 条（第 16、19 期没有本省新闻——笔者注）。这 39 条新闻中，除了第 20 期刊登的 7 条本省新闻具有较强的时效性外，其他各期"本省的新闻"均有不少"过时新闻"②。

造成这种情况的一种可能性解释，是《俗话报》自第 16 期开始处于"停停歇歇"的状态。第 16—18 期，封面日期虽标注为"阴历甲辰十月十五（11 月 21 日）、阴历甲辰十一月朔日（12 月 7 日）、阴历甲辰十一月望日（12 月 21 日）"，但根据第 19 期所附的"本报告白"，"真正"的出版日期分别为 1905 年 3 月、4 月、5 月。第 21—22 合期也延期了 3 个月发行。

值得注意的是，在"按时"出版的第 19 期与第 20 期，在刊登大量"过时新闻"的同时，也出现了少量的时效性较强的"新闻"，如第 19 期

---

① 根据"按时"出版的第 1—15 期"新闻栏"所刊新闻的考察，《俗话报》的新闻周期为一个月左右，刊登的新闻发生在 2 个月前即可被视为"过时新闻"。

② 有据可考的"过期新闻"如下，第 17 期（实际发行日期为 1905 年 4 月，此期共有 17 条本省新闻）中，《歙县学堂章程》、《推广学额》、《裁缺详志》、《禀设垦荒公司》、《浚河兴利》、《筹解饷亏巨款》、《舒城改办警察》、《请兵驻防》、《惩办教民》等均为前一年 10—12 月的事情；第 18 期（实际发行日期为 1905 年 5 月）刊登的 2 条本省新闻也是前一年年底的事情。第 21—22 合期（实际发行日期为 1905 年 9 月）中，《县差为盗》、《杀人报仇》、《矿事纠葛》等本省新闻则是本年 5 月的事情。考察的根据有两个：一是根据新闻本身提供的时间，另一个是根据《北洋官报》刊登的"地方新闻"栏中涉及安徽省的地方新闻。

刊登的 7 条"最近时事",第 20 期刊登的 7 条"本省新闻"。这就表明,后 7 期完全有可能刊登名副其实的"新闻",而不必刊登大量的"过时新闻"。因此,"停停歇歇"只是一种并不充分的解释,真正的原因在于后期的《俗话报》处于勉力维持的状态。

陈独秀创刊《俗话报》前,曾与章士钊总理编辑《国民日日报》。《国民日日报》是一份日报,采用了现代报纸的版式。因此,在《俗话报》同人中,只有陈独秀具有现代报刊的编辑经验,这一点是其他《俗话报》同人所不具备的。因此,我们有理由相信,《俗话报》后期刊登的大量的"过时新闻",并不符合陈独秀的新闻理念,而是胡子承、汪孟邹等人出于"发满一年 24 期"的考虑。

3. 胡子承的书信[①]也暗示着《俗话报》前后有别

> 理事诸公均览:
> 前寄孟邹一函,谅经收到。本日回家,过栋处,乃悉《俗话报》事甚急。若笃原君不止,则好停停歇歇。笃君现丁母艰,业由鄙人及栋君两处函恳,并未得复。……今已由栋处函催,未知为何得复。
> 《俗话报》于本社颇有关系,似难置之局外。万一笃原君不肯独任,拟由同人暂为各认一门(如尊处以为然,自何期起,速寄信来),由栋臣处汇齐寄来,似亦妥便。惟"时事"一门,可由国老或孟邹任之,辞旨务取平和,万勿激烈。现在民智低下,胆子甚小,毋宁伊惊破也。至《俗话报》出版以来,同人皆颇欢迎,而局外则颇多警议,如"自由结婚"等语,尤贻人口实。其实此时中国人程度,至"自由结婚"当不知须经几多阶段。若人误于一偏,不将"桑濮成婚"盖目为文明种子乎?……
>
> 十六日

考察这封信的内容,并结合《俗话报》的出版情况,可以确定,这封信应写于 1904 年年底,至少在第 15 期后。首先,信中所提"《俗话报》

---

① 这封书信由安徽大学沈寂先生提供,这封信抄录于《六十多年:回忆亚东图书馆》原稿。以往对这封信的引用并不是全文,普遍忽略了第一段,此处提供该信的前两段内容。

事甚急。若笃原君不止,则好停停歇歇",表明《俗话报》面临不能按时出版,即将停停歇歇的尴尬境地,需要另请笃原(程笃原)予以支持。"停停歇歇"则表明刊物不能按时出版的原因不在于外部压力,而在于内部因素。而考察《俗话报》创办全程,这个内部因素只有一种情况,即陈独秀离开芜湖前往上海参加杨笃生组织的暗杀团。陈独秀虽在上海待了一个多月并于年底回到芜湖,但他返回芜湖后,即将主要精力投入革命活动。灵魂人物的离开,必然造成《俗话报》难以为继的尴尬境地。所以胡子承另请程笃原,如果程笃原不能按时接任的话,《俗话报》只能停停歇歇。而《俗话报》的停停歇歇正是在第 15 期之后,因此,这封信的写作时间应写于 1904 年年底,应在第 15 期前后。

此外,胡子承特别交代,万一程笃原不愿意独任编务,则由科学图书社同人每人负责一门(一栏),编好后交由周栋臣汇齐寄给他。这表明胡子承要承担最后审稿的任务,但是邮寄审稿的方式必然对《俗话报》的新闻栏产生"影响",也必然导致新闻栏刊登大量的"过时新闻"。这种情况正好出现在后 7 期。因此,这也预示着《俗话报》第 15 期后必然有变。

由上可以看出,《俗话报》前 15 期与后 7 期确实存在很大的变化。这不仅充分反映出陈独秀是《俗话报》的灵魂人物,《俗话报》之所以能在晚清白话报中占有重要地位,就是因为陈独秀的"独特性";也为探讨《俗话报》的终刊原因提供了有益的视角,多数论著虽指出《俗话报》终刊的原因之一是陈独秀由办刊转向革命,但这个结论并非建立在分析《俗话报》文本的基础上;也为厘清《俗话报》是否为"同人刊物"提供有益的参照。

(二) 停刊与终刊

《俗话报》在发行过程中曾有过三次停刊。前两次停刊,《俗话报》都通过"告白"予以交代,第三次停刊的原因则没有交代。《俗话报》终刊的原因也存在两种说法。上述停刊、终刊的原因都需要予以厘清。

1. 三次停刊

(1) 第一次停刊

《俗话报》第 1 期(光绪三十年二月十五日,3 月 31 日)发行后,隔了一个月才发行第2期（光绪三十年三月十五日发行，4月30日）。第2期由"社员某"撰写的"本社特告"交代了停刊的原因，原文如下：

> 本社特告：本报第二期例应本月朔日发行，只因本社社员抱疾衍期，深负购阅诸君之望，愧悚无既，所有订阅全年者均寄至明年二月十五第二十四册，□足一年为止。
>
> 社员某特此敬白[①]

这里的"社员某"应为陈独秀。首先，根据上文分析，陈独秀于《俗话报》前15期投入了很大的精力，甚至是专事办报。《俗话报》刚出第1期，就停刊一月，陈独秀理所应当于第2期交代原因。其次，陈独秀此时正在生病，且因获知何梅士死信病情加重。2月16日何梅士因脚气病死于东京[②]；3月31日为《俗话报》第1期发行日期；4月15日陈独秀《哭何梅士》与章士钊和诗《哭梅士》发表于《警钟日报》[③]。4月30日为《俗话报》第2期发行日期。考虑到《俗话报》为半月刊，发行周期至少半月，《警钟日报》则为日报，因此根据上述日期可以推算出陈独秀在第1期与第2期之间正在生病。结合第一点分析，可以断定"社员某"正是陈独秀。

（2）第二次停刊

第二次停刊是在第15期发行后，一直到第二年二月（阴历）才刊出第16期。第19期的"本报告白"对停刊原因作了模糊交代，"本报告白"内容如下：

> 本报告白：本报自从去年二月出版以来，很蒙诸位看报的赏识，销得不少。只恨去年十月因为出了一件古怪事，耽搁了三个多月，没

---

① 《本社特告》，《安徽俗话报》1904年第2期。
② 唐宝林、林茂生：《陈独秀年谱》，上海人民出版社1988年版，第31页。
③ 陈诗无序，章诗有序，序中交代，"安徽陈由己，亦与余及梅士同享朋友之乐者也，梅士之立志与行事，由己知之亦详。梅士之死也，由己方卧病淮南，余驰书告之。余得由己报书，谓梅士之变，使我病益加剧，人生朝露，为欢几何，对此能弗自悲"。（《章士钊全集》第一卷（1903.5.3—1911.10.3），文汇出版社2000年版，第173页。）

有出版，一直到今年二月间，才把去年十月十五的十六期印出来。现在已经是五月了，中间还有十多期没有出，一时补也补不齐。过去的光阴，也追不回来了，勉强补出来，也是今年说去年的话，就像以上十七十八两期。明明是今年三四月间出版的，还要刻上去年十一月的日子，实在是名不副实。所以十九期报，决计老老实实写了本月初一实在出版的日子。列位订报的人，别说做报的，骗了你的钱，不给你腊正二三四等月的报。列位别记着月份，只要记了期数，出足二十四期，才算一年的报完了。由现在算起来，等到七月十五日，出到二十四期，才够一年哩。

本报谨白①

由"告白"可知，第16、17、18期的真正出版日期为1905年3月、4月、5月。"告白"还交代了报纸延期的原因——"只恨去年十月因为出了一件古怪事"。当前学界对此"告白"中提到的"古怪事"的解读主要有两种观点。沈寂认为，所谓"古怪事"，是《俗话报》言辞激烈，刊登了触怒英帝的新闻，因此被封3个月②。任建树认为，"古怪事"是陈独秀去上海参加了杨笃生组织的"军国民教育会暗杀团"，虽然陈独秀在上海"逗留了一个多月"，但《俗话报》却因此耽搁了三个多月③。"古怪事"是不能言明的事情，对性格刚烈的陈独秀来讲，因言辞触怒英帝而被停刊三个月，应该不算"古怪事"；去上海参加"暗杀团"虽不能言明，但只逗留了月余，旋即回芜湖，按理可以继续出报，《俗话报》不会因此耽搁三个多月。

仔细分析上述两种观点，可以发现，两者都建立在同一个前提假设基础上，即认定这篇告白是陈独秀撰写的，或者代表陈独秀的观点。然而，这个前提假设不一定站得住脚，如果陈独秀从上海回芜湖后即转向"革命"，由"总编"变为"撰稿"，那么上述告白就不是陈独秀写的，也不代表陈独秀的意见。陈独秀于1904年11月去上海参加杨笃生组织的"军国

---

① 《本报告白》，《安徽俗话报》1905年第19期。
② 沈寂：《陈独秀传论》，安徽大学出版社2007年版，第106页。
③ 任建树：《陈独秀大传》，上海人民出版社2004年版，第69页。

民教育会暗杀团"①，在上海逗留了一个多月②，并于 1905 年 1 月回芜湖③。随即，陈独秀动员李光炯将在长沙创办的旅湘公学迁来芜湖，"陈独秀利用桐城文派的声誉，皖籍官绅中开明之士的官力，帮助筹集经费、校舍、教员"④。高语罕也说，"迁校运动的中心人物就是陈独秀"⑤。陈独秀热心此事与其上海之行是密不可分的，上海之行，陈独秀与章士钊、黄兴、张继等人有密切来往，成为革命同志。安徽旅湘公学由长沙迁至芜湖，则与华兴会起义有必然关系，甚至直接是由黄兴事先安排迁离长沙，以避免不必要的牺牲，为革命党人预备一个可供转移的地方⑥。1905 年 3 月（阳历），安徽公学于芜湖正式开学，陈独秀随即在该校担任教职，并与柏文蔚、常恒芳等人筹备发起"岳王会"⑦。由上可知，陈独秀由上海回到芜湖，尽管仍为《俗话报》撰稿，但其已经不再是"主编"了，其工作重心已经由办报转向革命活动了。因此，上述告白并不是陈独秀写的，也不代表陈独秀的观点。

仔细分析这则告白，可以发现，"古怪事"只是《俗话报》延期的原因。但这个原因并不一定导致刊登"过期新闻"的出版行为。实际上，这则告白的重点在于后半部分，即"列位订报的人，别说做报的，骗了你的钱，不给你腊正二三四等月的报。列位别记着月份，只要记了期数，出足二十四期，才算一年的报完了。由现在算起来，等到七月十五日，出到二十四期，才够一年哩"。也就是说，因为担心承担"骗钱"的污名，所以"勉强补出来"，又因为"名不副实"的指责，所以"决计"从 19 期按时

---

① 关于陈独秀去上海参加暗杀团的时间存有一些争议，王观泉认为是 1904 年秋冬之交，唐宝林、林茂生认为 1904 年秋，任建树认为是 1904 年 10 月，沈寂虽然没有对陈独秀在上海的时间作推断，但他有"1904 年冬，陈独秀动员李光炯将旅湘公学迁回芜湖，易名安徽公学"的论述。唐、林二人是根据暗杀团的相关史实推断的，任建树则是根据上述《告白》中《俗话报》因"怪事"停刊三个多月往前追溯的，王、沈二人在其著作中没有标明下判断的依据。本书认为，陈独秀去上海的时间当为甲辰年 10 月间，即阳历 1904 年 11 月间，逗留月余后，大概于甲辰年 12 月间（阳历为 1905 年 1 月间），亦即甲辰年冬，回到芜湖。
② 陈独秀：《蔡孑民先生逝世后感言》，重庆《中央日报》1940 年 3 月 24 日。
③ 任建树：《陈独秀大传》，上海人民出版社 2004 年版，第 69 页。
④ 沈寂：《陈独秀传论》，安徽大学出版社 2007 年版，第 69 页。
⑤ 高语罕：《百花亭畔》，第 35 页。转引自任建树《陈独秀大传》，上海人民出版社 2004 年版，第 71 页。
⑥ 欧阳跃峰：《安徽公学的兴办及其影响》，《安徽大学学报》2005 年第 6 期。
⑦ 沈寂：《陈独秀传论》，安徽大学出版社 2007 年版，第 46 页。

按期发行。可以这么说,这则告白体现的是出版信用,尤其是科学图书社的信用,是从《俗话报》发行处——科学图书社的角度撰写的。这与第一篇由"社员某"撰写的"本报特告""深负购阅诸君之望,愧悚无既"的出发点是迥然有别的。

既然陈独秀已经不是编务了,那么第 19 期告白所说的古怪事究竟是什么呢?笔者认为,"古怪事"包含两点:首先,陈独秀去上海参与暗杀团以及返皖后的革命转向,这是汪孟邹等好友不能在"告白"中予以明说的。《俗话报》的创刊人是陈独秀,在《俗话报》"风行一时"、"驰名全国"之际,陈独秀却要当甩手掌柜,由缺少现代报刊编辑经验的汪孟邹等科学图书社理事接手《俗话报》。其次,由上文对胡子承写给科学图书社理事的书信可知,陈独秀与胡子承之间在《俗话报》的宗旨及编务方面存有矛盾冲突,这件事也是不能明说的。陈独秀是汪孟邹的好友,且是《俗话报》的灵魂人物;胡子承是汪孟邹的授业恩师,又是科学图书社的资金提供者。表面上看,上述两件事似乎没有关联,但实际上两者是密切相关的,陈独秀的革命转向给胡子承改良报纸提供了机会,而胡子承等科学图书社理事对报纸的接手和改良也彻底让陈独秀专心于革命。这也就能解释《俗话报》前 15 期与后 7 期的明显区别。

(3)第三次停刊

第三次停刊是在第 20 期(乙巳年五月朔日,6 月 17 日)发行后,隔了 3 个月才发行第 21—22 合期(乙巳年八月望日,9 月 13 日),随后终刊[①]。第三次停刊的原因并没有交代,但这三个月,正是陈独秀参与密谋行刺五大臣,同时为组织岳王会而偕柏文蔚等访游淮上,联络革命力量的时期。陈独秀已全心全意投入革命工作,再也无暇为《俗话报》撰稿了,事实上《俗话报》第 21—22 合期,已经不见了陈独秀的文章。

2. 终刊

关于《俗话报》终刊的原因,主要有两个:一是登载外交消息,为驻芜英领事要求中国官厅勒令停办;二是陈独秀由灵魂人物到边缘人物以致脱离《俗话报》。前者是外因,后者是内因,两者的共同作用,最终导致

---

① 汪孟邹回忆说《安徽俗话报》出有 23 期,但目前没有发现这一期,很可能这一期被禁了。

了《俗话报》的终刊。

(1) 登载外交消息，为驻芜英领事要求中国官厅勒令停办

根据房秩武的回忆，《俗话报》是因为"登载外交消息，为驻芜英领事要求中国官厅勒令停办"[①]。《俗话报》第 21—22 合期，确实有这么一条"安徽本省新闻"符合所谓的"外交消息"。

矿事纠葛

铜陵县铜关山的铜矿，经英商凯约翰，在外务订了合同，归他开采。这合同是去年四月二十二日签的押。安徽的绅士，到了四月二十二日，看见凯约翰还没有派人前来动工，便要照原约办理，将前次合同作废，本省人自己集股开办。已经电禀外务部和两江制台了。不料四月二十五日，英商方才派人来铜陵县，招呼地方官要开工了。铜陵县因为他过了期，没敢答应他。英商到省里来禀商务局。商务局也把过期作废的话回了他，英商大不悦意。打算在上海延请律师，和中国官兴讼。安徽的巡抚，也电禀了外务部，说英商过期才来，照理应该废约。本省的绅士和日本留学生，也有电禀到北京商外二部，力请废约自筹，好保本省的利权。但是听说凯约翰从前和外部订合同的时候，外部王大臣私下得了英商十万两银子，恐怕这时候总要帮英商说几句话哩。

安庆来函

这条"安庆来函"，虽属"本省新闻"，但确实牵扯到"英商"与"外务部"，因此，说是"外交消息"也是可以的，此时正是"矿事纠葛"的关键时期，英方肯定极为关注安徽士绅的反应。可以肯定的是，英国驻芜湖领事馆早就关注《俗话报》"铜关山铜矿"的相关报道。事实上，"铜关山矿事"是《俗话报》关注的一个重点。《俗话报》第 1 期刊登的本省新闻《全省矿山被卖的细情》开篇就讲述了铜关山铜矿被卖时间；第 9 期开篇即特设《警告》一栏，全文转发安徽籍补知县刘子运大令的原稿《英商

[①] 房秩五：《浮度山房诗存》，《安徽革命史研究资料（第 1 辑）》（安徽省社会科学研究所历史研究室内部交流资料），1980 年，第 14 页。

凯约翰开办铜陵县铜关山铜矿事略》，报中标题为《铜关山事件》，起首以"警告！扬子江之危机！！安徽之致命伤！！！"黑体大字标示，突出警示之意；第15期刊登《英商开矿》（安庆友人来函），第20期刊登《挽回矿权》（南京来函）。

因此，《俗话报》因"登载外交消息，为驻芜英领事要求中国官厅勒令停办"的记载是可信的。

（2）陈独秀的革命转向是《俗话报》终刊的另一个原因

如前所述，《俗话报》前期（第1—15期），陈独秀作为创刊人和主编，将其全部精力都投入了《俗话报》，其所写的论说、编辑的新闻栏目都体现了鲜明特色，《俗话报》因之大获成功。《俗话报》后期（第16—22期），因为陈独秀转向革命活动，由灵魂人物变为边缘人物，虽仍住在科学图书社，但仅为《俗话报》提供文稿，并不参与《俗话报》的编务。甚至到后来，陈独秀连文稿也不提供了，亦即汪孟邹所说，"再出一期就是24期，就是足一年，无论怎么和他（陈独秀）商量，好说歹说，他始终不答应，一定要……到李光炯先生办的学堂里去教书，其实是干革命工作去了"[①]。

如前所述，陈独秀是《俗话报》同人中唯一一位具有现代报刊编辑经验的人，而且陈独秀的文章、言论也是《俗话报》大获成功的主要原因。这就决定了一旦陈独秀离开《俗话报》，即使是暂时离开，都会对《俗话报》的刊行产生重要影响，前述三次停刊多少都与陈独秀有关。陈独秀由文化启蒙转向革命活动，决定了他必然彻底与《俗话报》这根"鸡肋"分手，而离开了陈独秀的《俗话报》，也必然走向终刊。

二 开民智的办报宗旨

《俗话报》的创办顺应了历史发展的潮流，尤其是顺应了晚清新政时期勃兴的下层启蒙运动。这一面向下层的启蒙运动，既有因官方的支持而具有主流社会意识的一面，也有因中国读书人受义和团运动的刺激而产生对下层社会进行启蒙的自觉的一面。正如李孝悌所述，由于义和团和八国

[①] 汪原放：《亚东图书馆与陈独秀》，学林出版社2006年版，第18页。

联军造成的前所未有的危局，使得"开民智"的主张一下子变成知识分子的新论域，"开民智"三个字也一下子变成清末十年间最流行的口头禅。①陈独秀创办《俗话报》，正是秉承"开民智"的报刊宗旨，这一宗旨又主要表现为时务知新主义、鼓吹爱国主义以及文化批判主义三个方面。

(一) 时务知新主义

陈独秀在《孔子之道与现代生活》中，首次使用"时务知新主义"②。尽管这一名词是陈独秀于1916年提出，但这是陈独秀自述其为"康梁派"的唯一行动，而且《论略》的写作也反映出陈独秀对《时务报》所刊"白人所论"的"消化"能力，也预示着他对西方知识的"接收"态度。因此，我们可以对"时务知新主义"下个粗略的定义，即要通过报刊通晓时务，获得新的知识，以此有利于个人、社会的发展。"时务知新主义"在两个方面符合了晚清"开民智"的要求，一是"知新主义"本身蕴含了对新知识的追求；二是这种知识的追求可以通过白话报刊来实现，亦即报刊是获得新知的主要途径。

在《开办安徽俗话报的缘故》一文中，陈独秀表达了懂得"学问"、通达"时事"的重要性。如"人生在世，糊里糊涂的过去，一项学问也不懂得，一样事体也不知道，岂不可耻吗？""若说起穷人来，越发要懂得点学问，通达些时事，出外去见人谋事，包管人家也看得起些，"但是对穷人来说，"上学攻书"是不现实的，但却"有一样巧妙的法子，就是买几种报来家看看，也可以学点学问，通些时事，这就算事半而功倍了"。陈独秀创办《俗话报》，如同《中国白话报》、《杭州白话报》、《绍兴白话报》等白话报一样，为的是让"不能够多多识字读书"的同乡，"学点学问，通些时事"。他进一步指出创办《俗话报》的"两个主义"，"第一是要把各处的事体，说给我们安徽人听听，免得大家躲在鼓里，外边事体一件都不知道。况且现在东三省的事，一天紧似一天，若有什么好歹的消息，就可以登在这报上，告诉大家，大家也好有个防备。我们做报的人，就算是

---

① 李孝悌：《清末的下层社会启蒙运动：1901—1911》，河北教育出版社2001年版，第15页。
② 原文为"甲午之役，兵破国削，朝野惟外国之坚甲利兵是羡，独康门诸贤，洞察积弱之原，为贵古贱今之政制、学风所致，以时务知新主义，号召国中"。见于陈独秀《孔子之道与现代生活》，《新青年》1916年第2卷第4期。

大家打听消息的人，这话不好吗？第二是要把各项浅近的学问，用通行的俗话演出来，好教我们安徽人无钱多读书的，看了这俗话报，也可以长点见识"。在随后所附的章程中，陈独秀又将这"两个主义"归纳为八个字——"明白时事"与"通达学问"，"读书的人看了，可以长多少见识，而且本省外省本国外国的事体，没有一样不知道，这真算得秀才不出门能知天下事了。教书的人看了，也可以学些教书的巧妙法子。种田的看了，也可以知道各处年成好歹。做手艺的看了，也可以学些新鲜手艺。做生意的看了，也可以晓得各处的行情。做官的看了，也可以明各白处（明白各处）的利弊。当兵的看了，也可以知道各处的虚实。女人孩子们看了，也可以多认些字，学点文法"[1]。

以"时务知新主义"的视角考察《俗话报》的内容，可以发现《俗话报》的很多栏目都贯彻了这一宗旨。"论说"栏中《亡国篇》对时事的介绍，"时事新闻"与"本省的新闻"栏中对新闻、时事的报道，"地理"、"实业"、"卫生"、"格致"、"博物"等栏目对自然科学、养蚕、造纸等实用知识的介绍，"教育"栏中对妇女、儿童教育方法的关注，"兵事"栏中对水雷、枪法使用的介绍，甚至"小说"、"戏曲"、"闲谈"等文学栏目也为读者展示了"异域情境"[2]。这一切都体现了陈独秀"时务知新主义"的启蒙主张。

（二）鼓吹爱国主义

如前所述，20世纪初的民族危机直接引发了下层启蒙运动，启蒙运动的一项核心内容就是唤醒底层民众的爱国救亡意识，而这需要先向底层民众灌输近代国家观念。白话报刊因其抵达下层社会的有效性注定要承担这一任务。

作为晚清下层启蒙运动的重要内容，爱国主义是《俗话报》贯穿始终的一条主线。《俗话报》从反抗外来侵略、维护国家利益、启蒙民众爱国救亡意识的角度出发，首先向底层民众灌输近代国家观念，在此基础上大力鼓吹爱国主义。陈独秀作为《俗话报》的灵魂，通过"论说"

---

[1] 本段引文均出自《开办安徽俗话报的缘故》。
[2] 陈独秀的小说《黑天国》提供了西伯利亚这一异域情境，戏曲《瓜种兰因》对波兰与土耳其开战的描写，"闲谈"中"黄金世界之女名士"讲述的西方国家的"奇闻轶事"。

以及"历史"、"地理"栏的文章，系统阐述了近代国家观念。《俗话报》"论说"、"时事新闻"、"本省的新闻"、"小说"、"诗词"、"戏曲"等栏目，也通过报道、揭露并谴责列强的侵略行径及野心，向民众传播民族危机，鼓吹爱国主义。比如《俗话报》开篇论说《瓜分中国》，即将亡国危局呈现在民众的面前，以引起民众的关注和重视。"时事新闻"栏中对日俄战争的评述，使读者切实感受到"这件事，关系我们中国很大"。再如"戏曲"栏所刊六部时事新戏的戏文，也充满了浓厚的救亡图存意识。总之，《俗话报》从不同角度传播救亡意识、鼓吹爱国主义，两者相互呼应，使《俗话报》成为清末白话报"爱国主义"宣传的佼佼者。

（三）文化批判主义

启蒙是离不开批判的，尤其是对文化的批判。德国哲学家卡西勒（Ernst Cassirer）就认为，所谓"哲学的时代"（即18世纪发生在欧洲的启蒙运动），根本上就是"批判的时代"（The Age of Criticism）[①]。这个观点说明了批判对于启蒙的重要性，批判不仅是启蒙的内在要求，在某种意义上，甚至是展开启蒙的前提。所有的事物必须经由批判的态度加以检验，才能被抛弃或接受。西方启蒙运动中，启蒙领袖所遵奉的批判精神，一方面使得旧的政治、宗教权威渐渐式微，另一方面也带来了更多的自由和宽容[②]。尽管西方的启蒙运动与清末下层社会的启蒙运动存在诸多差异，但是在学理上，启蒙离不开批判，批判是启蒙的内在要求这一命题，在东西方的启蒙运动中都是成立的。

陈独秀创办的《俗话报》作为清末下层启蒙运动的典型，在文化批判这方面也是走在前列的。尽管陈独秀以及《俗话报》对民俗、迷信以及国民性等方面的批判，并不是滥觞者，但陈独秀确是较早对民俗与国民性进行系统地、浅显地批判的报人之一。《俗话报》的文化批判不仅是自觉地实践，而且也是一以贯之的，在这个意义上，称其为文化批判主义。

[①] Ernst Cassirer, The Philosophy of the Enlightenment,（Princeton University Press, 1951），p. 275.

[②] 李孝悌：《清末的下层社会启蒙运动：1901—1911》，河北教育出版社2001年版，第10页。

陈独秀在发刊词中一再强调，办报的主义"是很浅近的，很平和的"，大家不要疑心"有什么奇怪吓人的议论"，"只管放心买来看着"，"别要当作怪物"。有观点认为，陈独秀在发刊词中的低调主要有两个原因：一是当时报刊的生存环境并不宽松，若政治色彩过浓，语言过激，将可能重蹈《苏报》的命运而被查封。二是启蒙的对象是社会中下层民众，消息闭塞，思想保守。若不考虑他们的心理承受能力，一开始就将激进的办刊宗旨呈现在他们面前的话，很有可能将他们吓跑。[①] 这种解释并不充分：首先，陈独秀创办《俗话报》的初衷并不以《苏报》为楷模，办刊宗旨不是"激烈主义"，而是"开民智"的启蒙宗旨，这就决定了文化批判势不可免；其次，与刘师培、林獬的"激烈主义"相比，文化批判并不等于"奇怪吓人的议论"，而是对民众生活中的不合理的文化现象进行批判，民众完全有能力对这些议论进行"甄别"。可见，在陈独秀看来，对文化进行批判与反思是合理合法的，既不是过激之论，也不是奇谈怪论，而是进行下层启蒙所必需的一项工作。

三　栏目及内容

《俗话报》的栏目设置体现了开民智的报刊宗旨。除论说与新闻类栏目比较固定外，其余栏目均不固定，且不断有新栏目出现，本书在附录部分详细提供了《俗话报》各栏目的篇目。

《俗话报》先后共设置过22个栏目[②]。在计划设置的十三门中，"行情"一栏没有开成[③]。最早出现的计划外栏目是第3期的"戏曲"一栏，其次是第6期的"图画"和"传记"栏。第8期新添栏目最多，有"兵事"、"卫生"和"格致"三栏。第14期出现了"调查"栏。第15期出现了"博物"栏和"附录"栏。第16期出现了最后的新栏目"学术"栏。

[①] 黄晓红：《〈安徽俗话报〉研究》，安徽大学博士学位论文，2010年，第53页。

[②] 见于附录一《俗话报》部分的表格。

[③] 黄晓红认为，从"调查"栏登载的内容来看，第14期出现的"调查"栏，应是章程里所介绍过而以往各期又未出现过的"行情"一栏。实际上，根据章程里对"行情"一栏的解释，"我们徽班的生意，在长江一带要算顶大了，现在我要将本省外省本国外国各种的行情打听清楚，告诉大家，全望主徽班的格外大发其财，我才欢喜哩。"可以看出，这一栏主要是商业行情，与"调查"一栏有严格的区别。

所有栏目中，出现次数最多的是"论说"和"时事新闻"[①] 两个栏目，每期均有，"博物"一栏则仅出现一次。因为"新闻"栏目已经在上文予以介绍，"论说"栏将在下一小节予以重点分析，所以此处对这两个栏目不再简介。

（一）历史、传记、学术

将这三栏放在一起介绍，主要因为后两者偏向于叙述历史。"传记"栏主要记述传记人物的历史活动，学术栏也主要是对安徽学术史的介绍。

《俗话报》的历史栏，"是把从古到今的国政民情、圣贤豪杰细细说来给大家做个榜样"。该栏主要以"中国历代的大事"为题，分十一章介绍了中国自开国至战国时期的历史，内容有开国源流、汉苗交争、大禹治水、汤武革命、周初之隆盛、王政复兴、犬戎之祸、春秋五霸、吴越争雄及战国七雄等，该栏所有文章均由陈独秀所作。晚清时期，清政府日益腐败，民族危机日益加深。伴随而起的是民族意识的勃兴，知识分子利用报刊大力宣扬民族意识，这是当时的一股潮流。与刘师培、林獬等人在《中国白话报》刊登的介绍中国历史的文章相比，陈独秀对中国历史的叙述表现出一定的差异性。

《俗话报》的"传记"栏最早出现于第6期，共刊登4期。分别为蕹照（汪允中）《安徽名人传》之《木兰》；善之《安徽名人传》之《朱元璋传》。这个栏目不仅体现了《俗话报》的本省意识，也符合清末白话报刊登汉族名人传记的潮流。

《俗话报》的"学术"栏只出现于第16期与第17期，连载了瑟詹的《近代安徽学案》，介绍近三百年来安徽学术史上的人物。按照文意，应为多篇连载，但只登载两期，只介绍了江慎修[②]。这个栏目虽只存在两期，对安徽学案仅开了个头，但也体现了《俗话报》的省际意识。

[①] 上文提到了《俗话报》"要紧的新闻"一栏名称经历了由"要紧的新闻"到"新闻"再到"时事"的演变，所以用上述任意一个名称似乎均不合适，根据其主要刊登时事新闻的特点，本书将这一栏称作"时事新闻"。

[②] 江永（1681—1762），字慎修，婺源（今属江西）人。一生未曾居官，以教授生徒为业。学本朱子，著作甚丰，多达二十余种，《四库全书》多著录之。《清史稿》有传。其易学著作有《河洛精蕴》九卷。

(二) 小说、诗词、戏曲、闲谈、图画

将这几个栏目放在一起介绍，主要是考虑这些栏目所刊内容具有通俗文学的性质，不涉及学理层面。

《俗话报》的"小说"栏，"无非说些人情世故、佳人才子、英雄好汉"，但因为所刊登小说的内容具有时代性，所以"比水浒、红楼、西厢、封神、七侠五义、再生缘、天雨花还要有趣哩"。"小说"栏共刊登了三部小说，分别为：守一（吴汝澄）的《痴人说梦》；三爱（陈独秀）的《黑天国》；棠樾村人（汪鞠友）的《自由花弹词》。上述三篇小说都采用了白话章回体的通俗样式，表达的也是晓谕瓜分危机，揭露朝廷腐败，激发爱国意识的主旨。

"诗词"栏是《俗话报》另一个宣传和启蒙民众的重要栏目。二十二期共刊载各类诗词36首，其中有9首标明了出处，20首明确注明了作者，不过绝大多数作者的署名都是笔名。除房秩武、周祥骏、曾志忞、潘慎生、汪笑侬等人外，其他作者的真实姓名无从考证。《俗话报》诗词的最大特点在于以民歌时调为主，通过"旧调谱新词"的做法，在旧有的形式之下，导入时代所需的启蒙内容，不仅对启蒙思想的宣传普及极为有利，而且也体现出浓厚的批判色彩。

《俗话报》"戏曲"栏共刊登六部戏曲，分别为《睡狮园》、《团匪魁》、《康茂才投军》、《薛虑祭江》、《胭脂梦》、《瓜种兰因》，其中前五部为周详骏所著，《瓜种兰因》为汪笑侬所著。此外，陈独秀在《俗话报》上曾发表《论戏曲》，表明了他对戏曲改良的态度。《俗话报》所刊登的这些戏文，都暗切时事，鲜明地表现了爱国救亡的主题。这些戏文无疑是陈独秀戏曲观的最好注解。

"闲谈"栏刊登的主要是趣事、怪事，"无论古时的现在的本国的外国的，凡是奇怪的事，好笑的事，随便写出几条，大家闲来无事看看到也开心哩"。"闲谈"主要见于第4—6期，共刊登了15条。"闲谈"的主要内容虽为外域见闻，不乏趣事和怪事，但其出发点仍然是爱国主义，希望通过域外见闻激刺国人的爱国热情。

"图画"栏并不是严格意义上的图片新闻，只能算是宣传画，内容也主要为揭露西方列强的侵略暴行，鼓舞国人的爱国热情。

总之,《俗话报》的文学作品诸如小说、戏曲、诗词、闲谈、图画等,都立足于现实,带有鲜明的政治倾向,表现了爱国救亡这个共同的主题。

(三) 教育、兵事

按照《俗话报》的章程,"教育"栏分为两类:"一是读书的法子,好教穷寒人家妇女孩子们不要花钱从先生,也能够读书识字通点文法;一是教书的法子,好教做先生的用些巧妙的法子,不至误人子弟。"教育栏的作者主要为房秩武、陈独秀,关注的对象主要是小学教育、家庭教育与女子教育。其中,陈独秀的《国语教育》、《王阳明先生训蒙大意的解释》这两篇文章,则重点反映了陈独秀早期的教育思想。

"兵事"一栏,自第 8 期出现以来,除了第 10 期刊登的公因《说水雷》外,余下文章均为陈独秀所撰。其中,《说水雷》与《枪法问答》基本为兵器知识的介绍;《东海兵魂录》主要是介绍日俄战争中日本国民的事迹,《中国兵魂录》则是介绍中国历史上有名的壮士及烈妇的事迹,两篇《兵魂录》的目的均在于给缺少尚武敢死精神的国人提供榜样示范。值得注意的是,清末白话报中,不乏针对军人所作的文章,但陈独秀的文章,不仅提供了兵器知识,更提供了尚武牺牲的精神(兵魂)。《安徽俗话报》后期,陈独秀重组"岳王会",因此这个栏目也有一定的现实针对性。

(四) 地理、实业、卫生、格致、博物

地理栏是将"本省的、外省的、本国的、外国的山川城镇、风俗物产都要样样写出来"。该栏共出现了 8 期,其中有 4 期的文章署名"三爱"。其中《世界大略》介绍了太阳系的行星、地球上的温度带、五大洲、五大洋、人口及人种、宗教信仰及国家政体等内容。《本国大略》介绍了中国的疆土、山脉、河流、湖水、人口、民族、宗教、官制、兵制、海岸、地势、气候、物产、商业、交通等各方面情况。两篇《安徽地理说略》虽未署名,但笔者同意黄晓红的观点,即这两篇文章为陈独秀所作[1]。这两篇文章介绍了皖南所属四府一州的山川水道以及米粮、茶叶等各种物产。作

---

[1] 黄晓红在其博士论文《〈安徽俗话报〉研究》(第 66 页)中,根据三个原因做出推断的:第一,题目都是"说略"一类。第二,从世界说到国家再到本省,实为一个系统。第三,《安徽地理说略》里指出:"在下今所说的地理,……却不是学那风水先生所说的地理",这与陈独秀在《安徽俗话报》的《章程》里所指出的,该刊介绍的"地理""不是什么看坟谋风水的地理"如出一辙。本书赞同这一观点。

者原打算分皖南皖北两部分进行说明,且第13期文章末尾还注有"没有完"三字,可惜直到终刊,也未见下文。署名"一圈"的《安徽地理》,则分别从天文地理和地文地理的角度,对安徽所处的地理位置及山脉、水道、湖泊等内容作了较为详细的介绍。

"实业"栏的目的在于,"无论农工商贾,凡有新鲜巧妙的法子,学会了就可以发财的,都要明明白白告诉大家"。该栏主要刊载的是转录于《中国白话报》上《养蚕大发财》一文,还刊载了《稻草做纸新法》。另有一篇陈独秀撰写的《安徽的煤矿》,提供了安徽煤矿的产地、煤的种类及各地煤矿开采情况等方面的详细内容。

《俗话报》的"卫生"栏,主要连载了铁郎的《保养身体的法子》,分别从呼吸、睡觉、饮食、衣服、房屋、品行、养心、职业八个方面介绍卫生学的有关知识。

《俗话报》的"格致"栏,主要刊登的是谷士的《益智启蒙问答》系列文章,采用问答的形式,让读者了解有关星、天、日、月以及风、空气和水蒸气等自然现象。

《俗话报》的"博物"栏,仅在第15期出现一次,且只刊载了尤豁的《通俗博物学讲话》一文的上篇,对樱的构造作了解析,余下篇章再未出现。

上述栏目及所刊文章,除了陈独秀关于安徽地理以及安徽矿产的文章外,其他文章均为科普文章,虽体现了"开民智"的办刊宗旨,但缺少原创性。

(五)要件、来文、附录

《俗话报》的"要件"栏,主要刊登用"俗话写出"的"各种的紧要章程、条约、奏折、告示、书信、游记"。"来文"一栏,则是选登"列位看报的"所做的"俗话的文章"。"附录"栏只刊登了《两江总督整饬学务札文》与《安徽调查会的章程》两篇文章。

"来文"与"要件"一栏,就刊登内容方面,并无太大的区别。区别在于"来文"都有署名,"要件"则很少署名;前者多少带有一点私人来稿的性质,后者则具有公告的性质。在上述两个栏目中,批判迷信思想、主张妇女放脚以及美国对中国公民的歧视成为主要内容。这也是符合《俗话报》的宗旨。

（六）调查

"调查"一栏首次出现于第 14 期，但主要内容却是在第 17 期以后，而且根据第 17 期"附录"中刊登的《安徽调查会的章程》，我们可以认为，"调查"一栏主要为刊登安徽调查会的稿件而设置的。调查的内容也是广泛的，这符合清末伴随下层启蒙运动兴起的社会调查热，是《俗话报》省际意识的表现。

四 报刊"同仁"与"同人刊物"

本书认为，《俗话报》的作者队伍首先是指在《俗话报》上发表文章的作者，其次也包括以胡子承为首的科学图书社理事。这是因为，在《俗话报》上发表文章的作者，绝大多数人的真实姓名不可考证，而在本章第一节对《俗话报》分为前后两期的论证中，已指明胡子承等人与《俗话报》有着千丝万缕的联系。此处首先对有名可考的作者进行介绍，在此基础上论证《俗话报》并非同人报刊。

（一）"同仁"介绍

陈独秀（1879—1942），《俗话报》的创办人、编辑，以"三爱"笔名在《俗话报》发表多篇文章。

吴汝澄（1873—1946），字守一，安徽桐城人。1904 年春，在安庆协助陈独秀创办《俗话报》，负责小说栏目的编辑工作，撰写小说《痴人说梦》并连载于《俗话报》。

房秩武（1877—1968），字宗岳，安徽枞阳人。1904 年春，与陈独秀、吴汝澄一起创办《俗话报》，负责教育栏。以"饬武"笔名在教育栏发表有关蒙学用书和家庭教育方面的文章，以"浮渡生"笔名为诗词栏撰写《从军行》（仿十送郎调）一篇。

胡晋接（1870—1934），字子承，安徽绩溪人。1903 年，胡子承与乡绅周栋臣（承柱）等人凑集了 1200 元股金，让汪孟邹到芜湖创办芜湖科学图书社。

汪孟邹（1878—1953），又名梦舟，绩溪县城人。1903 年在芜湖创办科学图书社，经营与新文化有关的书刊，并印制发行陈独秀负责编辑的

第二章 初涉报坛：清末新政时期的报刊实践

《俗话报》，也"兼编新闻栏"。

周栋臣，字承柱，应为绩溪县人①。芜湖科学图书社的捐资创办人之一。胡子承的信中曾多次提及周栋臣，是《俗话报》的重要同人之一。

章谷士，亦作国士，安徽绩溪人。南京路矿学堂毕业，与鲁迅是同学，也是陈独秀主办《俗话报》时"朝夕晤谈的好友"，主要负责"格致"一门，《益智启蒙问答》即出自其手。

蕹照（？—1918），安徽歙县人，一作旌德人。原名汪德渊，又名允宗、允中、定执，号旷公、蕹照。《俗话报》传记栏之《木兰传》的作者，署名蕹照，故该文应为汪允中所写。

程炎震（1886—1938），字笃原，号顿迟。安徽歙县人。胡子承信中"万一笃原君不肯独任"中的笃原君，即为程炎震。

汪律本（1867—1931），字鞠卤、鞠友，安徽歙县人。光绪举人，废科举后，在南京接受西方科学教育，后任教于南京两江师范学堂和上江公学。小说《自由花弹词》的作者棠樾村人，即为汪律本。

曹复生（生卒年不详）。1922年陈独秀在纪念芜湖科学图书社成立20周年的贺书中，提到"当日社中朝夕晤谈的好友，章谷士、曹复生，可怜如今都没有了！"可见曹复生应是《俗话报》的重要同仁。可惜生平已无可查询。

此外还有以下三位作者的文章被刊登于《俗话报》。

汪笑侬（1858—1918），又名孝农，号竹天农人。满族，生于北京。"天地寄庐主人"为汪笑侬的化名，《俗话报》诗词栏刊登的《戒吸烟歌（仿梳妆台五更）》即其所做，另外戏曲栏刊登的《瓜种兰因》也是其作品。

周祥骏（1870—1914），字仲穆，世称"风山先生"，江苏睢宁人。清末民初学者、作家、诗人、剧作家。《俗话报》刊登的《胭脂梦》等五部戏曲以及诗词《书恨（八首之二）》为其作品。

曾志忞（1879—1929），清末民初学堂乐歌时期重要的音乐教育家、活动家。《俗话报》诗词栏中署名志忞的《蚂蚁》即为他的作品。

---

① 在汪原放《亚东图书馆与陈独秀》一书第7页，记录了一封汪希颜给汪孟邹的信，信上有"周栋臣开通有志，亦吾郡仅见之士。既愿与弟往来，自当与之联络，以收攻错之益"，可见应为绩溪县人。

(二)"同人刊物"?

黄晓红认为,《俗话报》是具有同人性质的刊物。[①] 丁苗苗认为,该刊主要由科学图书社的社员担任写稿任务,内部编稿基本上可以满足报纸需要,因此《安徽俗话报》具有"同人报刊"的性质。[②] 然而仔细考察"同人报刊"的定义以及《俗话报》的作者队伍,就可以发现《俗话报》并非"同人报刊"。

学界对"同人报刊"研究,主要集中在《新青年》(北大时期)、《语丝》、《努力周报》、《现代》、《观察》等五四时期至新中国成立前的报刊。这种研究实践既表明了"同人报刊"的成功实践出现在1917—1949年间,也表明了"同人报刊"相较于政党报刊、商业报刊的存在意义。《俗话报》时期,尽管有革命报刊、维新报刊,但这些报刊并不是严格意义上的政党报刊,也没有对其他报刊形成挤压。据笔者研读,对"同人报刊"进行研究的论著,几乎没有论及清末时期的白话报刊。因此,认为《俗话报》是"同人刊物"的观点,多少带有套用概念的僵化意味。

余望在《解读现代同人杂志——以〈语丝〉为例》中归纳了"同人杂志"的五个特点:1. 同人杂志办刊宗旨与方针是由刊物的同人们共同的意志决定的;2. 编辑主体也是创作主体,编者与著者的身份合一是同人杂志的一大特色;3. 同人杂志在刊载内容上往往"百花齐放",在一个共同的方向里,各抒己见;4. 同人杂志在办刊资金上多表现为集股制,在发行上走精英刊物路线;5. 同人杂志停刊的原因大多为同人间思想分裂、矛盾加深所致。[③] 对照上述五点,可以发现,《俗话报》还是有一些不同的。办刊宗旨方面,胡子承与陈独秀是存在分歧的;刊载内容方面,虽然《俗话报》同人分管不同栏目,但总体上似乎也是陈独秀一枝独放,独抒己见,其他人则是在陈独秀设定的议题中进行补充;办刊资金方面,《俗话报》的办刊资金来源于科学图书社,科学图书社是"股份制"的,但《俗话报》却不是"股份制"的,发行走的是下层路线,根本谈不上精英

---

① 黄晓红:《〈安徽俗话报〉研究》,安徽大学博士学位论文,2010年,第74页。
② 丁苗苗:《〈安徽俗话报〉研究》,安徽大学硕士学位论文,2005年,第4页。
③ 余望:《解读现代同人杂志——以〈语丝〉为例》,《出版发行研究》2006年第3期。

刊物路线。此外，《俗话报》的作者队伍也由筹办者、科学图书社社员（理事）以及选登文章的作者等三方面构成。以上几点均表明《俗话报》并不是"同人报刊"。

五 论说：鼓吹爱国，揭批恶俗的主阵地

20世纪初期的中国报坛仍处于政论时代，报纸上最重要的部分仍然是言论。这一时期几乎所有的报刊都非常重视言论，主笔是报刊的台柱，其言论质量的高低与报刊影响的大小成正比[1]。因此，评论在那个时代是当之无愧的报纸的"灵魂"与"旗帜"。评论在不同种类的党派报刊和非党派报刊中均得到了长足的发展，并且"日臻完善与成熟起来"。《俗话报》作为面向下层开启民智的启蒙刊物，"论说"是其鼓吹爱国救亡，揭批恶俗的主阵地。《俗话报》的论说实践，丰富和完善了这一时期的报刊评论实践。

（一）内容简介

"论说"是《俗话报》的第一门，主要是"就着眼面前的事体和道理讲给大家听听"，每期一篇。《俗话报》论说栏共有21篇论说，其中论述国家问题的共有10篇，分别为《瓜分中国》（1篇），《说国家》（1篇），《亡国篇》（7篇），《说爱国》（1篇）；论述风俗问题的共有9篇，分别为《恶俗篇》（7篇），《再论婚姻》（2篇）；此外，还有两篇论说，一篇为论述矿务问题的《论安徽的矿务》，另一篇为专门论述中国戏剧改良问题的《论戏曲》。

从数量上看，上述21篇论说中，陈独秀独撰16篇，此外5篇分别为：一痴《说爱国》（第14期）；雪聪《再论婚姻》（分上、下刊登于第16期，第18期）；咄咄《论风水的迷信》（分上、下刊登于第20期，第21—22合期）。这5篇论说主要是在陈独秀论说的基础上再发挥论证或从其他角度进行补充，其思想上的创新性仍要归功于陈独秀。这表明陈独秀不但是《俗话报》论说的主要撰写者，而且也是《俗话报》论说主题的设定者。

从内容上看，21篇论说中，论述国家问题与风俗问题的论说共有19

---

[1] 曾建雄：《中国新闻评论发展史（近代部分）》，广西师范大学出版社1996年版，第224页。

篇。这表明《俗话报》"论说"的主题主要是"爱国救亡"与"揭批恶俗"。事实上，论述矿务问题的《论安徽的矿务》，以及论述中国戏剧改良问题的《论戏曲》等两篇论说，也是服务于"爱国救亡"这一主题的。因此，《俗话报》的21篇论说，都贯穿了启蒙（开通民智）和救国（救亡图存）这两条主线，所有论说都围绕上述主线展开。

总体来看，"论说"栏是刊登《俗话报》原创性内容的主要栏目，也是陈独秀较为系统地阐述爱国救亡以及揭批恶俗的主阵地。

（二）特点

综观《俗话报》21篇论说，论说主旨虽为迫切的爱国救亡主题，但论说的内容都为普遍的社会现象，论说作者尤其是陈独秀在论说中阐述的都是自己的思想文化主张，而不是对具体新闻事件或社会问题的分析。因此，《俗话报》的论说并非是严格意义上的新闻评论。如果以梁启超为代表的政论文体作为参照，将《俗话报》论说归为政论似乎是合适的，但仍存在不同之处，不仅有些论说与新闻评论有交汇，而且《俗话报》的论说尤其是陈独秀的论说，关注点更偏重于文化，采用的视角也是批判性的。因此，《俗话报》的论说呈现出与众不同的特点。

1. 思想新颖深刻

尽管《俗话报》论说的相关主题有其一定的历史来源，陈独秀在《俗话报》的论说主题可以上溯到严复、梁启超等人，而且陈独秀也确实受了他们的影响。然而，这种影响应仅限于来源，陈独秀《俗话报》的论说不仅深入开掘了相关主题，而且以其高超的传播技巧"第一次"将这些主题传递给了安徽社会的底层民众。正是在这个意义上，可以讨论《俗话报》论说思想新颖深刻的特点。以下仅以《亡国的原因》、《妇女的装扮》两篇文章作为代表探讨这一特点。

对国民性的批判。梁启超在《新民说》中将国民劣根性归纳为"贪鄙之性、偏狭之性、凉薄之性、虚伪之性、谄阿之性、暴戾之性、偷苟之性"[①]。他认为，中国历史上专制暴虐、战乱摧残、民生艰难是造成国民劣根性的根本原因，欲建设新国家，必先改造国民性。陈独秀在此基础

---

① 梁启超：《新民说·叙论》，《梁启超全集》，北京出版社1999年版，第620页。

上，将"亡国灭种之病根"直接归因于"国民性"。在他看来，亡国的原因"不是皇帝不好，也不是做官的不好，也不是兵不强，也不是财不足，也不是外国欺负中国，也不是土匪作乱"，"凡是一国的兴旺，都是随着国民性质的好歹转移。我们中国人，天生的有几种不好的性质，便是亡国的原因了"，他进一步指出具体的原因——"只知道有家，不知道有国"、"只知道听天命，不知道尽人力"。应该说，陈独秀这番亡国原因的论述带有浓厚的"反躬自身"的意味，在此种意义上，陈独秀确是较早展开国民性批判的报人之一。陈独秀的这番"归因"论述，不仅在当时属于振聋发聩之语，即使放在今天也是深具启迪意义的。

再如《恶俗篇》之《妇女的装扮》一文。此文批判了六样打扮"刑法"，即裹脚的脚镣刑法、戴手镯的手铐刑法、挂耳环的穿孔刑法、套项链的链条锁头颈的刑法、披披肩的枷刑以及涂脂抹粉的打皮巴掌刑法。文章也作了归因分析，"想来想去，想这般妇女们的装扮，是甚么意思？一向有些不明白，想到如今，想出一个缘故来了"，原来是"我中国的妇女们，还是几千年前，被混账的男人，拿女子来当做玩弄的器具"，但这班妇女却自甘愚弄，"这班妇女们，受了这个愚，便永远在黑暗地狱，受尽了万般的苦楚，一线儿光亮都没有，到如今越弄越愚，连苦恼都不晓得。相习成风，积非成是，像这样坏风俗，真是大有害于世道人心呀！"站在清末妇女启蒙的视角审视这篇文章，即可发现这篇文章的新颖之处：其一，文章的视角是批判的，这有别于苦口婆心的教育；其二，文章批判了六种打扮刑法，几乎囊括了妇女的日常装扮，这突破了妇女缠脚、妇女教育等晚清启蒙运动有关妇女的中心话题；其三，对妇女装扮恶俗的归因分析，也是深刻而有趣的，既将矛头对准了千年以来的男权，也批判了妇女的愚昧而不自知。即使从当代女权主义的视角，该文作为一篇20世纪初叶发表于报刊的由男性写就的批判妇女装扮的文章，也有其当下意义。

2. 语言浅俗生动

从陈独秀"由选学妖孽转变为康梁派"的自述看，陈独秀本人对文选是下了功夫的，具有深厚的古文功底，《扬子江形势论略》一文也显示了其高超的文字驾驭能力。然而，作为一份面向底层民众，开启民智的启蒙刊物,《俗话报》必须使用"俗话",以便顺利走入下层社会的阅读生活。这就需要陈独秀的语言创造,而陈独秀也不负众望,《俗话报》论说的语言,不仅浅显易懂,而且生动活泼,掺入的方言俗语更增添了文章的表现力。

如《瓜分中国》,"中国官最怕俄国,<u>活像老鼠见了猫一般</u>,眼看了他占了奉天,那敢道半个不字。各国人看中国这样容易欺负,都道中国是一定保不住了。与其把这个肥羊尾子,让俄国独得,不如趁早我们也都来分一点吧。因此各国驻扎北京的钦差,私下里商议起来,打算把我们几千年祖宗相倚的好中国,<u>当作切瓜一般,你一块、我一块,大家分分</u>,这名目就叫做'瓜分中国'"。再如,《论安徽的矿务》"……他们做官的,干了这些<u>黑心</u>的事体,他糊笼糊笼,走了就没事"。"唉!有钱的人现在不肯出钱,……,那时众人受苦不了,就是<u>剐</u>守财奴的肉做<u>元子</u>吃,也是不济事的了。"再如《婚姻篇》,"倘若媒人从中说了谎话,衣服、首饰、礼物等件,有一样前言不符后语,更要闹得天翻地覆,把那班王八蛋做媒的儿子,<u>头都骂呆了</u>、<u>腿都跑匾了</u>、<u>肚子都气大了</u>,这时候男女两家,就和仇人一般。"再如《恶俗篇》之《妇女的装扮》。把女人穿的戴的裹的等等都比作是班房大牢中不同的刑法,既形象通俗,又具有说服性和讽刺性。"第一样是脚镣的刑罚。列位看我们中国的妇女,<u>拿一双脚缠得像粽子一般</u>、<u>皮开肉绽</u>,不管痛,也不管痒,但晓得缠得极小,……我拿缠脚的妇女们,比钉镣的犯人,不是嘲笑他们,<u>真真活象</u>的呢。第二样便是手铐的刑法。什么手铐呢?便是妇女们手上所带镯头,好比犯人的手铐。……第四样是链条锁头颈的刑法。我见女人家头子上,<u>都要套一条兜兜链</u>……第五样是一面枷……<u>不说虚话</u>足有六七斤重,压在肩膀上,头颈都不能动一动,<u>背脊骨都不能曲一曲</u>,……。第六是<u>打皮巴掌</u>。……拿了胭脂粉,用两只手在脸上乱拍乱打,<u>拍得通红</u>。"①

由上可见《俗话报》语言浅俗生动的特点。《俗话报》使用的白话语言,在中国现代语言发展史上是有其历史意义的,即如朱文华所说,"如此的语言语调,比之当时的半文半白、文白相间的语言文字,显然更进

---

① 本段引文中划横线部分为安庆地区方言俗语。

步;比之那些把文言文'译'成白话文的篇什,也显得更加新鲜活泼,并且已开始了向现代汉语语法的过渡"①。

3. 论证系统有力

《俗话报》的论说具有系统性的特点。这体现在两个方面:一、陈独秀本人在"论说"栏刊登的文章具有系统的特点。从《瓜分中国》到《说国家》再到《亡国篇》,陈独秀系统论述了爱国救亡这一核心主题。《瓜分中国》向读者介绍了瓜分情势,《说国家》则介绍了西方近代以土地、人民、主权等为核心要素的国家概念,《亡国篇》分别分析了土地灭亡的现象、权利(铁路、矿产、货物)灭亡的现象、主权灭亡的现象,并指出亡国的原因在于"我们中国人天生的有几种不好的性质"。再如《恶俗篇》之《婚姻篇》,陈独秀分三章对对旧式婚姻中存在的男女不平等问题进行了揭露和批判。他认为,不仅"结婚的规矩不合乎情理",而且"成婚的规矩不合乎情理",就连"退婚的规矩也不合乎情理",文中还以西方婚姻模式为参照系,大力提倡婚姻自由。这就彻底否定了传统的婚姻恶俗。二、其他作者的论说均是对陈独秀论说主题的补充论证,这有益于深化论说主题。比如,雪聪的《再论婚姻》就从先秦典籍《诗经》中引经据典以充当婚姻自由的论据,并搬出孔子即为自由恋爱的"爱情结晶"的例子对《婚姻篇》进行补充论证。陈独秀对传统婚姻的批判,主要是就事说理,引入西方自由婚姻作为参考,雪聪则从中国传统资源论证自由婚姻的合理性,两者相互补充,增强了对婚姻恶俗的批判力度;再如咄咄在《论风水的迷信》中,对迷信风水不仅影响本地经济的发展、国家的富强,最终还可能被外国强盗霸占的论述,与陈独秀《安徽的矿务》的主旨也是一致的。再如一痴的《爱国篇》,认为日俄战争中日本人制胜的原因在于"知爱国,不怕死",由此鼓励国人要养成"知爱国,不怕死"的尚武精神,进一步阐明陈独秀设定的爱国救亡的观点和主张。

论说具有系统性,可以详细深刻地阐明论说者的思想与主张,其他作者的补充论证进一步增强了说服力。《俗话报》论说的系统性不仅有力地论证了爱国救亡的主题,而且也成就了陈独秀,使其成为中国近代史上系

---

① 朱文华:《陈独秀是不是文学家》,《陈独秀研究第2辑》,安徽大学出版社2003年版,第102页。

统论述爱国救亡思想的白话报人之一。

4. 强烈的问题意识

如前所述，报刊言论是政论时代报纸的"灵魂"与"旗帜"，言论质量的高低决定报刊影响力的大小。决定言论质量高低的因素固然是多重的，但问题意识无疑是最为重要的因素。强烈的问题意识不仅反映了作者的危机意识、责任意识和深入思考，思考的问题也都指向真问题，具有急迫性和强烈的现实意义。以言论闻名的报刊，无一例外地都呈现出强烈的问题意识。《俗话报》论说的问题意识具有一定的独特性，不仅作者具有强烈的问题意识，所有论说都是针对当时重要的社会问题，而且每篇论说都直接向读者发问，努力将论者思考的问题转换为读者思考的问题，希望以此引起"疗救的注意"。

比如，《瓜分中国》篇首即提出，"我们中国人，又要做洋人的百姓了呵！这样大祸临门……"的大问题，篇末又要求"大家睡到半夜，仔细想想看看，还是大家振作起来，做强国的百姓好？还是各保身家不问国事，终久是身家不保，做亡国的百姓好呢？"再如《恶俗篇》，篇首陈独秀交代了写作目的，"我们中国稀奇古怪的坏风俗，实在是多得很，一时也说不尽，现在我拣那顶要紧的，顶有关系国家强弱的，说几件给列位听听"。再如《说国家》，"我十年以前，在家里读书的时候……那知道国家是什么东西，和我有什么关系呢？""可怜我们中国，也算是世界上一个自古有名的大国，到了今日，这三件事是怎么样呢？列位细细地想想看呀！"再比如《亡国篇》七篇，每篇文末都有激刺读者的言辞，"眼见得故国山河，已不是我汉种人的世界，既悲已往，又思将来，岂不是一件可恼可苦可惊可怕的事体么？！""唉！我们安徽人，个个还在睡觉哩，那里晓得我们安徽省，已经在英国人势力之下了，我哀我中国，我更哀我安徽！""大利既去，大权既失，那时全国的人，只有供他奔走，仰他鼻息了，万世子孙，那有翻身的日子呢？我所以说中国失了矿产的利权，便是一种已经灭亡的现象，列位以为如何？！""列位想想看，现在还有人用中国针和中国钉的么？这两样中国货已经是绝了种了吗？！""列位啊！照以上所说的看起来，我们中国土地、利权、主权，那一项不是已经灭亡的现象呢？""像做这等种种黑心的事，不都是因为不懂得爱国的大义吗？我所以说只知有家，不知有国,是中国人亡国的原因哩!""我们丢下不要的东西,旁人自然要拿去,这是一定的道理,那里能怪得天怪得命呢?!"

《俗话报》做的是唤起民众觉醒救亡图存的启蒙工作,它的读者层次不一,且以中下层民众为主。这就要求《俗话报》不仅要提出问题,提供解决问题的可行办法,更要努力将这种问题转变为读者的问题,进入读者的思考视域,这样才能真正引发"疗救的注意"。

5. 多种途径抒发真挚感情

感情真挚强烈是《俗话报》论说的一个特色,细读《俗话报》的论说,可以感受到文章中充满的焦虑感,忧国忧民之情跃然纸上。然而,与面向士大夫鼓吹维新的半文半白的时务体不同,《俗话报》是面向社会中下层民众的白话文章,所以笔端虽带感情,但是表达感情的途径却有不同。

(1) "我"与"列位"的角色定位,迅速实现情感共鸣

《俗话报》的论说几乎都以"我"第一人称展开论述,陈独秀与一痴用"我",咄咄与雪聪则用"在下",而所有论说中都以"列位"指称读者。以第一人称展开论述,不仅便于论述的展开,而且因为"我"直接面向"列位"(读者)发言,可以迅速实现情感共鸣。比如《论安徽的矿务》,"唉!我们中国人,只知道恨洋人,杀教士,……你道什么是中国人的命脉呢?就是各处的矿山了。列位呀!要晓得矿山是地下的宝贝……";《恶俗篇》,"我们中国稀奇古怪的坏风俗,实在是多得很,一时也说不尽,现在我拣那顶要紧的,顶有关系国家强弱的,说几件给列位听听。列位要是觉得我的话说得有理,不说全改了,就是能改去一半,那怕把我的嘴说歪了,手写断了,我都是心服情愿的"。《亡国篇》,"我中国土地虽大,也挡不住今朝割一块,……今将北京政府,明明的订个条约,把中国的土地送给各国的列表于后。诸位请看呀!请看呀!!请看呀!!!"《妇女的装扮》,"列位要知道我所说的是甚么刑法,待我慢慢地一样一样说出来,给列位听了,就可明白了"。这样的论述方式在《俗话报》论说中,比比皆是。

(2) 大量使用反问句与设问句,传达了焦虑急迫的感情

比如《瓜分中国》文末,"大家睡到半夜,仔细想想看看,还是大家振作起来,做强国的百姓好?还是各保身家不问国事,终久是身家不保,

做亡国的百姓好呢?!"据不完全统计,《恶俗篇》之《婚姻篇》约 22 处使用了反问句、设问句。如"唉,你想男女婚姻,乃终身大事,就是这样糊涂办法,天下做老子娘的,岂不坑害了多少好儿好女吗?!""男人没有儿子,便要娶妾,恩爱钟情的夫妇,普天下能有几人呢? 就是日本结婚的规矩,虽有由父母作主的,也要和儿女相商,二意情愿才能算事。那有像中国强奸似的这样野蛮风俗呢?!""以上所说的三桩事,有一桩合乎情理吗? 第一桩,……这是合乎情理吗? 第二桩,……这是合乎情理吗? 第三桩,……就应该给人家糟蹋呢? ……比妓女还不如呢,这是合乎情理吗?"再如《亡国篇》之《权利灭亡的现象》中关于铁路的论述,"列位若是不相信,东三省就是个榜样。东三省自从让俄人造铁路以来,东三省的土地,还算得是中国的土地吗? 东三省的人民,让那俄国鬼子,糟蹋的还了得吗? 现在内地十八省,那一省不有洋人仿照俄国的主义,来造铁路吗? 单说我们安徽,英国造的浦信铁路,岂不是走凤阳、颍州两府经过吗? 唉! 我们安徽人,个个还在睡觉哩,那里晓得我们安徽省,已经在英国人势力之下了,我哀我中国,我更哀我安徽!"类似的句式在论说中还很多,几乎成为论说警醒民众的主要论述方式。

值得注意的是,上述两种抒发感情的手段在文章中,是综合使用的,而且融合在一起,正因如此,《俗话报》论说才能向读者传递真挚强烈的爱国热情,以此警醒国人。

六 清末下层启蒙报刊的佼佼者

《俗话报》的创办,顺应了清末社会下层启蒙运动的历史潮流。从创刊到停刊虽只有一年半,但已经显示了《俗话报》的独特之处,《俗话报》成为清末下层启蒙报刊中的佼佼者。

(一)批判的启蒙面向,引领了现代报刊文化批判的潮流

批判性是指对现实保持一种质疑的态度,并且通过报刊实践活动对所批判的思想和言行予以批判,是一种富于洞察力、辨别力、判断力,还有敏锐智慧的回顾性反思。《俗话报》的文化批判能否成为一种特性呢? 答案是肯定的。陈独秀创办的《俗话报》作为清末下层启蒙报刊的典型,在文化批判方面是走在前列的。《俗话报》的特色之一就是其批判的启蒙面

第二章 初涉报坛:清末新政时期的报刊实践

向;这种批判不是简单的批评,而是一种自觉地实践,呈现出批判性的特征。

如前所述,陈独秀以及《俗话报》是较早以浅显的笔调系统地对传统文化展开批判的报人和报刊之一,不仅批判了社会恶俗,也批判了国民劣根性;不仅论说栏中体现了批判精神,新闻与文艺等栏目中也充满了浓烈的批判精神;不仅对下层民众进行了批判,也将矛头对准了官员士绅。可以说,《俗话报》的文化批判不仅是自觉地实践,而且也是一以贯之的,在这个意义上,称其为批判性。也只有在这个角度上,才能理解《俗话报》及陈独秀的"言辞激烈"。

在18世纪西方启蒙运动中,启蒙的手段主要是沙龙、学院和书籍等,其中以书籍最为重要①。这一时期,相较于书籍,西方的报刊业并不发达,政党报刊的高潮阶段要等到18世纪后期资产阶级革命兴起后才能出现,而廉价便士报更要迟至19世纪30年代才能出现。政党报刊的主要功能是宣传和鼓动革命,批判的矛头虽是封建政治,但理论依据却为启蒙哲人的理论主张,批判的取向也与启蒙批判精神一脉相承。在此种意义上,现代报刊的批评功能源于启蒙运动。然而,西方启蒙运动的文化批判主要以书籍为主要载体,文化批判并不是报刊关注的焦点。与之相比,在清末下层社会启蒙运动中,报刊则成为文化批判的主要载体。

中国的近代报刊是舶来品,早期报人重视办报的一个重要原因,是现代报刊的言论功能,王韬及其政论即是典型代表。戊戌时期,国人第一次办报高潮中,报刊的宣传功能受到重视,当然这种宣传功能也是通过政论的写作与传播来实现的,梁启超及其政论文是其代表。20世纪初年的办报高潮中,报刊仍以政论为主。以革命派与维新派为主的报刊形态,虽离成熟的政党报刊形态尚远,但两派报刊尤其是革命派报刊已将现代报刊的宣传鼓吹功能发挥到新的高度。两派报刊相互攻驳,自由辩论,最终虽以

---

① Robert Darnton 认为,"依伏尔泰和达蓝柏自己的意见,传播启蒙思想的策略应该有上流社会的沙龙、学院,向下渐渐渗透到小镇的贵族和乡间的士绅——但就到此为止,他们从没有打算进一步再向下发展"。他又指出,"最能代表启蒙运动整个思想面貌的《百科全书》,其传播范围实较一般人想象的要广"。(转引自李孝悌《清末的下层社会启蒙运动》,河北教育出版社2011年版,第10—11页)本书的相关论断是建立在这个基础上的,事实上,不光是《百科全书》,即使更面向社会底层的卢梭,其著述形式也是书籍。

革命派取胜而告终,但囿于时代的局限,两派报刊都以政治宣传为主,启蒙并不是两派刊物关注的焦点。在这种背景下,《俗话报》展开的文化批判及体现出的批判性不仅具有时代意义,也具有历史意义。

应该看到,《俗话报》的批判性是与现代报刊媒介的出现,以及现代报刊媒介的批评功能是相关的。虽然早在明季,李贽等人已经开始了对儒家文化的反思和批判,但这种影响主要通过书籍影响少数边缘读书人,对传统文化的触动是微弱的。批判只有与现代媒介联系在一起,才能发挥批判的广泛影响,在此种意义上,《俗话报》就具有了开启现代报刊文化批判的意义,也预示了五四先贤利用报刊全面批判中国传统文化的必然性。当然,如果从现代报刊的批评功能是源于启蒙运动的批判精神的角度看,《俗话报》的批判性也是别具特色的,这种批判既有别于刘师培、林獬的"激烈主义",也有别于彭冀仲直面权贵的言论态度,而是直接面向底层民众及其生活其中的文化生活展开批判。在此种意义上,《俗话报》批判的启蒙面向,确实开启了现代报刊文化批判的先河。

(二)新颖的白话文体,促进了现代白话文体的发展

《俗话报》的创办顺应了清末新政时期的"开民智"、"救亡图存"的社会背景,选取报刊作为"启蒙"的工具则源于现代报刊的媒介特性。相较于传统书籍,现代报刊无疑具有更多的功能,能够到达更多的读者。而作为面向下层民众的白话报刊,也必须考虑底层民众的阅读兴趣和文化水平,选取通俗的"白话语言"作为交流工具势所必然。

本书将白话文体[①]定义为"使用白话语言的文体形式",其中白话是指这种文体使用的语言形式,文体则意味着文章的文学性。通常认为,成功的白话文体实践是在五四时期,由胡适、鲁迅分别从理论和实践两方面完成的,陈独秀的功劳似乎仅仅是鼓吹响应;而在追溯知识界对白话问题关注的现代起源时,梁启超、裘廷梁等则成为研究焦点;对于20世纪初

[①] "白话文体"这个术语来自于曹而云著的《白话文体与现代性——以胡适的白话文理论为个案》(上海三联书店2006年版)一书,但是该书并没有对这个术语进行明确的概念界定。本书根据曹的相关论述对"白话文体"进行界定,根据的相关论述为:"作为一个历史概念,现代白话是雅俗兼收的语言文体,必须从语言本身的规定性出发来创造自己的形式。"(第119页)"换言之,促成文学革命的深层原因不在文字方面,而在于文体,只有文体的变革才是最彻底的变革。只有白话成为文学语言,成为文体,才能实现真正文学的变革。"(第135页)

的白话报刊对白话文运动的贡献,则主要是为五四时期的白话文运动奠定了基础,是中国语言文字与文学语言现代转型链条中不可或缺的环节。以上论点普遍见于当前国内研究白话运动的专著。这种论述,几乎忽略了陈独秀及《俗话报》对于白话文运动的贡献。《俗话报》白话文体的实践虽谈不上成熟,但是《俗话报》获得成功的一大原因就是其使用的"白话";陈独秀在《俗话报》上的有些文章即使不是成熟的白话文体,也是具有文学性的,有些文章甚至可以认为是五四时期报刊"随感"的滥觞。

比如论说,作为面向社会中下层民众的《俗话报》,其论说借鉴了"说书"这一民间曲艺的表达方式,如果再考虑到清末下层启蒙运动中,白话报刊要适合宣讲和讲报的需要[①],论说借鉴"说书"的表现形式就是必然的。这种借鉴必然会对论说的文学性产生负面影响,然而,从俗文学的视角审视《俗话报》论说,可以发现,论说绝不是枯燥的说教文章,也不是声嘶力竭的鼓吹文章。论说具有的文学性是不言而喻的,语言不仅浅俗生动,感情真挚强烈且通过多种手段抒发,文中的反问句式也是排比使用的,同时大量使用了反讽修辞。

再如新闻的评述风格,这里以《铁良又来要钱》(《俗话报》第12期)与《陆宗舆到底是哪国的人?》(《每周评论》第19号)进行对比。

《铁良又来要钱》(《俗话报》第12期)

己亥年秋间,刚毅从北京来到江南,搜刮银钱以充武卫军军饷,每年约莫得一百多万,拿去练武卫兵。不多几时,就有义和团出现,闹得落花流水,赔了洋兵款项九万万两之多,叫我们南省人,出这宗赔款,益发穷苦。这一件事,想必诸位早晓得了。现在朝廷,又派一个旗人,官为侍郎,名叫铁良,到江南搜索钱财。一到上海,上海的制造局,就被他提去八十余万两,现在铁良又往苏州去要钱,听说尚要到杭州、南京、安庆、江西、湖北,各处要钱。他要去的钱,想必

[①] 李孝悌认为,这个时代(晚清十年)的知识分子都肯定传统的文艺形式在教化上的功能,但同时他们又对这些民间文艺里所蕴含的思想深表不满。新式白话报的出现正好填补了这个空隙。(《清末的下层社会启蒙运动》,河北教育出版社2001年版,第24—25页),这是一个颇有见地的见解。尽管目前没有关于发现宣讲《俗话报》的历史文献,但由《俗话报》的发行数量和发行地域,以及陈独秀的《论戏曲》,可以推论李孝悌的结论也适合《俗话报》和陈独秀。

又是拿去练兵。听说铁良本领,比刚毅还大数倍。

《陆宗舆到底是哪国的人?》(《每周评论》第 19 号)

有人说中华汇业银行是中、日合办的,有人说完全是日本的银行,我们实在弄不清楚。为了吉、黑两省金矿森林借款的事,那中华汇业银行总理陆宗舆,给中华民国农商总长、财政总长的信,满纸的贵国、贵政府。这中华汇业银行到底是哪国的银行,陆宗舆到底是哪国的人,我们实在弄不清楚。

前一篇写于 1904 年,后一篇写于 1919 年;前一篇为《俗话报》新闻,后一篇则为《每周评论》的"随感录",被认为是"现代杂文"的先导。然而,这两篇文章的写作风格是一致的,都是表面客观平静,语言不带有价值判断,但当这看似平静的几件事实信息组合在一起时,就揭示了事物的本质和要害,作者感情态度也随之而出,极尽冷嘲热讽之能。从这一点来看,《俗话报》在白话文体方面的实践也是值得重视的。

又如,《俗话报》诗词栏对民间"俚曲俗调"的借用。为了更好地实现办刊宗旨,使报刊顺利进入下层社会民众的阅读生活,《俗话报》同仁的诗词创作基本采用了流行于安徽民间的"俚曲俗调",如五更调、十二月曲、十杯酒、十送郎君、梳妆台等。《俗话报》同仁有意借助"俚曲俗调"这种媒介形式与普通民众相沟通,拉近与普通民众的距离,以求达到最大的启蒙效果。虽然这种借用只是形式上的借用,但这种"借用"已经具有崭新的时代意义。在清代文坛重地——桐城地区以及安庆、芜湖、徽州等安徽经济文化比较发达的地区,知识精英放弃身段,眼睛向下,有意借鉴民间"俚曲俗调"进行诗词创作,其象征意义是不言而喻的。

综上所述,《俗话报》在白话文体方面的尝试是不容小觑的,陈独秀是五四先贤中最早尝试白话文创作的人之一,在一定意义上,甚至可以称为"第一人"。陈独秀及《俗话报》的白话文体实践在中国语体演变发展史上也应占有重要的地位,直接推动了现代白话文体的发展。

(三)准确的读者定位,"开通"了安徽风气

陈独秀在《开办安徽俗话报的缘故》中,将《俗话报》的读者定位为

第二章 初涉报坛:清末新政时期的报刊实践

读书的、教书的、种田的、做手艺的、做生意的、当官的、当兵的、妇女小孩、有钱的以及做小生意的人。以今天追求读者细分的受众定位理论考察上述《俗话报》的读者群,《俗话报》的读者定位似乎是不成功的,因为它的读者定位为安徽民众,涵盖了整个社会群体。但如果从清末社会启蒙的视角考察这一定位,可以发现,这个读者定位又是极为成功的。因为开民智与爱国救亡的启蒙宗旨是全社会各个阶层都必须面对的严肃话题,需要读书的、教书的、种田的、做手艺的、做生意的、当官的、当兵的、妇女小孩、有钱的、做小生意的等各色人等广泛参与。因此,说《俗话报》是面向安徽地区广大受众的大众媒体是合适的。

当然,上述分析与《俗话报》重点倾向读书的、教书的、当兵的以及本地士绅等读者人群并不矛盾。不管《俗话报》的语言如何通俗,只有对识文断字的人来说,才能有效果,而且在清末下层启蒙运动中,"妇孺盲塞"也只有通过识文断字之人的"两级传播"也才能取得启蒙效果。事实上,《俗话报》也正是通过影响读书的、教书的、当兵的以及本地士绅等读者人群到达"妇孺盲塞"等下层人群。

《俗话报》的丰富内容不仅表明《俗话报》努力面向社会各层发表意见的意图,也证明了上段分析的《俗话报》的读者定位。作为一份面向安徽地区广大受众的大众媒体,《俗话报》首先立足安徽本土,大力报道安徽本省时事及风俗人情,呈现出很强的省际意识,这与当时省际意识的勃兴有关。内容既有关系安徽前途命运的大事,也有百姓十分熟悉关心的身边事,所以该报很受本省民众的欢迎。报纸在关注安徽本土的同时,也关注国家大事,《俗话报》从开通民智,救亡图存的办报宗旨出发,对国家面临的瓜分危机、日俄战争、清末新政等进行了及时、全面的报道。不仅开阔了安徽民众的视野,也为该报争取了省外读者,在省外的代派处逐步增加,甚至不断再版[①]。可以说,地方意识和全国观念的相互观照已成为《俗话报》的一大特色,当然这也是《俗话报》成功的原因之一。

由上可以看出,《俗话报》的读者定位确实是准确的。因此,该报存在时间虽然不长,但传播较广、影响较大,尤其对于安徽省,确实开了一

---

① 根据笔者对安徽省图书馆收藏的《俗话报》原件的查阅,从封面看,第1期与第3期至少再版3次,第6期至少再版6次。

省的风气。辛亥革命时期由陈独秀、柏文蔚等人组织发起的革命组织"岳王会",组织成员以学堂学生、军队士兵为主,这也足以证明《俗话报》的影响。而胡子承信中所提,"俗话报出版以来,同人皆颇欢迎,而局外则颇多訾议,如自由结婚等语,尤贻人口实"的语句也可以反证《俗话报》对本地士绅以及底层人群的影响。该报创办人之一房秩五称《俗话报》"风行一时,几与当时驰名全国之《杭州白话报》相埒"[①]。高一涵则称《俗话报》在安徽地区的知识青年中,起了"组织革命和宣传革命的作用"[②],直至20世纪五六十年代,安徽耆老潘赞化、朱蕴山等人在回首往事时,对《俗话报》仍是赞不绝口,称其"最开风气"。

小　结

《国民日日报》虽是陈独秀真正涉足报坛的起点,但在此之前,陈独秀已经形成了自己的办报主张,《拟章》中"本社既名爱国,自应遵守国家秩序,凡出版书报,惟期激发志气,输灌学理,不得讪谤诋毁,致涉叫嚣"的论述,即是该时期陈独秀办报理念的体现。对激发志气,输灌学理的强调,对《清议报》、《新民丛报》讪谤诋毁,致涉叫嚣的批判,表明陈独秀希望在遵守国家秩序的基础上,通过灌输学理的方式激发国民的志气,以此挽救国家危局。这是他这一时期从事报刊实践活动的基调,也是他初涉报坛即能与"暴得大名"的章士钊共同主笔《国民日日报》的重要原因,更是他在《国民日日报》停刊后创办《俗话报》,投身清末下层启蒙运动的重要原因。事实上,无论是1902年、1903年的两次演说会,还是《安徽俗话报》,陈独秀都以爱国拒俄为目标,革命排满并不是他的办报旨趣,甚至连颇具革命色彩的《国民日日报》也呈现出了"舒缓"的特征。

应该看到,清末新政初期的"改革"氛围,以及拒俄运动的发生、发展是陈独秀投身报刊实践的重要背景。虽然陈独秀于第二次演说会期间遭

---

① 房秩五:《房秩五回忆〈俗话报〉诗一首》,《安徽革命史研究资料(第1辑)》(安徽省社会科学研究所历史研究室内部交流资料),1980年,第14页。
② 高一涵:《辛亥革命前后安徽青年学生思想转变的概况》,《辛亥革命回忆录(四)》,文史资料出版社1981年版,第434页。

到通缉,并跑到上海参编《国民日日报》,但几个月后即回到安徽创刊《俗话报》,不仅让《俗话报》风行一时,海内闻名,而且也为安徽这一内陆地区吹来一缕"开民智"的新风。然而,清朝气数已尽,当时国民的愚昧也决定了《俗话报》虽能鼓吹新思想、开风气,但根本无法扭转颓势。这与下层启蒙运动是由清政府及各级士绅集团发起,为清政府实行预备立宪的启蒙目的是直接相关的。如果启蒙的目的仅在于提高底层民众"素质"的话,如果批判的论域只能围绕民众的生活视域展开的话,势必无法对传统文化进行较为彻底、全面地反思,而对传统文化进行彻底、全面地反思,则直接触动清政府以及各级士绅的统治基础。

在革命同志的召唤下,陈独秀终于转向了革命,《俗话报》成为可有可无的"鸡肋"。然而,相较于章士钊、张继、刘师培、林白水等《国民日日报》同仁,陈独秀的革命转向不仅"姗姗来迟",而且"提前结束",成为"辛亥革命"的落伍者。促成这种转变的原因是多样的,但毫无疑问的是,这种转变缘于陈独秀的独立思考,这是一名新型知识分子在清末革命大潮中做出的独立选择。有意思的是,章士钊、刘师培、林白水三位报刊活动家,他们在革命的大潮中,也先后做出了自己的选择,章士钊留日后拒绝加入同盟会并转向求学,刘师培于1907年"变节",林白水则于1917年再操新闻"旧业"。不管后人如何评价,他们的选择对于转型期的中国知识分子,尤其是中国新闻业者,宣示着独立进行价值判断的重要性。

需要再次指出的是,以革命的视角审视这一时期陈独秀的报刊实践,会发现他的报刊实践"微不足道",充其量也就是对开通安徽一省的风气起到了积极作用。但是,如果从思想启蒙的视角审视,陈独秀的报刊实践则可圈可点,《俗话报》成为清末下层启蒙运动中启蒙报刊的佼佼者即是明证。事实上,这也预示着陈独秀对思想启蒙的特别关注,一俟时机成熟,陈独秀将利用报刊进行更为深入的思想启蒙,这就为创办《新青年》,引领五四新文化运动埋下了伏笔。

第三章 成就"元典"[①]:"五四"前后的报刊实践

辛亥革命的胜利,结束了中国几千年的帝王统治,成立了中华民国。然而,民国初年的政治社会现实不但没有按照民主共和的道路前进,反而大有退回封建帝制的可能。国际上,虽然第一次世界大战爆发,西方各国无暇顾及中国,但是日本却提出了灭亡中国的"二十一条";国内方面,袁世凯不仅打压国民党,镇压二次革命,控制舆论,还利用"二十一条"愚弄民意,更为可悲的是,在文化思潮方面,民国初年即已出现尊孔复古的反动思潮,这无疑让袁世凯看到了复辟的可能性。中国社会亟须补课,如果民众思想没有根本转变的话,"共和的招牌"是挂不长久的。陈独秀顺应历史潮流,再次投身报刊实践活动,掀起了中国历史上最为动人的思想革命——五四新文化运动。

五四新文化运动时期,陈独秀的报刊实践主要由参编《甲寅》、创办《新青年》与《每周评论》三部分组成。就参编《甲寅》来说,虽然他只在《甲寅》上发表了唯一一篇论说——《爱国心与自觉心》,但已显示出"汝南晨鸡,先登坛唤"的"早发性",并预示着《新青年》创办的必然性。《新青年》与《每周评论》不仅成就了陈独秀报人生涯的巅峰状态,而且也引领了五四新文化运动,《新青年》成为中国新文化运动的"元典",《每周评论》则引领了这一时期评论类刊物的办报潮流。

[①] 此处的"元典",含有最经典的意思,且严格限制在"新文化运动"的语境中。尽管从时间上看,《新青年》的出版还不到一百年,"历经"的时间考验尚短,然而,不可否认的是《新青年》已经成为探讨"五四新文化运动"至关重要且无法回避的重要节点,而且由于它的开放性面向,现代人文社会学科都可以从中找到具有发生意义的文字。因此,将《新青年》称为"新文化运动"的"元典"是可以的。

如果说，清末新政时期陈独秀的报刊实践属于小试牛刀，启蒙思想尚未成熟的话，那么，这一时期陈独秀则是以思想家的身份登上历史舞台，其报刊实践体现出鲜明的思想启蒙色彩，也成就了中国新闻史上启蒙报刊的典范，在给"五四青年"带来思想启蒙光辉的同时，也将中国社会由近代社会"推进"现代社会。陈独秀提出的思想命题，不仅在其时发人深省，即使对于今日中国也仍有认真对待的必要。与清末新政时期一样，随着革命形势的发展，陈独秀再次转向革命，其报刊实践的启蒙色彩逐渐消退。

第一节 汝南晨鸡，先登坛唤：参编《甲寅》

陈独秀为《甲寅》撰写的唯一一篇论说《爱国心与自觉心》，一经发表，旋即遭到知识界的叱责，六个月后，知识界对此文的态度发生了根本的转变。这不仅意味着陈独秀"有恶国不如无国"论的思想价值，也预示着陈独秀即将迎来属于自己的历史舞台。

一 "谋生"的需要

（一）参编前的经历

辛亥革命胜利后，1911年12月21日，安徽军政府成立，孙毓筠任都督。孙毓筠电邀陈独秀回皖，就任都督府秘书长。1912年4月，陈独秀辞去秘书长一职，重办安徽高等学堂并任校长，后自任教务主任。1913年上半年，因学生闹事被赶出学校。1913年7月12日，二次革命爆发，10月21日，倪嗣冲点名捉拿第一名"要犯"陈独秀，陈独秀逃往上海，以"编辑卖文为生"。

革命虽然胜利，陈独秀也受邀参与"新政府"，但陈独秀在这两年的日子并不如意。用陈独秀自己的话说，一切如故，"亦非有救民水火之诚，则以利禄毁人如故也，敌视异己如故也，耀兵残民如故也，漠视法制如故也，紊乱财政如故也，奋私无纪，殆更有甚焉！"[①] 他既"受到旧势力的

[①] 陈独秀：《爱国心与自觉心》，《甲寅》1914年第1卷第4号。

反对（1912年在安徽高等学校任教务长时，就是被学生赶跑的），又遭到新兴势力的排挤，最后在反袁斗争中还几乎丧命于旧同志之手"①。

（二）参编原因

陈独秀1913年10月逃到上海后，"本拟闭户读书，以编辑为生"，然而民生凋敝，图书出版业也很不景气，他编辑并由亚东图书馆出版的《英文教科书》和《字义类例》"销路不及去年十分之一"，所得稿费甚少，不能维持家用，"故已搁笔，静待饿死而已"。既然卖文也无以为生，所以他"急欲学习世界语，为后日谋生之计"②。于是写信给在日本的章士钊，请他推荐一本世界语的教材。章士钊接信后，不仅将陈独秀的来信节录于《甲寅》"通信栏"，且以"生机"为名，加附按语。按语中章士钊邀请陈独秀东渡日本参编《甲寅》，"折柬邀愁人，相逢只说愁，以语足下，其信然否"③。于是，1914年7月，陈独秀第五次东渡日本。他到日本后，进"雅典娜法语学校"学习法文④，同时帮助章士钊编辑《甲寅》，"度他那穷得只有一件汗衫，其中无数虱子的生活"⑤。由此看来，陈独秀参编《甲寅》，的确具有"谋生"的色彩。

（三）刊于《甲寅》的文章

陈独秀虽然参编《甲寅》杂志，但他在该刊发表文字甚少。除了由章士钊节录署名CC生发表于"通讯"栏的《生机》（第一卷第二号）一文，其他的诗作及文章如下：

论说：《爱国心与自觉心》（一卷四号）。

序文：《〈双枰记〉序》（一卷四号）；《〈绛纱记〉序》（一卷七号）。

诗作：《杭州酷暑寄怀刘三沈二》、《游韬光》、《游虎跑》（二首）、《灵隐寺前》、《咏鹤》、《雪中偕友人登吴山》（一卷三号）；《述哀》（一卷五号）；《远游》、《夜雨狂歌答沈二》（一卷七号）。

---

① 沈寂：《陈独秀传论》，安徽大学出版社2007年版，第233页。
② 陈独秀：《生机—致〈甲寅杂志〉记者》，《甲寅杂志》1914年第1卷第2号。
③ 同上。
④ 唐宝林、林茂生：《陈独秀年谱》，上海人民出版社1988年版，第62页。
⑤ 傅斯年：《陈独秀案》，《独立评论》1932年第24号。

第三章 成就"元典":"五四"前后的报刊实践

由上可见,陈独秀在《甲寅》所发的文章不多,诗作均为旧作①,《〈绛纱记〉序》也是旧作②,考虑到《〈双枰记〉序》是应章士钊之邀作的序文,内容本身也主要围绕《双枰记》,因此真正为《甲寅》所作的文章只有一篇,即《爱国心与自觉心》。

(四)贡献

尽管陈独秀没有参与《甲寅》的创刊,但他参编后,应该扮演了重要的角色。吴稚晖在20世纪20年代指出:"章陈交谊不是很浅,似乎南京陆师学堂曾做同学?今日章先生视《甲寅》为彼惟一物产,然别人把人物与甲寅联想,章行严而外,必忘不了高一涵,亦忘不了陈独秀。"③ 吴稚晖的话虽有意气的成分,但说的是实情。

首先,《甲寅》杂志可以分为前、后两个阶段,其中前两期为第一阶段,可视做《甲寅》杂志的草创阶段,后八期为第二阶段,其中第三期、第四期杂志已经发展壮大④,尤以第三期值得注意。陈独秀参编《甲寅》应在第三期(1914年8月10日⑤),第三期有其诗作,第四期有其论文,

---

① 《甲寅》第一卷第三号刊登的诗作曾发表于1911年1月20日《民立报》;《述哀》中"宣统元年秋九月,陈仲志于沈阳寓斋"表明该诗也为旧作;《远游》、《夜雨狂歌答沈二》也是陈独秀1909年前后所作,该时期陈独秀诗酒豪情,常与友人互作和诗,尤其是身居杭州时期,更与友人沈二(沈尹默)、刘三(刘季平)等人"时常做诗,互相观摩"。

② 《〈绛纱记〉序》文末"乙卯六月,独秀叙于春申江上",按春申江即黄浦江,此文应写于陈独秀赴日参编《甲寅》之前。

③ 吴稚晖:《陈独秀·章士钊·梁启超》,《吴稚晖先生文粹(第一册)》,台北华文书店1990年版,第316页。

④ 袁甜在其硕士论文中对这一观点展开了论证,本书同意这一观点。参见袁甜《〈甲寅〉杂志研究》,苏州大学硕士学位论文,2006年,第14页。

⑤ 国家图书馆出版社于2009年5月影印的《甲寅杂志·甲寅周刊》(全五册),其中第三号封面发行日期为民国三年七月十日。但王光远编《陈独秀年谱》(重庆出版社1987年版,第22页),唐宝林、林茂生编《陈独秀年谱》(上海新华书店出版社1988年版,第62页),郑学稼《陈独秀传(上)》(台湾时报文化出版企业有限公司1989年版,第130页)三本著作均认为第三号发行时间为八月十日;在《章士钊全集》第3卷(1914.5.10—1916.1.10)(文汇出版社2000年版)中,所收章在《甲寅》第三号所发文章时间均标注为1914年8月10日;在章士钊《甲寅杂志存稿》(上卷)中,所收《自觉》一文时间标注为"民国四年八月",该文也在《甲寅》第三号发表。笔者认为,可能国家图书馆所藏版本或为再版,时间有误,或是主编章士钊出于报刊发行时间的连续性,而将发行时间标为7月,实际出版时间应为8月。而上述关于陈独秀的年谱及其传记著作,以及《章士钊全集》以及章本人的著述,时间均指向"八月",两相对照,根据已有的研究资料,"八月"的时间比较可靠,而陈独秀7月即已来到日本参编《甲寅》。

且《爱国心与自觉心》一经发表，即引起很大的反响。该文的"出笼"未尝不可以看作是《甲寅》杂志言论经营的需要。因此，《甲寅》的声名大振，应该有陈独秀的功劳。其次，吴虞诗作能刊登于《甲寅》，也缘于陈独秀的"慧眼"，"尊著倘全数寄赐，分载《青年》、《甲寅》，嘉惠后学，诚盛事也"①，由此可以断定陈独秀对"文录"等文艺栏的编辑权。再次，通常认为，《甲寅》为随后《青年杂志》准备了作者群，这个论断否认了陈独秀对形成《甲寅》作者群的贡献。高一涵、刘文典、邓艺孙、程演生等人不仅是安徽籍，还是陈独秀的熟识，前两人还与陈独秀有师生之谊，后两人则是陈独秀的旧识，这几人的作品都刊登于《甲寅》后八期，与陈独秀参编《甲寅》几乎同时。最后，《甲寅》改在上海编辑发行后，陈独秀可以同时编辑《甲寅》与《青年杂志》，也可看出章士钊对陈独秀的倚重。因此，陈独秀对《甲寅》是有贡献的。

二 扬弃：《甲寅》与《青年杂志》（《新青年》）关系的再审视

《甲寅》与《青年杂志》（《新青年》）的关系，这是当前学界研究的一个热点。在本书绪论文献综述部分，已经指出相关研究虽对《甲寅》与《新青年》，尤其是与《青年杂志》的渊源关系做了深入探讨，但却存在一个问题，都在强调《甲寅》对《新青年》的影响，这种研究取向导致将两个刊物的形式、内容进行比较，部分论文仅从形式进行比较，部分论文则在前者的基础上，对两者的内容进行比较，由此得出《甲寅》对《新青年》的"全面影响"，甚至得出"陈独秀为了生计创办《青年杂志》"，"其时并没有成熟的办刊思想"，所以沿用《甲寅》金字招牌的研究结论。因此，有必要对《甲寅》与《青年杂志》（《新青年》）的关系进行重新审视。

本书认为，《甲寅》与《青年杂志》（《新青年》）的关系，既不是简单的"传承"、"沿袭"，也不是简单的"和而不同"，更多地体现为"扬弃"。"扬弃"（英文 sublation；德文 Autheben）是黑格尔解释范畴的发展过程的辩证概念。他认为，在范畴的推演和发展过程中，每一阶段对于前一阶段来说都是一种否定，但这种否定又不是单纯的否定或全盘地抛弃，而是

---

① 《吴虞致陈独秀》、《陈独秀答吴虞》，《新青年》1917年第二卷第五期"通信"。

否定中包含着肯定,取消中包含有保存,从而使发展过程体现出对旧质既有抛弃又有保存的性质①。"扬弃"是"否定之否定",是"一种有肯定结果的否定"。这种否定的结果,既使新事物和旧事物之间有着本质的差别,又使新旧事物联系起来成为有机的整体而向前发展②。在黑格尔看来,"概念和事物都可被扬弃"③。

"传承"英文为"Tradition",希腊文为"paradosis",拉丁文为"traditio",源自"tradere",意为"传递"、"传话",指被接受的学说和实践的传递和继承。在基督教中特指由使徒和教会所传承的上帝的神圣启示的传统,因而亦称"圣传"、"教会传统"、"使徒圣传"④。"传承"在现代汉语中意为"更替继承",一般指承接好的方面,具有先传再承的意味⑤。由上可知,在中西方语境中,"传承"的语义是相通的,无论是"传递"还是"更替",目的都是为了"继承",而且"继承"的都是原有学说或实践的优良特质。换句话说,"传承"具有忠实于被传承之物的实践品格。

由上述对"扬弃"与"传承"两个概念的简单介绍,可知两者存在很大的区别。"传承"具有的忠实于被传承之物的实践品格,显然有别于"扬弃""否定之否定","一种有肯定结果的否定"的特性。比如,《甲寅》的政论风格,不仅充分反映了章士钊的"调和立国论",而且也是《甲寅》的特色之一。初创期的《青年杂志》,虽刊有较多的政论文章,但与章士钊的"调和立国论"存在很大的不同。而到了《新青年》,则以文化启蒙为追求,与"现实政治"始终保持着一定的距离。由此可见,《甲寅》虽对《青年杂志》以致《新青年》存有一定的影响,但这种影响绝非是"传承"、"承继",更非是"沿袭"。那么,《甲寅》对《青年杂志》以致《新青年》的影响能否称为"扬弃"呢?"扬弃"是黑格尔用来分析"范畴"发展过程的辩证概念,"范畴"是指最高级的概念,能应用于任何事物、最普遍的、哲学的概念。因此,"扬弃"不仅可以用来分析概念的发展,也可以用来分析事物的发展。以"扬弃"来考察《甲寅》与《青年杂志》、

---

① 蒋永福、吴可、岳长龄主编:《东西方哲学大辞典》,江西人民出版社2000年版,第886页。
② 金炳华等编:《哲学大辞典——修订本(下)》,上海辞书出版社2001年版,第1762页。
③ [英]布宁:《西方哲学英汉对照词典》,人民出版社2000年版,第962页。
④ 《基督教大辞典》,http://bigyi.fudan.edu.cn/christDic/christContent.asp?id=2080004。
⑤ 阮智富、郭忠新编:《现代汉语大词典(上)》,上海辞书出版社2009年版,第301页。

《新青年》的关系是可行的。

（一）两份刊物在宗旨、内容、读者定位方面存在根本不同

如前所述，"扬弃"是"否定之否定"，是"一种有肯定结果的否定"。这种否定的结果，既使新事物和旧事物之间有着本质的差别，又使新旧事物联系起来成为有机的整体而向前发展。考察《甲寅》与《青年杂志》（《新青年》）之间的关系，可以发现，两者虽有渊源，但两者存有本质的差别，而且这种差别正是《新青年》大获成功的重要原因。

陈独秀认为，无穷无尽的政治空谈无济于事，所以他要创办《青年杂志》，以此唤醒青年一代。他在《青年杂志》创刊号即明示刊物宗旨，"改造青年之思想，辅导青年之修养，为本志之天职。批评时政，非其旨也"。这表明，《青年杂志》创刊之初，即确立以青年学生为读者对象的思想文化刊物的报刊定位。这不仅是《青年杂志》与《甲寅》的最大区别，也是《新青年》矢志追求并终获成功的重要因素。尽管创立之初的《青年杂志》，为了打开销路，借鉴了《甲寅》，如稿件注重实务、政论较多、栏目设置相仿、编者与作者亦类，但是这并不能得出，《青年杂志》与《甲寅》杂志之间存在一定的"传承"关系的论断。因为刊物整体上已经向"思想文化"类刊物转变，无论是陈独秀的《敬告青年》、《法兰西人与近代文明》、《妇人观》、《现代文明史》、《今日之教育方针》、《东西民族根本思想之差异》、《一九一六年》、《吾人最后之觉悟》等论说，还是高一涵的《共和国家与青年之自觉》、《近世国家观念与古相异之概略》、《民约与邦本》、《国家非人生之归宿论》、《读梁任公革命相续之原理论》、《自治与自由》等论说，以及易白沙的《述墨》、《我》、《战云中之青年》、《孔子平议》，高语罕的《青年与国家之前途》、《青年之敌》等文章，都表明《青年杂志》以青年学生为读者对象的思想文化刊物的报刊定位，更不用说《青年杂志》中刊登了大量的西方人物传记以及西方青年组织的介绍，如《卡内基传》、《佛兰克林自传》、《霞飞将军》、《英国少年团规律》、《大飞行家谭根》、《英国少年团巡视》、《美国少年团记》、《麦刚森将军》，等等。

对大众传媒而言，内容与读者是媒介定位的重要依据，不仅是媒介能否成功的重要因素，也是"此媒介"区分于"彼媒介"的重要参照标准。判定两份刊物之间是否存在"传承"关系，不能仅依靠栏目设置、作者群

第三章 成就"元典":"五四"前后的报刊实践

等外在形式进行论断,而更应建立在对刊物的宗旨、内容、读者等方面进行比较。因此,杨琥论述的《甲寅》与《新青年》之间的差异,实际上正反映了两份刊物在读者定位、内容定位方面的本质不同。杨琥的"章士钊始终坚持'政治救国'论,致使新文学运动未能在《甲寅》月刊上开展起来,而陈独秀则高举文学革命的旗帜,使《新青年》成为发动文学革命和新文化运动的主要舆论阵地"[①]论述,也反映了章、陈二人办刊理念的根本差异。因此,仅凭《甲寅》中出现的某些"思想文化"方面的"质素",就断定《青年杂志》的"思想文化"的刊物定位,以及其后《新青年》发起的"新文化运动",即"传承"于《甲寅》的结论是缺乏"效度"的。

(二)《爱国心与自觉心》预示着《青年杂志》创办的必然性

如前所述,陈独秀因"生计困顿"而受邀参编《甲寅》,多少带有"以文谋生"的意味。按理说,"以文谋生"的陈独秀应在《甲寅》发表较多的文字,而且凭陈独秀的文笔才情为《甲寅》撰写文章也不是件难事。然而,陈独秀只为《甲寅》作了一篇文章——《爱国心与自觉心》。与之形成鲜明对照的是,陈独秀在其创办的《青年杂志》前两期发表了数量颇多的论说,而这一时期,陈独秀仍是《甲寅》的编辑。为何擅长为文的陈独秀只为《甲寅》撰写了一篇文章?为何陈独秀在编辑《甲寅》的同时,就急着创办《青年杂志》并发表大量文章?本书认为,这与知识界对《爱国心与自觉心》由"诘问叱责"到"接受推崇"的态度转变存在重要的关联。

《爱国心与自觉心》是陈独秀为《甲寅》杂志精心撰写的一篇论说,也是陈独秀在《甲寅》上正式推出的第一篇文章,章士钊刊登此文也表明章本人对此文是认同的。没想到的是,该文一经刊出,即遭"诘问叱责"。尽管"诘问叱责"的信件是写给主撰章士钊的,但作为编辑的陈独秀肯定也知晓这些信件。这种"诘问叱责"无疑是对初以"独秀"为名的陈独秀的重大打击。虽然,《爱国心与自觉心》是陈独秀痛苦反思之后的"心得",但其时知识精英并不领情,甚至主撰章士钊也没有立即撰文予以辩解。因此,陈独秀要想坚持自己的"心得",就必然"失声",要想继续

---

① 杨琥:《〈新青年〉与〈甲寅〉月刊之历史渊源》,《北京大学学报》2002年第6期。

"发声"，就必然放弃自己的"心得"。以陈独秀的个性，他不会放弃自己痛苦反思所获的"心得"，于是只能选择"失声"，因此他虽担任《甲寅》编辑，但他再也没有为《甲寅》撰写文章。这与李大钊、高一涵、高语罕、易白沙等人形成鲜明的对照。

然而，不堪形摹的时局很快让知识精英认识到《爱国心与自觉心》一文的现实意义，于是知识界对该文的态度发生了根本逆转。梁启超发表的《痛定罪言》是知识界态度逆转的一个标志。梁启超进一步从参政权、法律权、财政权、教育权等方面论证"有国不如无国"。章士钊对此评价道："夫梁先生方以不作政谈宣言于众人者也，劝人不为煽诱激刺之论者也。今骤然与昨日之我挑战，其所为惊人之鸣，竟至与举世怪骂之独秀君合辙，而详尽又乃过之。此固圣者因时制宜之道，然而谨厚者亦复如是，天下事可知矣。"①

梁启超的文章发表于 1915 年 6 月 20 日，距陈文发表的时间 7 个月。这 7 个月，陈独秀虽身为杂志编辑，却没有为其遭到"诘问叱责"的文章进行辩解，也没有其他公开发表的文字，处于"失声"状态。这对个性鲜明的陈独秀来说，无疑是一种煎熬。1915 年 6 月 19 日陈独秀由日返沪，第二天即有与"通俗图书局开会之约"，6 月 23 日，又在陈子寿家讨论三家（群益、亚东及通俗三家书局）合办，"终以分别筹款为主"，整个 7 月份，陈独秀也为此多方联络，最终说服群益书社承办《青年杂志》②。这说明陈独秀早在 1915 年 6 月，即有创办《青年杂志》的想法。这个时间点与标志知识界态度发生逆转的梁启超《痛定罪言》发表的时间暗合，这多少意味着，知识界的态度转变具有推动和坚定陈独秀另办《青年杂志》的意义。此外，这个时间点也表现出陈独秀创办《青年杂志》的急切性。为何在编辑《甲寅》的同时，如此迫切地想另创一本杂志？原因只能在于《甲寅》并不合乎陈独秀的报刊主张，陈独秀迫切需要一本属于自己的刊物，以发出自己的声音。因此，陈独秀创办《青年杂志》是其深思熟虑的产物，这种深思熟虑既是对民初"一切如故"的现实的反思，也是对《甲寅》的"扬弃"，绝不是所谓"谋生"的需要，相反，陈独秀参编《甲寅》

---

① 章士钊：《国家与我》，《甲寅》1915 年第 1 卷第 6 期。
② 以上史料参见沈寂《陈独秀传论》，安徽大学出版社 2007 年版，第 196 页。

却带有一定的"谋生"意味。

(三)《青年杂志》(《新青年》)承继了《甲寅》的开放姿态

如前所述,"扬弃"是"否定之否定",但这种否定又不是单纯的否定或全盘地抛弃,而是否定中包含着肯定,取消中包含有保存,从而使发展过程体现出对旧质既有抛弃又有保存的性质。上述两点分析了两份刊物在宗旨、内容、读者定位方面都存在本质的差别,以及《爱国心与自觉心》一文所标示的意义。此处将分析两份刊物的相同之处,指出在建构开放的报刊话语空间方面,《青年杂志》(《新青年》)继承了《甲寅》的开放姿态。

话语空间,是指话语言说的空间,亦即思想表达的空间。话语空间既可以表现为物理空间,也可以表现为报刊、广播、电视、网络等媒体空间。尽管话语空间的形式多种多样,话语空间言说的话语也不一定就是"真正"的话语,但空间对于话语言说却是至关重要的,空间是话语言说及其效果生成的重要场域。任何空间都有一定的"边界",任何话语(或思想)也都带有一定的倾向性,因此,"绝对""开放"的话语空间是不存在的。但是,话语在本质上又具有对话性的特点,话语的生成以及效果的产生也都依赖于对话,这种对话性又反过来要求话语空间必须保持充分的开放。因此,话语空间的开放性是一种"有限"的开放性,任何话语空间都是如此。报刊作为大众传媒,本身即是一种重要的话语空间,而且又因大众传媒的传媒属性,这种话语空间要求高度的"开放性"。当然,这种"高度""开放"的特征,并不意味着报刊话语空间的"开放性"是没有"边界"的"绝对开放"。事实上,任何一份报刊都无法做到绝对的开放。因此,本书所论报刊话语空间的开放性,是指报刊对其所关注的论域能够吸纳不同作者从不同角度进行多面向的讨论,从而将其所关注的论域推向深入,并呈现一种"历史"的"深度"。

在近代中国,现代报刊虽是舶来品,但报刊作为一种重要的话语空间,日益为中国文人所关注,他们纷纷以各种形式介入报刊,进行各种各样的话语言说。值得注意的是,近代国人报刊实践是与日益严重的民族危机相伴而行的,甚至可以说民族危机是国人积极投身报刊实践的直接原因,这就决定了近代国人报刊实践必然具有强烈的政治色彩,报刊的政治功用成为国人报刊实践追求的首要目标。应该说,报刊具有强烈的政治诉求,本身无可厚非,但这却很容易造成报刊间的党同伐异,导致报刊话语空间的闭合,使得相关论域无法向深度拓展。民初报坛,绝大多数报纸或为政府控制,或为党派控制,成为各党各派相互攻讦,党同伐异的政治工具。

在上述背景下,《甲寅》的开放姿态就具有开创性的意义。《甲寅》杂志虽然出版时间不长,期数不多,但它通过建构开放的报刊话语空间,容纳来自社会各界的不同话语,赢得了社会各界的好评与尊重,被誉为"唯一不受政府或某一政党控制的论坛",黄远庸在致《甲寅杂志》的信中,称赞章士钊是"一大改革家","今日称以言论救世者,惟足下能副其实"[①]。《青年杂志》(《新青年》)继之而起,从改造青年思想入手,通过文化、思想的启蒙实现救国之路,以其不断的探索精神与对西方政治文化思想的引介和传播,成为民初先进知识分子表达自由思想的报刊话语空间,最终造就了中国新文化运动的"元典"。无论是《甲寅》的"调和立国"的政治主张,还是《青年杂志》(《新青年》)的"思想启蒙"的文化路线,两者均因不同作者从不同角度进行的多面向讨论,呈现出"历史"的"深度",作为一种"思想资源",在历史的长河中有其存在的价值。

《甲寅》与《青年杂志》(《新青年》)虽有渊源,但两者的关系既不是传承关系,也不是沿袭关系,而是一种"扬弃"。从报刊的视角出发,两者无论在宗旨、内容还是预期的读者都具有本质的不同;《爱国心与自觉心》一文也表明创办《青年杂志》(《新青年》)是陈独秀深思熟虑的结果。从报刊话语空间来看,《青年杂志》(《新青年》)承继了《甲寅》的"开放姿态",这也是两份刊物获得成功的根本原因。

三 "残民之祸,恶国家甚于无国家"

客观地说,陈独秀"残民之祸,恶国家甚于无国家"的论点有其存在的价值,不仅在当时具有鲜明的现实针对性,在中国思想史上也具有里程碑式的意义,反映了陈独秀作为思想家的敏锐性和先见性。不过,前行者总是孤独的,陈独秀的这一论点不仅在当时为人所不解,即使当代学者也

[①] 《通讯》,《甲寅杂志存稿》(下册),台湾文海出版社1977年版,第96页。

认为这一观点存有偏颇之处，甚至以"偏激"形容陈独秀的言辞。因此，有必要对陈独秀这一观点进行解读，进而理解这一观点的深刻性及其体现出的陈独秀的思想轨迹。

（一）出发点：悲天悯人的人道主义情怀

通读《爱国心与自觉心》一文，可以发现，陈独秀"有恶国不如无国"论的出发点是悲天悯人的人道主义情怀，而且这种人道主义情怀所关注的对象是社会的底层民众。陈独秀认为，国家是"为国人共谋安宁幸福之团体"，国家必须保障国民的权利，谋益人民的幸福，"爱国心"的提倡，必须建立在国家保民、安民的基础上。如果一个国家不仅做不到爱民、保民，反而日益加重人民的生活苦难，给民众带来人道主义灾难，民众连最起码的生命权都无法保障，以致不得不托身租界以求存活，这样的国家既丧失了存在的合法性，也不值得国民去爱，这样的"恶国"不要也罢。

陈独秀对朝鲜、土耳其、日本、墨西哥、中国等"不知国家之情势而爱之者"的批判，虽有偏颇之处，如将朝鲜反抗日本的民族主义运动视为"诚见其损，未睹其益"，没有看到朝鲜民族主义运动的正义性和合理性；因担心土耳其一旦战败将引发国难而否定土耳其与意、俄等国的民族战争；对墨西哥国内民生日益凋敝的现状开出的"附美为联"的药方也是不合情理的。但是如果从"国家"应"为国人共谋安宁幸福之团体"，"国家"不能给国内民众带来大规模人道主义灾难的视角，陈独秀的上述观点又有其合理性，这些国家的民众本已生活于水火之中，战争只能加剧底层民众的生活苦难。

文章末段，陈独秀又以中国人与印度、朝鲜、犹太人作比，指出国人"颠连无告之状，殆不可道理计"，他还以"辛亥京津之变"，"癸丑南京之役"中"人民咸以其地不立化夷场为憾"为例，论证"此非京、津、江南人之无爱国心也，国家实不能保民而致其爱，其爱国心遂为其自觉心所排而去尔"。这段论证同样也反映了陈独秀的"有恶国不如无国"的论点。

一个国家最基本的构成人群为普通民众，普通民众非如知识精英，其趋利避害的功利主义取向是强烈的，其自我保护的能力又是微弱的。因此，任何一个国家，都必须保护普通民众的生存权利，否则对民众侈言爱国是无益的，民众只会以"脚"证明国家可爱与否。民国初年，中国京、津、江南地区的民众投奔租界以求苟活已经证明了这一点。陈独秀在民国初年提出的"有恶国不如无国"的论点，确是"汝南晨鸡，先登坛唤"。

（二）背景：政象日乱的社会现实与"伪国家主义"的宣传

如前所述，《爱国心与自觉心》一文是陈独秀反思的"心得"，既是对辛亥革命胜利后至参编《甲寅》前"政象日乱"的"反思"，也是对其由参与"新政府"到被迫流亡，以致卖文为生的个人经历的"反思"。作为一本"政论刊物"，《甲寅》所刊文章必然关涉政治现实。《甲寅》中多篇文章均描述了社会政治日益混乱，认为"今不如昔"。这种论调既见于章士钊、张东荪等人的政论，也广见于"通讯"栏所刊登的不同作者的来函。由此可见，其时政治确如陈独秀所说的"一切如故"，甚至"今不如昔"。

针对日乱的政治社会现实，不同的人给出了不同的解决方案，"伪国家主义"即是其中的一种解决方案。"伪国家主义"把爱国等同于爱政府，利用民族主义危机，尤其是日本对中国提出的"二十一条"亡国条款，宣传"亡国灭种"之"恐怖"，希望国人能够发扬"爱国"精神，支持政府，拥护政府，以帮助政府渡过"难关"。虽然，章士钊、张东荪等人均撰文批判了"伪国家主义"，但"伪国家主义"确有其一定的影响。袁世凯能够称帝，"伪国家主义"未尝不是其中的一个重要原因，甚至可以说袁世凯成功利用了民众对于日本"二十一"条的抗议，获得了舆论支持，使其看到了"复辟"的可能性。

应该说，陈独秀对朝鲜、土耳其、墨西哥等"不知国家之情势而爱之者"的批判，具有鲜明的现实针对性。表面上看，批判的是朝鲜、土耳其、墨西哥等国，实际上，这些批判均指向社会现实，如对朝鲜"必欲兴复旧主"的批判具有反对君主复辟的意义；对土耳其的批判也是从"国基未固，不自量度"，一旦战败，国难将作的角度；对墨西哥的批判则是在"恐其革命相循，而以兵得政，以政虐民之风不易革也"的角度。因此，与其说是批评这些国家，不如说是批评中国日乱的政治现实。

因此，陈独秀的"有恶国不如无国"论，源自其对政象日乱的社会现实的深刻反思，是思想家经过痛苦反思后的肺腑之言，结论虽然尖锐，但却直指政象日乱的社会现实以及"伪国家主义"的"救国"路线。

（三）"有恶国不如无国"不同于"有国不如无国"

如果说，"残民之祸，有恶国不如无国"的论点，尚且容易接受的话，那么文末最后一句，"呜呼！国家国家，尔行尔法，吾人诚无之不为忧，有之不为喜。吾人非咒尔亡，实不禁以此自觉也"。则不容易被接受。在日本提出灭亡中国的"二十一条"，国人咸以"亡国为奴，何事可怖"的危急时刻，这句话确实容易被理解为"国家有无与己无关"的"有国不如无国"论。事实上，时人对此文的批评指责也正在于此点。然而，仔细考察原文，文末最后一句发出的"国家有无与己无关"的感慨与"有国不如无国"论并不能简单地画上等号，而且陈独秀在文中也从没有"有国不如无国"的文字表述，这种结论是读者对陈独秀有关文字的"误读"。

应该看到，与章士钊、张东荪等人撰写的结构严密的逻辑文相比，该文是一篇颇具文学色彩的论说。文章对文学性的追求必然要求作者要注重感性的表达，而直接的感性表达在提高作品易读性的同时，也给读者留下了较多的想象空间。在文本语境中，该句话既可以理解为陈独秀对京、津、江南民众的行为发出的慨叹，也可以理解为陈独秀将京、津、江南民众的"心声"付诸文字。因此，"国家有无与己无关"的感慨并不等于"有国不如无国"，更不能表明陈独秀反对爱国主义，主张无政府主义，甚或国家虚无主义。

"有恶国不如无国"论，并非反对爱国，而是强调什么样的国可爱，保民、爱民之国可爱，残民之国不可爱。在民智不开的情况下，侈言爱国，"其愚益甚"，况且中国已有租界，租界居民的"安宁自由"，为普通民众提供了参照物，"辛亥京津之变"，"癸丑南京之役"中"人民咸以其地不立化夷场为憾"已经证明了普通民众的选择。此种情况下，盲目提倡爱国主义，效果只能适得其反，不但无益于"建设国家于二十世纪"，而且只能加重民众的生活苦难。

"有恶国不如无国"论，也不是提倡无政府主义，更不是国家虚无主义。无政府主义，主张取消政府；国家虚无主义，则主张取消国家。文中，陈独秀开出了国家自力更生、自强不息、生养教化以应对危局的药方，这表明陈独秀认识到政府的重要性，而"夫政府不善，取而易之，国无恙也"的表述，也表明陈独秀认识到，政府可以取代，但政府之于国家则仍是必要的，而政府之取易，则应以无恙于国为标准，这就表明陈独秀对于国家的重视，从而与国家虚无主义划清界限。

因此，将该文及"国家有无与己无关"的表述理解为陈独秀公然非议爱国主义是错误的。事实上，陈独秀不仅不反对爱国主义，相反，他所主张的爱国主义是更高层次上的爱国主义，是一种理性至上的爱国主义。在民国成立初年，当近代民族国家理念渐为国人接受之时，陈独秀却发出"有恶国不如无国"论，这不仅体现出该论点的历史意义，也表现出陈独秀作为思想家思想的敏锐性和先见性。

（四）目的：促使国民警醒自觉

晚清以来遭遇的瓜分危机以及晚清政府的日趋无能，注定了民族主义必然成为清末革命的思想资源。黄帝、炎帝等由历史符号转化为政治文化符号，用以号召国人推翻满清政府、建立现代共和国家即是民族主义兴起的例证，而无论清末还是民初，建立民族国家都是进步知识分子所着力宣传的重要内容，因此辛亥革命具有浓厚的"民族主义革命"色彩，革命后建立的新国家也以民族国家为指向，以期立于世界民族之林。

辛亥革命的胜利，让近代民族国家理念有了实现的可能，共和观念也渐为国人接受。然而，民国初年，国家面临的内忧外患，袁世凯的个人野心，知识精英应对危局的莫衷一是，让"爱国主义"成了各方用以号召民众的最佳"标语"。用"爱国主义"号召民众以应对危局，本身无可厚非，然而对于忠君思想严重、家国不分的中国民众来说，"爱国主义"又实是"政治强人"达成个人野心的绝佳途径，更何况其时共和观念、民族国家观念虽渐入人心，但政府与国家的关系并没有被系统的阐释，更没有深入普通民众的头脑，封建王朝"朕即国家"的国家理念被简单地替换为"政府即国家"。此时甚嚣尘上的"开明专制"、"国家主义"的宣传以及将二次革命归罪为"党争"等论调，均证明了"政府即国家"在知识精英中大有市场，甚至章士钊、张东荪等人于《甲寅》倡导调和立国，在一定意义上，也透露出"政府即国家"的潜意识。

事实上，政府与国家关系虽然密切，但一个政府能否代表国家，必须有其合法性。合法性的取得可以通过各种形式，然而，合法性的根源在于政府能否谋益人民幸福、保障民众权利，这是现代民主政治的本义，也是任何政府据以执政的合法性所在。章士钊、张东荪等人虽然也认为国家应保障多数人之幸福，但这是对执政当局提出的要求，而这种要求无异于与虎谋皮。陈独秀则将国家应保障多数人之幸福作为政府是否具备合法性的根本要求，并将之作为国家是否可爱的前提，这并不意味着陈独秀不懂得国家与政府之间的关系，相反正是因为他懂得两者之间的密切关系，看到了爱国与爱政府的区别，才向国人宣告"有恶国不如无国"的论点。

因此，陈独秀所主张的爱国主义是一种理性至上的爱国主义，与盲动的感性至上的爱国主义判然有别。在日本提出灭亡中国的"二十一条"的危急时刻，陈独秀抛出此论，对国人尤其是知识精英来说，不啻晴天惊雷，引起众人的指责实属必然。不过，时局很快证明了陈独秀所见非谬，时人开始认识到此论的价值，纷纷以"自觉心自觉也"。在这个意义上，该论点促进了国民，尤其是知识精英的觉醒。

第二节 创办《新青年》，成就"五四"新文化运动的"元典"

《新青年》在推动中国社会由近代进入现代的过程中，发挥了重要的作用，不仅其提出的诸多命题"具有旷日持久的原创魅力"，不断"使历史学家们为自己无法完整描述其意义而深感愧疚"[①]，而且《新青年》同人的"分裂"、五四青年对不同道路的"选择"、《新青年》的言说态度至今仍是学界关注的热点，《新青年》已经成为中国历史言说不尽的话题。

陈独秀作为杂志的主编，以其"百家平等，不尚一尊"[②]的精神，为《新青年》建构了一个开放的报刊话语空间，使得《新青年》能够吸纳不同作者从不同角度进行多面向的讨论，将《新青年》打造为中国新文化运

---

① 许纪霖、陈达凯主编：《中国现代化史（1800—1949）》（第1卷），学林出版社2006年版，第321页。

② 《答程演生》，《新青年》1917年第2卷第6期。

动的"元典"。陈独秀的革命转向也让《新青年》随之转向,"颜色越来越浓",终至成为革命宣传刊物。一份刊物引领一场运动,无论是非功过,作为杂志的灵魂,陈独秀注定要与《新青年》一起接受历史的"审视"。

一 时代需要启蒙

前一章在论述《甲寅》与《新青年》的关系时,已经指出陈独秀创办《青年杂志》(《新青年》)是其深思熟虑的结果,既不是偶尔为之,更不是为了谋生的需要。《青年杂志》(《新青年》)的创办既缘于陈独秀个人的反思,也缘于其时不断恶化的政治社会现实。

就陈独秀个人来说,思想启蒙是其一贯的价值追求。前一节在对《爱国心与自觉心》的文本分析中,已经指出该文体现出浓厚的思想启蒙的色彩。这种思想启蒙色彩,既延自《俗话报》时期面向底层社会的思想启蒙,也预示着陈独秀创办《新青年》面向青年展开启蒙的必然性。因此,陈独秀在编辑《甲寅》的同时,就迫不及待地与汪孟邹、陈子寿联系,表达另创一本思想杂志的想法。这表明《新青年》的创办,是陈独秀"思想启蒙"价值追求的必然结果。

就社会大背景来说,不断恶化的社会现实让知识精英认识到"思想启蒙"的必要性。如前所述,民国初年的政治社会现实不仅没有按照民主共和的道路前进,而且大有退回封建帝制的可能。政象日乱、一切如故的社会政治现实,不仅让知识精英无所适从,也让普通民众产生"今不如昔"的感觉。中国社会亟须补课,如果民众思想没有根本转变的话,"共和的招牌"是挂不长久的。

在上述背景下创刊的《新青年》必然以"思想启蒙"为宗旨。尽管学界对《新青年》的宗旨,还没有达成一致,但是就成为上海共产主义小组机关刊物之前的一至七卷《新青年》的"思想启蒙"性质,学界基本没有异议[1],容易产生分歧的是成为上海共产主义小组刊物的八、九两卷《新青年》。

作为《新青年》的主编及灵魂人物,陈独秀的革命转向必然导致《新

---

[1] 可参看本书绪论部分有关"《新青年》性质"的文献综述。

青年》的"颜色过于鲜明",虽然后来陈望道有意抹淡颜色,北京同人也发表了一些"无关痛痒"的文字,但第八卷、第九卷《新青年》倾向于社会主义宣传是毫无疑问的。几乎所有内容都是围绕宣传社会主义学说展开,更成立"俄罗斯研究"专栏,翻译介绍俄罗斯的劳农专政情况,陈独秀的驳论文也主要针对区声白的无政府主义,带有"正本清流"的色彩,"通信"栏的讨论也基本以社会主义为主。应该说,八、九卷《新青年》成为宣传社会主义的主阵地,这是陈独秀探讨救国之路的必然选择,也有助于共产主义的宣传和组织的发动,但对社会主义的独尊,必然背离平等探讨各种学理的初衷,《新青年》也必然由"百花齐放"终至"一枝独秀"。然而,如果从输入学理,教育青年,改造社会的角度出发,这一时期的《新青年》仍然是遵从了创刊之初确立的输入学理,教育青年,改造社会的办刊宗旨。事实上,这个办刊宗旨贯穿了《新青年》的始终。因此,本书认为《新青年》是思想启蒙的刊物。

二 三个时期:陈独秀主撰—北京同人杂志—中共上海发起组刊物

《青年杂志》(《新青年》)创刊于1915年9月15日,1922年7月1日出版了第九卷第六号后休刊,共五十四册。1923年,《新青年》季刊在广州创刊,为中共中央理论性刊物,又出版四期。本书研究的是《新青年》月刊,本书将《新青年》分为三个时期,第一时期为第一卷—第三卷,为陈独秀主撰时期;第二时期为第四卷—第七卷,为同人杂志时期;第三时期为第八卷—第九卷,成为上海中共发起组的机关刊物。

1. 陈独秀主撰期:第一卷—第三卷

《新青年》第一卷—第三卷,由陈独秀担任主撰。其中,第一卷名为《青年杂志》,六期出满后,停刊近半年时间,1916年9月第二卷第一期改名《新青年》出版,1917年2月随陈独秀就任北京大学文科长而迁往北京编辑。

这一时期,相较于输入学理,杂志更偏重于思想性,这在第一卷《青年杂志》更为明显。第一卷中,无论是陈独秀、高一涵、易白沙的文章,还是汪叔潜的《新旧问题》,李亦民的《人生唯一目的》以及高语罕的《青年之敌》等文章,均以改革青年思想为主要目的。即使是探讨学理方面的文章，如陈独秀《现代欧洲文艺史谈》，高一涵《近世国家观念与古相异之概略》、《读梁任公革命相续之原理论》，易白沙《述墨》、《孔子评议》，刘叔雅《近世思想中之科学精神》、《叔本华自我意志说》、《美国人之自由精神》等文章，或是译介西方学说，或是挖掘中国传统学说，或是中西对比，目的在于思想的改造与批判。其他译介西方文学、名人传记、西方社会风俗的文章也有助于开阔青年的眼界。

从第二卷开始，杂志在注重思想性的同时，不仅加大了西方学理的输入，而且提出了"自己的问题"，文章的思想性也注重通过思想的争辩得以展现，而不再是编辑的"自说自话"。此外，新辟"读者论坛"一栏，吸纳社外文字，而"通信"栏也逐渐成为读者发表意见、商榷学理的"公共园地"。就思想性文字而言，陈独秀《新青年》、《俄罗斯革命与我国民之觉悟》、《我之爱国主义》，李大钊《青春》、《青年与老人》，高一涵《乐利主义与人生》、《一九一七年预想之革命》，刘叔雅《欧洲战争与青年之觉悟》、《军国主义》，吴稚晖《青年与工具》等文字均直接面向青年发言，提出思想革新的主张；辩驳性的文字主要由陈独秀所作，如《驳康有为致总统总理书》、《宪法与孔教》、《孔子之道与现代生活》、《袁世凯复活》、《再论孔教问题》，这些辩驳性的文字与易白沙《孔子评议》，吴虞《家族制度为专制主义之根据论》、《读荀子书后》、《消极革命之老庄》、《礼论》、《儒家主张阶级制度之害》、《儒家大同之意本于老子说》等偏重于学理的文章相互参照，增强了批判的力度，传播效果更好；就学理输入而言，如马君武《赫克尔之一元哲学》，陈独秀《法国文明史》、《近代西洋教育》，陶履恭《人类文化之起源》、《社会》，恽代英《物质实在论》，章士钊《经济学之总原则》，刘半农《诗与小说精神上之革新》，震瀛《结婚与恋爱》等文，在范围及深度上也较第一卷有了拓展；可喜的是，在批判孔教与输入学理的同时，杂志提出了文学改良与文学革命的议题，胡适《文学改良刍议》、《历史的文学观念论》，陈独秀《文学革命论》，刘半农《我之文学改良观》等几篇理论文章以及胡适几首"白话词"的尝试均表明《新青年》努力提出"自己的问题"。此外，"通信"一栏也变得异常活跃，此栏不仅可以商榷学理，还可以发表自己的主张，这两卷共有57人次参与通信，不仅参与的人数众多，内容也是丰富的，从问学到商榷学理，从文学改良到孔教入学,从世界语到标点符号,学理的商榷也颇激烈。因此,第二卷第一期出版数月后,《新青年》的销量增至一万五六千份①。

总体看来,这一时期的《新青年》已经获得了初步的成功,但离成为新文化运动的"元典"尚有一定的距离,离"一个刊物发起一场运动"也有一定的距离。

2. 同人杂志时期:第四卷—第七卷

《新青年》第四卷—第七卷,为同人杂志时期。其中第四卷第三期发布《本志编辑部启事》,表明第四卷第一期是《新青年》成为同人杂志的起点。第六卷第一期正文前刊登的《本志第六卷分期编辑表》,表明第六卷实行轮编制,但陈独秀仍为灵魂人物。至于第七卷是否为同人刊物,历来存有不同的争论②,本书认为,第七卷仍为同人刊物,原因在于:

首先,第七卷第一期发表的由陈独秀执笔的《本志宣言》,明确公开了全体社员的共同意见,而且该卷各期均有北京同人的大作,虽有"拼盘"的嫌疑,但这符合北大同人行事为文的风格,这是无法抹去的确证。第七卷第六期辑稿之后,陈独秀即于1920年4月26日致信李大钊、胡适、钱玄同等12位北京同人,一面告知第七卷第六期即将付印出版,一面提出《新青年》其后的出版发行问题,尤其是"编辑人问题",这也可以证明陈独秀对北京同人的倚重。

其次,就陈独秀个人的思想发展轨迹来看,第七卷时期陈独秀虽然倾向于劳工宣传,但其并没有接受、服膺共产主义,与第八卷、第九卷"颜色过于鲜明"相比,第七卷的"颜色"并不鲜明,更何况关注劳工、对劳工进行宣传与启蒙是当时报刊界关注的焦点。学界普遍认为共产国际代表维津斯基于1920年5月才来到上海与陈独秀接触,发起组织中国共产党,同月上海"马克思主义研究会"成立,8月中共上海发起组成立,陈独秀被推任临时中央局的书记③。这就是说从5月至8月的这段时间,是陈独秀筹组中共上海发起组的时间,也是陈独秀接受共产主义的时间。而考察陈独

---

① 汪原放:《回忆亚东图书馆》,学林出版社1983年版,第31页。
② 代表性观点认为第七卷的编辑复归陈独秀,内容也由思想学术刊物转向劳工宣传,如赖光临将七到九卷归为"宣传工具时期",李宪瑜认为第七卷作为《新青年》"从知识界到劳工界"分化的标志。
③ 唐宝林、林茂生:《陈独秀年谱》,上海人民出版社1988年版,第120页。

秀在这一时期的著述①，可以发现作为共产主义理论核心的"通过阶级斗争建立劳农专政"的学说首次出现在《新青年》第八卷第一期《谈政治》一文，同期《对于时局的我见》三次出现"吾党"，"吾党对于法律的态度，既不像法律家那样迷信他，也不像无政府党根本排斥他……吾党遇着资本阶级内民主派和君主派战争的时候，应该帮助前者攻击后者；后者胜利时，马上就是我们的敌人……因为吾党虽不像无政府党绝对否认政治的组织，也决不屑学德国的社会民党，利用资本阶级的政治机关和权力作政治活动"②。这不仅表明中共发起组已经成立，而且表明陈独秀公开利用《新青年》宣传共产主义。而考察陈独秀在 5—8 月见诸其他报刊的文字，如《我的解决中国政治方针》中"将来——社会革命后第四阶级（即无产劳动阶级）执政"③，《在电工联合会上的演说词——工人与国家之关系》中"我们现在说消极的爱国，就是要打倒少数资本家底国家，建设劳动工人底国家"④，这些文字也带有马克思主义阶级斗争、劳工专政的意味。刊于《劳动界》的《两个工人的疑问》（《劳动界》第一册，1920 年 8 月 15 日）、《真的工人团体》、《霍乱与痢疾》、《老爷们的卫生》（《劳动界》第二册，1920 年 8 月 22 日）等几篇文章，陈独秀则启发工人思考自己的境遇，这也表明陈独秀由要求社会关注工人，转为对工人进行启蒙。这也表明陈独秀于 1920 年 5—8 月开始转向马克思主义，而这些文字都发表于《新青年》第七卷第六期发行之后。综上，第四卷到第七卷仍为同人杂志。

同人杂志时期是《新青年》的辉煌期，这一时期学理的输入更为系统，更加多样。专号的设立有助于系统探讨相关学说，如"易卜生专号"、"马克思主义专号"、"人口问题专号"、"劳工专号"；输入的学理更加多样，如柏格森的哲学、弥尔的自由论、斯宾塞尔的政治哲学、罗素的社会哲学、尼采的宗教、赫克尔的灵异论、杜威的实验主义等，几乎囊括当时盛行的西方哲学思潮；文学革命问题，有了周氏两兄弟的加入，在理论和实践方面都有了长足的发展；语言、标点问题，也因为钱玄同、沈尹默等人的提

---

① 考察的文本，是任建树主编的《陈独秀著作选编》（上海人民出版社 2009 年版），该选编是目前为此收录陈独秀文章最为全面的文集。
② 陈独秀：《对于时局的我见》，《新青年》1920 年第 8 卷第 1 期。
③ 陈独秀：《我的解决中国政治方针》，《时事新报·学灯》1920 年 5 月 20 日。
④ 陈独秀：《在电工联合会上的演说词——工人与国家之关系》，《申报》1920 年 7 月 12 日。

倡与讨论，基本达成了共识，《新青年》不仅实现了白话文写作，而且引领了标点符号应用的潮流；陈独秀的驳论文已至炉火纯青，"三批"《东方杂志》，竟致《东方杂志》销量大减，终至更换编辑，改头换面，为《新青年》赢得了众多的读者；妇女问题也因对贞操的批判、妇女教育的提倡以及西方婚姻观念的引介而日趋深入；此外批判灵学、改良戏剧、倡导新村和工读互助、提倡社会调查等都无疑引领了社会潮流。

3. 中共上海发起组刊物：第八卷—第九卷

《新青年》八、九两卷，为中共发起组机关刊物。需要指出的是，这一时期《新青年》虽只出版了两卷，但时间跨度较大，以1921年7月23日中共建党为界，之前共出版了9期杂志（即至第九卷第三期）。因此，总体上说第八卷、第九卷为中共发起组刊物是可行的。关于这两卷杂志的性质问题，前述宗旨部分已有论述，此处不赘。

三　作者群的演变、特点与北京同人的"分裂"

对一份刊物，尤其是思想性刊物，相对稳定的作者群不仅能够保证稿源的供应，而且也能保证稿件都能围绕刊物宗旨展开。事实上，也正是因为不同作者，尤其是北京同人的广泛参与，才使得《新青年》成为中国新文化运动的"元典"。

（一）作者群的形成与演变

考察《新青年》作者群的发展演变，可以发现，《新青年》的作者群经历了四个阶段。

1.《青年杂志》：皖籍乡识

主要撰稿人绝大部分是皖籍作者，除了陈独秀外，高一涵、刘叔雅、汪叔潜、高语罕、潘赞化等均为皖籍同乡，陈遐年是他的侄子，易白沙和谢无量虽非皖籍，但他们与安徽也有着千丝万缕的联系，谢无量四岁即随其父迁居芜湖，易白沙则在陈独秀主办《俗话报》时期任教于芜湖皖江中学，均为陈独秀旧识。

《青年杂志》以皖籍为主的原因，一是得益于陈独秀参编《甲寅》时期积累的人脉资源，前一节论述陈独秀在《甲寅》杂志的地位时已有论述，此处不赘；二是通过地缘、人缘关系组建杂志的作者群也是此时杂志界的通行做法，《青年杂志》如此，《甲寅》也如此，当然这是就相对固定的作者群而言；三是办刊观念的基本一致，这一点至关重要，如果观念不合，断不能凑在一起创办一个杂志。以高一涵、易白沙为例，高一涵虽在《甲寅》发表了文章，但均刊在"通讯"、"评论之评论"等栏，其文从未成为《甲寅》推出的主打论说，易白沙的文章虽被作为主打论说推出过一次，但他的文章与《甲寅》的论政风格相差很大，章士钊、张东荪等人的论证资源主要为西方的政治思想资源，而易白沙的思想资源则主要为中国传统的儒、墨思想，而章、张二人均在《甲寅》发表了相当数量的论说，且全为杂志的主打论说。换句话说，高、易二人由《甲寅》的边缘身份一变成为《青年杂志》的核心作者，其重要原因在于办刊理念的相合。

2. 二卷三卷："当代名流"

第一卷六期出满后，停刊近半年时间，1916年9月第二卷第一期改名《新青年》继续出版。本期发表了两个通告：

通告一

本志自出版以来，颇蒙国人称许。第一卷六册已经完竣。自第二卷起，愈益加策励，勉副读者诸君属望，因更名为新青年。且得当代名流之助，如温宗尧、吴敬恒、张继、马君武、胡适、苏曼殊，诸君，允许关于青年文字，皆由本志发表。嗣后内容，当较前尤有精彩。此不独本志之私幸，亦读者诸君文字之缘也。

通告二

本志自第二卷第一号起，新辟"读者论坛"一栏，容纳社外文字。不问其"主张""体裁"是否与本志相合。但其所论确有研究之价值者。即皆一体登载。以便读者诸君自由发表意见。[①]

《通告一》含有两个内容：一是告知读者刊物改名为《新青年》；二是告知当代名流将在本刊发表"青年文字"，因此刊物内容"当较前尤为精

---

① 《通告》，《新青年》1916年第2卷第1期。

彩"。《通告二》告知读者，杂志将新辟"读者论坛"一栏，以"容纳社外文字"，希望读者诸君自由发表意见。借助名流可以提高杂志的知名度，"读者论坛"则可以发掘潜在的作者，这两则通告表现出陈独秀渴望扩大杂志的作者队伍。

值得注意的是，《通告一》中所开列的温宗尧、吴敬恒、张继、马君武、胡适、苏曼殊等"当代名流"及"关于青年文字"的表述。首先，从这份名单来看，陈独秀对"当代名流"的划分并没有绝对的标准，吴敬恒、马君武固是名流，蔡元培未尝不是名流，张继是名流，章士钊也应是名流，胡适是名流，李大钊、杨昌济、吴虞、李次山等人也应是名流，而其时刘半农、钱玄同等人也颇有名气，而上述诸人除了蔡元培、钱玄同之外，绝大多数此时尚与北大无涉。其次，"关于青年文字"的表述，意味着并不是"当代名流"的所有文字都能在《新青年》刊发，只有符合刊物宗旨的文字才能发表，这表明主撰陈独秀在扩大作者群方面的努力和坚持。因此，第二、第三卷《新青年》的作者群实是以"当代名流"为主。

3. 四卷至七卷：北京同人（北大同人）

《新青年》第四卷—第七卷，为同人杂志。其中第四卷第三期发布了《本志编辑部启事》：

本志编辑部启事

> 本志自第四卷一号起，投稿章程，业已取消。所有撰译，悉由编辑部同人，共同担任，不另购稿。其前此寄稿尚未录载者，可否惠赠本志，尚希投稿诸君，赐函声明，恕不一一奉询。此后有以大作见赐者。概不酬赀。录载与否，原稿恕不奉还。谨布。①

此外，第六卷第一期正文前还刊登了《本志第六卷分期编辑表》，"第一期 陈独秀；第二期 钱玄同；第三期 高一涵；第四期 胡适；第五期 李大钊；第六期 沈尹默"，这是分期编辑表首见于该刊。

尽管没有直接证据表明第四卷、第五卷是否实行轮流编辑，但根据鲁

---

① 《本志编辑部启事》，《新青年》1918年第4卷第3期。

迅的回忆，第四卷与第五卷应该实行了编前会议，"《新青年》每出一期，就开一次编辑会，商定下一期的稿件"[①]，而上述《本志编辑部启事》也足以表明杂志的同人刊物性质。第六卷《分期编辑表》中的六位轮流编辑此时也确属北大教员，因此，将其看作北京大学的同人杂志也是可以的。既然是同人杂志，那么杂志同人，尤其是北大同人当仁不让地构成了杂志的核心作者群。

值得注意的是，同人杂志时期的北京同人，尤其是北大同人这一作者群的形成，与前一时期的"当代名流"密切相关，甚至可以说，前一时期的"当代名流"直接构成了北京同人杂志时期作者群的基础。首先，陈独秀在进入北大之前已有"百家平等，不尚一尊"的办刊主张，这虽与蔡元培"思想自由，兼容并包"的办学思想相似，但这并不意味着陈独秀的办刊主张源于蔡元培的办学思想。只要符合刊物的宗旨，各种学说均有讨论提倡的价值，这既是陈独秀的主张，也是吸引众多知识精英积极参与《新青年》的原因，而精英与名流之间也没有绝对的划分标准。其次，同人杂志时期的北大同人中有相当部分之所以能进北大，陈独秀是起了重要作用的，以第六卷的五位编辑为例，除了钱玄同、沈尹默两人，胡适、高一涵、李大钊进入北大均在陈独秀就任北大文科长之后，他们三人能够进入北大，陈独秀发挥了重要的作用。此外，吴虞、刘半农、周作人、周树人也是由陈独秀的延聘进入北大授课。最后，应该看到，北大引以为豪的"思想自由、兼容并包"，固然可以通过辜鸿铭、黄侃、刘师培等人得以表现，但如果没有上述《新青年》名流的加盟，北大精神也是站不住脚的，更何况陈独秀、胡适等人在北大精神的塑造中"着实"出了一把力。总之，同人杂志时期是《新青年》的辉煌期，这固然要得益于北大同人的加盟，也得益于北大高等学府的地位，但不可否认的是陈独秀及其《新青年》，以及第二卷、第三卷时期众多《新青年》"名流"对北大精神的贡献。

4. 八卷九卷：共产主义服膺者

如前所述，作为《新青年》的主编及灵魂人物，陈独秀的革命转向

---

① 鲁迅：《忆刘半农君》，《鲁迅全集》第6卷，人民文学出版社1981年版，第71页。

第三章 成就"元典":"五四"前后的报刊实践

必然导致《新青年》的"颜色过于鲜明",原来第四卷至第七卷的北大同人开始分裂,尽管没有作公开声明,但陈独秀、陈望道与胡适等关于"颜色浓淡"的来往信件,已经预示了北大同人逐步趋于分裂,这也见于北大同人发表于《新青年》的文章。这一时期,北大同人为了不至于公开的分裂,仍为《新青年》撰稿,但除了李大钊、张崧年等人的文章带有"颜色"之外,其余多为诗歌、文艺、国语、教育问题,而且文章数量大为减少[①],钱玄同则一字未发。从这一点看北大同人确是"仍以趋重哲学文学为是"。

然而,这种对"哲学文学为是"的"趋重"并不符合转向革命之后《新青年》宣传共产主义的要求,因此无论陈望道如何"抹淡颜色","颜色"仍然是存在的,而且愈趋鲜明。既然原有的作者群已呈分裂状态,不能满足办刊要求,陈独秀必然另建一个作者群,于是倾向马克思主义、社会主义的知识分子迅速填补了这一真空。这既是宣传的需要,也是发起组织的需要,而这个作者群中的绝大多数人也先后加入中国共产党,成为中共早期的一批党员。李大钊、张崧年、沈玄庐、陈望道、袁震英、李达、李汉俊、周佛海、施存统、沈雁冰、李季、陈公博、高一涵、杨明斋等先后都加入了中国共产党,其中,李汉俊、周佛海、李达、陈公博为中共一大代表。

这种情况表明,以《新青年》为中心,聚集了最早一批服膺共产主义(社会主义)的知识分子,他们通过译介马克思学说及苏俄国家情况,逐步接受了共产主义,并组建、加入中国共产党,这也反映了《新青年》兼具的发起、组织作用。

总体上看,《新青年》的作者群经历了由皖籍乡识到"当代名流"再到北京同人终至共产主义服膺者的发展演变。这种演变既缘于陈独秀"经营"《新青年》的需要,也反映出陈独秀由启蒙转向革命的思想发展

[①] 北京同人除陈独秀(9篇)、张崧年(7篇)、高一涵(3篇)以及周氏兄弟(周建人也发了3篇文章,鲁迅、周作人数量均在5篇以上)外,其他人的发稿量大为下降,蔡元培(1篇)、胡适(2篇)、陶履恭(2篇)、王星拱(2篇)、朱希祖(1篇)、张慰慈(2篇)、李大钊(2篇)。相比之下,李汉俊(5篇)、震瀛(袁震英)(22篇)、周佛海(6篇)、李达(8篇)、沈雁冰(8篇)、李季(3篇)、陈公博(4篇)、施存统(3篇)、沈玄庐(5篇)、陈望道(2篇)、杨明斋(2篇)、戴季陶(4篇)。

轨迹。

(二) 前七卷作者群的特点[①]

《新青年》第一卷至第七卷的作者群虽然处于变动状态，但无论怎么变化，构成作者群的作者多为近代新型知识分子，这就决定了他们身上具有一些相同的特点。此处选取的作者共有22人，分别为：陈独秀、李大钊、胡适、张申府、钱玄同、顾孟余、陶履恭、陈大齐、沈尹默、张蔚慈、王星拱、朱希祖、周作人、高一涵、鲁迅、刘半农、蔡元培、吴虞、易白沙、刘叔雅、吴稚晖、高语罕。选择这些作者的标准有三个：一是根据陈独秀写给胡适、李大钊等北京同人商量《新青年》出版发行事宜及约稿的书信，从中可以看出主编陈独秀对这部分人的倚重，根据《致李大钊、胡适等》、《致李大钊、钱玄同等》[②]等书信确定李大钊、胡适、张申府、钱玄同、顾孟余、陶履恭、陈大齐、沈尹默、张蔚慈、王星拱、朱希祖、周作人、高一涵、鲁迅等14人。二是刘半农虽于1920年出国留学，但因其在此前《新青年》中扮演了重要角色，所以应该加上刘半农。三是除去上述15人以及主编陈独秀外，根据作者在《新青年》所发文章的数量，选取文章数量排在前六位的作者，这里的文章不包括译作，也不包括诗作，也不包括"读者论坛"、"通信"两栏刊登的来稿、来信[③]，而是指体现刊物宗旨的文章，尤其是作为杂志推出的主打文章，因此加上蔡元培、吴虞、易白沙、刘叔雅、吴稚晖、高语罕6人[④]。

[①] 此处只对前七卷作者群的特点进行研究，原因在于：同人杂志时期是《新青年》的辉煌期，前三卷对同人杂志的形成是重要的，北京同人的分裂也是学界关注热点。此外八、九两卷的作者群特点已经在上部分作了交代。

[②] 这两封书信均见于《〈胡适来往书信选〉上》。

[③] 这样做的原因在于：其一，"读者论坛"本是容纳社外文字而作，"通信"栏的设置目的更为广泛，除了问学，还可以进行学理商榷，虽然同人杂志时期已成为同人"自己的园地"，但这两个栏目原本是针对社外文字而设，不论观点是否符合刊物的宗旨；其二，这两个栏目的设置还兼具发现作者的目的，亦即提供了读者到作者身份转变的可能性，但真正转型成功，且发表文字较多的为傅斯年、常乃德两人，前者在"读者论坛"发了两篇文字后，成功转为"作者"，发表了3篇关于中国学术思想以及戏剧改革问题的文章，后者的文字则涉及孔教问题，且主要刊登于"通信"，这两个人的意义更在于转型，因此本书不将二人放在此处考察，而将在后文读者研究中予以考察。

[④] 上述六人高语罕文章最少，共4篇，分别为《青年与国家之前途》(第一卷第五期)、《青年之敌》(第一卷第六期)、《青岛茹痛记》(署名"淮阴钓叟"，第二卷第三、四、五期连载)、《芜湖劳动状况》(第七卷第六期)，这几篇文章尤其是前三篇都是《新青年》重点推出的文字。

— 120 —

第三章 成就"元典":"五四"前后的报刊实践

《新青年》前七卷作者群部分作者情况一览表

序号	姓名	出生年	留学时间、国家、专业	备注
1	陈独秀	1879	清末先后三次留学日本,专业不详	1917年1月入北大
2	李大钊	1889	1913,日本早稻田大学,政治本科	1918年1月入北大
3	胡适	1891	1910,美国康奈尔大学、哥伦比亚大学,农科、哲学	1917年入北大
4	钱玄同	1887	1906,日本早稻田大学,师范专业	1913年入北大
5	顾孟余	1888	1906,德国莱比锡大学、柏林大学,电学、政治经济学	1917年入北大
6	陶履恭	1887	1906,东京高等师范学校,历史、地理;1910,英国伦敦大学,社会学、经济学,获经济学博士学位。	1913年入北大
7	陈大齐	1886	1903,日本东京帝国大学,心理学,学士学位	1914年入北大
8	沈尹默	1883	1905,日本京都大学,	1913年入北大
9	高一涵	1885	1912,日本明治大学,政法	1918年入北大,秀才
10	鲁迅	1881	1902,日本弘文学院,仙台医科,医学、文学	1920年入北大兼课
11	周作人	1885	1902年前后,日本东京立教大学,希腊文	1917年入北大
12	朱希祖	1879	1905,东京早稻田大学,史学	1913年入北大,秀才
13	王星拱	1887	1909年前后,英国伦敦大学帝国科学技术学院,硕士	1917年入北大
14	张蔚慈	1890	1912,美国埃瓦尔大学,哲学博士	1917年入北大
15	张申府	1893	此时没有留学经历	1917年北大留校任助教,截至7卷,共发5篇文章。新潮社社员
16	刘半农	1891	此时没有留学经历,中学肄业	1917年入北大
17	蔡元培	1868	1907,德国莱比锡大学,研修心理学、美学、哲学诸学科,1913年赴法从事学术研究	1916年年底任北大校长,晚清进士
18	吴虞	1872	1905,日本法政大学	1920年入北大
19	易白沙	1886	1913,游学日本	1917—1918年曾任天津南开大学、上海复旦大学教授
20	刘叔雅	1889	1909,留学日本	1917年入北大
21	吴稚晖	1865	1901,留学日本,1906年游学法国	1919年发起创办中法大学,晚清举人
22	高语罕	1887	1912年,日本早稻田大学	中学教师,共发四篇文章,1904年考中秀才

1. 知识背景：传统与新式教育参半，新旧学问兼备

由上表可以看出他们的知识背景具有新旧教育参半，新旧学问兼备的特点。他们虽然年龄有差，家庭背景也各不相同，但总体说来，大都有"书香门第"的家庭背景，幼年、少年时期都接受过较为系统的儒家经典教育，以科考为直接目标，有的还进入过科场，甚至取得过功名。比如蔡元培考中进士，吴稚晖中过举人，陈独秀、朱希祖则中过秀才，甚至1887年出生的高语罕于1904年也考中了秀才，周氏兄弟尽管没有功名，但也进过科场。与此同时，受清末兴办新学的影响，他们也都进入过各种新式学堂，接受了初步的新式教育，有的人甚至接受过专业教育，如鲁迅入读南京路矿学堂，周作人入读南京水师学堂，胡适、刘半农等稍晚出生的人在接受私塾的启蒙教育后，直接进入了新式中学堂。此后，由于留学热潮的兴起，他们纷纷选择出国留学，或去日本或去欧美，早期以留学日本为主，如上表陈独秀、吴稚晖、吴虞、周氏兄弟、朱希祖等人，稍后以欧美为主，如胡适、张蔚慈，甚至蔡元培也选择入读德国莱比锡大学，留日学生主要选择法政专业，留学欧美的学生选择的专业更为细化，哲学、文学、自然科学成为留学生研究的重点。需要指出的是，这批留学生，尤其是留学欧美的留学生，都接受过较为系统的现代西方的学术训练，这为他们归国后进入大学教学、从事学术研究打下了基础。

这种教育背景，让他们集中外思想于一身，体现出现代与传统的双重特征。少时接受的儒家经典让其骨子里接受了"修身齐家治国平天下"的儒家理论，西学知识及其所受的现代学术训练不仅让其开阔了视野，也让其拥有了批判的武器。应该看到，虽然这批留学生选择留学的目的各不相同，但总体上仍是抱了通过学习西方先进科学文化知识以疗救日益凋敝的祖国的目的，而由法政转向文学、哲学、经济学以及教育科学，也表明这批人对西方文化的接受兴趣更偏重于文化层面。此外，他们留学海外的时间，也正是西方国家（包括日本）第一次世界大战前的"极度"繁荣时期，西方知识界此时尚没有认识到"武器的批判"的重要性。因此，他们对西方文化的接受态度，以及回到国内观察到的政治乱象，都让他们很容易认同陈独秀及《新青年》"介绍西方学说"，"改革青年思想"，进而"改造社会"的办刊宗旨。于是，这批人以《新青年》为中心，聚集在一起，

对中国文化进行批判与反思就势所必然了。

2. 职业身份：教授（学者）与报人的双重身份

由上表也可以发现，上述作者参与《新青年》的过程中，其身份基本上都是教师，除了高语罕任职于中学外，其他人均先后成为大学教师，其中除了吴稚晖于法国里昂创办并任教于中法大学、易白沙任教于南开、复旦之外，其余的人均先后进入北大任教，在就职于北大的作者中，除了钱玄同、陶履恭、陈大齐、沈尹默、朱希祖五人于蔡元培就任北大校长之前即已任职北大，张申府作为北大学生毕业留校任教外，其余诸人均在蔡元培、陈独秀任职北大后进入北大任教或代课。

另一方面，他们之中的绝大多数人在与《新青年》发生联系、进入北大之前，都有丰富的办报经验，甚至一些人早在清末即已投身报刊实践，参与了国人第二次办报高潮。如蔡元培办《警钟日报》（1903年），吴稚晖主笔《苏报》（1903年）、办《新世界》（1906年），胡适编《竞业旬报》（1906年），钱玄同办《教育今语杂志》（1910年），吴虞主笔《蜀报》、《醒群报》（1907年前后），周氏兄弟留日期间即为《河南》、《浙江潮》、《女子世界》等撰稿并积极筹备《新生》杂志。另一些人则在民初投身报刊实践活动，如高一涵与李大钊留日期间即为《甲寅》撰稿，回国后两人又一起办《晨报》（1916年），刘叔雅曾主笔《民立报》（1912年），易白沙在加盟《新青年》之前，也曾与陈独秀一起编辑过《甲寅》，刘半农1912年即在上海《时事新报》和中华书局担任编辑工作，并在《小说月报》、《时事新报》、《中华小说界》和《礼拜六》等报刊上发表译作和小说。即使没有亲身参与办报的作者，其在戊戌变法后兴起的中国知识界大量介入报刊事业的时代潮流中，也是无法置身其外的，其报刊实践活动主要以积极的阅读者的姿态而存在。他们丰富的报刊实践活动经验造就了《新青年》的辉煌。因此，陈平原关于"《新青年》的作者群与《清议报》、《新民丛报》、《甲寅》等清末民初著名刊物有着千丝万缕的联系"，"陈独秀等人所开创的事业，并不是建基于一张可画最新最美图画的白纸，而是在已经纵横交错的草图上删繁就简、添光加彩"[1]的体认，有其合理性的一面。

---

[1] 陈平原：《触摸历史与进入五四》，北京大学出版社2005年版，第53页。

然而，草图固已存在，但为何却由陈独秀领衔北大群伦完成这一华彩篇章呢？原因固然有很多，但北大同人的教授（学者）与报人的双重身份无疑是其中最重要的原因之一。已有的报人经验可以为其办报提供很好的经验，第四卷、第五卷的编前集议制度，第六卷的轮编制，都是建立在这一基础上。更为重要的是，《新青年》以"介绍西方学说"，"改革青年思想"，进而"改造社会"为宗旨，其中以西方学理的输入为基础，而学理的输入既要求系统化，也要求百家争鸣，更要求提出自己的学理问题，这就需要不同学科背景学者的参与。这不仅有利于刊物内容的分工，也有利于深入、系统地输入学理；而对学理的追求，既有利于提出自己的问题并做出尝试解决的努力，也有利于增强文章的思辨性和战斗力。以这个视角考察《清议报》、《新民丛报》、《甲寅》等著名刊物，其对西方学理的输入在深度和广度上都不及《新青年》，《新青年》的成功确实是独一无二的。

3. 思想倾向：革命与启蒙的矛盾结合

从上表可以看出，他们中有相当一部分人是辛亥革命的老将，如蔡元培、吴稚晖、陈独秀、易白沙等人；其他如钱玄同1907年于日本加入同盟会；顾孟余于1906年留德第一学期加入同盟会；王星拱于1910年留英期间加入同盟会欧洲支部；朱希祖留日期间，经常去同盟会总部聆听孙中山三民主义的演讲，于是萌生"用明季历史，阐扬民族大义"的想法，1909年学成回国，担任嘉兴第二中学教员时期，大力宣扬革命学说；鲁迅留日期间，尤其是1905—1907年期间，也积极参加革命党人的活动，这也见于鲁迅本人的文字；刘叔雅则早在赴日留学之前的1907年即加入同盟会，1912年回国后，在上海担任《民立报》编辑，宣传民主革命思想，1914年加入中华革命党，并任孙中山秘书；高语罕辛亥革命前，即是反清志士，他参加同盟会的外围组织维新会，亲历熊成基发动的马炮营起义，与韩衍创办安徽《通俗报》，并冒死为韩衍收尸[①]。上述11人参与辛亥革命的事迹均有案可考，这个人数已经占了所列作者名单的一半。

其余11人，虽没有有案可考的革命事迹，但是作为时代的知识精英

---

① 王军：《高语罕传》，中共党史出版社2011年版，第26—32页。

第三章 成就"元典":"五四"前后的报刊实践

和历史的见证人,在清末民初社会剧烈变迁的历史大潮中,他们是无法置身事外的。相较于暴力革命,他们似乎更愿意采取较为温和的方式改造社会,此时的胡适、李大钊、高一涵、张蔚慈等人多少倾向于此。胡适出国前主编的《竞业旬报》以及参与《新青年》时期的"不谈政治",李大钊、高一涵参与《甲寅》月刊、《晨钟报》(后改为《晨报》)以及《甲寅日报》,虽谈论政治,但却容易妥协,离旗帜鲜明多少显得有些距离[①]。需要指出的是,上述结论是建立在激烈的暴力革命和较为温和的政治改良的两分基础上所作的分析。这种分析虽然较为简单,但可以分辨出作者群在创办、参与《新青年》之前的政治态度,进而指出这种态度对刊物的影响。在此意义上,可以发现《新青年》的革命与启蒙的矛盾色彩,确实与前七卷作者群的革命与启蒙双重角色密切相关。

通常意义上,革命与改良相互联系,启蒙与理性相互联系,而革命与启蒙,则是一对相互矛盾的话语,但是,《新青年》却体现出了如此矛盾的色彩。具体说来,《新青年》采用了革命家的"思维方式"推进文化启蒙事业。通常认为,文化启蒙需要"理性"的"思维方式",即使是批判,也必须是理性的批判。革命家的思维方式,是指陈独秀、钱玄同、鲁迅等人采取的语不惊人死不休,故意将问题推到极端,对其认定的主张必不容他人"匡正",从而实现惊醒公众的话语策略。这种思维方式虽似"极端",但并不缺少理性色彩,因为其在"警醒公众的同时,也保留种种回旋的余地"[②]。应该说,这种革命的思维方式,既源自于陈独秀、鲁迅等人对国民性的认知,即"中国人的性情是总喜欢调和,折中的……没有更激烈的主张,他们总连平和的改革也不肯行"[③];也源自于陈独秀、鲁迅等人早期的革命经历,正如胡适后来所说,"这样武断的态度,真是一个老革命党的口气。我们一年多的文学讨论的结果,得着了这样一个坚强的

[①] 如前所述,《甲寅》月刊倡导调和有容,讨论议会政治,本身已暗含着承认袁世凯政府的前提,这种想法无异于与虎谋皮。回国后,李大钊约高一涵同编《晨钟报》(后改为《晨报》),虽然与汤化龙合不拢,但仍然坚持了2个月左右。1917年他又与高一涵参编《甲寅日报》,虽然李大钊不顾情面,只顾真理,但又"彼此谈妥:不谈内政,只写国外新闻"(见于高一涵《回忆五四时期的李大钊》,《人民日报》1957年5月29日),这种态度与陈独秀的态度鲜明还是有一些区别的。

[②] 陈平原:《触摸历史与进入五四》,北京大学出版社2005年版,第101页。

[③] 鲁迅:《无声的中国》,《鲁迅全集》第4卷,人民文学出版社1981年版,第13—14页。

革命家做宣传者,做推行者,不久就成为一个有力的大运动了"[1]。可见,前七卷作者群革命与启蒙的双重角色对造就《新青年》的辉煌也是大有帮助的。

(三)北京同人的"分裂"

北京同人的"分裂",意味着中国第一批新型知识分子选择了不同的道路,这次"分裂"在中国思想史、中国革命史以及中国知识分子的发展史上具有重要的意义。

1. 陈独秀的革命转向导致《新青年》"颜色过于鲜明"

如前所述,陈独秀在1920年5月至8月间,较为系统地学习了马克思主义的有关理论,并且接受了马克思主义,成为一名共产主义者。作为《新青年》的"灵魂",陈独秀的革命转向必然对《新青年》产生重大的影响。在陈独秀与李大钊、张申府等人商定党名为"中国共产党"(大约在9月)后,随即决定以《新青年》作为党的公开机关刊物[2],于是杂志不可避免地呈现出"鲜明的颜色",不仅陈独秀公开大谈政治,倡导"通过阶级斗争建立劳农专政",还设置"俄罗斯研究"专栏,介绍劳农俄国的社会现实,"罗素专号"对罗素哲学的介绍也是从社会主义的视角出发的,对文化的批判也转变为对资本主义、金钱阶级的批判。陈独秀的革命转向以及由此导致的《新青年》的内容偏向,已经预示了北京同人的分裂。

2. 北京同人对"以哲学文学为是"的坚持也必然导致分裂

目前学界在探讨分裂的起点时,通常认为"问题与主义之争"已经表明裂痕的存在。任建树认为,"问题与主义之争"已经表明"《新青年》编辑部发生了裂痕",且是"一个无法弥合的裂痕"。他还认为,第七卷第一期篇首陈独秀撰写的《本志宣言》,目的是为了弥合裂痕,求得社员思想的一致,但紧随其后刊登的胡适《新思潮的意义》却提出"研究问题、输入学理,整理国故,再造文明",这表明"两位(陈独秀、胡适)曾经并肩战斗的盟友,现在思想深处默默地发生了裂痕"[3]。他还认为,第六期编稿完成后,陈独秀于4月26日给胡适、李大钊、钱玄同等12位北京同

---

[1] 胡适:《逼上梁山》,《胡适文集》第一卷,北京大学出版社1998年版,第163页。
[2] 唐宝林、林茂生:《陈独秀年谱》,上海人民出版社1988年版,第120页。
[3] 任建树:《陈独秀大传》,上海人民出版社2004年版,第241—242页。

第三章 成就"元典":"五四"前后的报刊实践

人商量《新青年》续出及编辑人问题的信件,表明了分歧的存在。陈独秀只是念及往日的盟友,故而征求北京同人的意见①。

应该说,任建树的观点虽有一定的合理性,但多少具有"政治正确"的意味。本书认为,在当时的历史语境下,"问题与主义之争"既属于正常的学理争辩,也符合《新青年》"以改革青年思想,辅导青年修养"的"天职","介绍西方学说,改造社会"的"宗旨"。陈独秀的宣言固然可以看作是为了弥合裂缝,但未尝不可以看作主编再次重申刊物"百家平等,不尚一尊"的精神。况且整个第七卷时期仍为同人杂志,即使稍具"色彩"的"五一劳工专号"离马列的建党学说也存在相当的"距离",更何况关注劳工是其时的一种"潮流"。4月26日的信件,也不能简单地看作"念及往日的盟友",所以"自然要征求北京同人的意见",《新青年》之所以成为"金字招牌",北京同人是有很大贡献的。虽然同人杂志言"义"不言"利",对于其时待遇优厚的北大教授而言,那点稿费也确实不起眼,但不言"利"并不代表现实中"利"的不存在,按照最初议定的每期200元的编辑费,即使有所开销,同人杂志时期积累的编辑费也是比较可观的,况且陈独秀只要有继续发行《新青年》的愿望,也必须借重北京同人的支持,这从稍后5月间陈独秀与胡适、李大钊等北京同人书信中可以看出来,"我因为以上种种原因,非自己发起一个书局不可,章程我已拟好付印,印好即寄上,请兄等协力助其成"。"群益对于《新青年》的态度,我们自己不能办,他便冷淡倨傲令人难堪;我们认真自己要办,他又不肯放手,究竟应如何处置,请速速告我以方针。""《新青年》八卷一号,到下月一号非出版不可,请告适之、洛声二兄,速将存款及文稿寄来。兴文社已收到的股款只有一千元,招股的事,请你特别出点力才好。适之兄曾极力反对招外股,而今《新青年》编辑同人无一文寄来,可见我招股的办法,未曾想错。文稿除孟和夫人一篇外,都不曾寄来。长久如此,《新青年》便要无形取消了,奈何!"② 由上可知,无论是从办刊的经费还是办刊的稿件,陈独秀对北京同人都极为

---

① 任建树:《陈独秀大传》,上海人民出版社2004年版,第243—244页。
② 以上书信均见于欧阳哲生《新发现的一组关于〈新青年〉的同人来往书信》,《北京大学学报》(哲学社会科学版)2009年第4期。

倚重。因此，上述 4 月 26 日陈独秀给胡适、李大钊等人的信应该是主编向同人告知报刊发行情况，虽可以看作征询意见，但绝不是"念及往日的盟友"。事实上，直至年底 12 月 10 日前后，陈独秀的心情都很好，丝毫没有"分裂"的迹象，这可以从致李大钊、钱玄同、胡适等 9 位北京同人的书信中看出，他说"日内即赴广州，此间编辑事务已请陈望道先生办理，另外加入编辑部者，为沈雁冰、李达、李汉俊三人"，"弟（陈独秀）在此月用编辑部薪水百元，到粤后如有收入，此款即归望道先生用，因为编辑事很多，望道境遇又不佳，不支薪水似乎不好"，"甚盼一涵、孟和、玄同诸兄能有文章寄来（因为你们三位久无文章来了）"[①]。这几封信如此前写给北京同人的信一样，主要履行告知功能，对编辑部薪水的解释也表明陈独秀对北京同人的尊重，对高一涵、陶孟和、钱玄同文章的期盼，则表明他对北京同人的倚重。

真正标志同人产生分歧的信件，是 1920 年年底至 1921 年年初同人间的一组两个回合的书信。第一个回合，即 1920 年 12 月 16 日，陈独秀致胡适、高一涵的信，胡适给陈独秀的回信[②]。第二个回合，是 1921 年 1 月 9 日，陈独秀致胡适等 9 位北京同人的信，以及北京同人间针对陈独秀的来信相互间写的几封信[③]。

第一个回合以 12 月 16 日，陈独秀致胡适、高一涵的信起，信中提到"《新青年》色彩过于鲜明，弟近亦不以为然，陈望道君亦主张稍改内容，以后仍以趋重哲学文学为是；但如此办法，京中同人来文太少，也是一个重大的原因，请二兄切实向京中同人催寄文章。"根据上述内容，可知应是陈独秀在上封信发出几天后接到了北京同人（因为此封信只寄给胡适与高一涵，所以极有可能是胡适、高一涵所写，胡适的可能性最大——笔者注）论及杂志"色彩过于鲜明"，希望"仍以哲学文学为是"的来信。陈独秀的回信，既委婉地接受了批评，同时也指出同人来文太少实是一个重

[①] 该封信见于《胡适来往书信选》上，根据文章内容考察，该信应写于 1920 年 12 月上半月。
[②] 任建树主编：《陈独秀著作选编 1919—1922》第二卷中，第 318—321 页，列出了上述三封书信，北京 7 位同人的态度附于胡适给 7 位同人书信之后。
[③] 即李大钊致胡适、陶孟和致胡适、钱玄同致胡适（1921 年 2 月 1 日）、周作人致李大钊（1921 年 2 月 25 日）、周作人致李大钊（1921 年 2 月 27 日）等信。这几封信也见于欧阳哲生，《新发现的一组关于〈新青年〉的同人来往书信》。

大原因。然而，胡适接信后，虽认为陈独秀的态度可以接受，"但此是已成之事实，今虽有意抹淡，似亦非易事。北京同人抹淡的功夫决赶不上上海同人染浓的手段之神速"，并提出了为人熟知的"三个办法"。值得注意的是，陈独秀的信是写给胡适、高一涵的，胡适接信后，召开了一个"扩大会议"，他提出了"三个办法"并经过了高一涵、张蔚慈、陶孟和、李大钊、钱玄同、王星拱等人的传阅。

第二个回合以1921年1月9日，陈独秀致胡适等9位北京同人的信始，陈独秀在信中，依次答复了胡适的"三个办法"，首先不赞同第三条"停刊"的办法，也不赞成第二条"不谈政治"的办法，赞同第一条"另办一个哲学文学"杂志的办法，但他认为"此事于《新青年》无关，更不必商之于弟"，他也提请同人注意，"若以为别办一杂志便无力再为《新青年》做文章，此层亦请诸君自决"，他希望同人中"仍有几位能继续为《新青年》做点文章，因为反对弟个人，便牵连到《新青年》杂志，似乎不大好"。这封信鲜明地表明了陈独秀的主张。此信应是由李大钊首先接信，并且传观诸人，胡适隔了几日后才看到，为了防止误会的"扩大化"，胡适写信给李大钊、鲁迅等8位北京同人，既对他所提的三个办法进一步解释，又对陈独秀来信提及的"另办杂志"进行"评析"，在此基础上，他又提出一个新的办法，即"移回北京编辑"，如同上封信一样，信尾附上了8位北京同人的表决意见，各人的表决意见是胡适根据李大钊致胡适、陶孟和致胡适、钱玄同致胡适（1921年2月1日）、周作人致李大钊（1921年2月25日）、周作人致李大钊（1921年2月27日）等信归纳而成。

此后再也没有陈、胡二人关于这一话题的信件，争论的结果似乎是妥协的。北京同人出于种种考虑，没有放弃这一"金字招牌"，陈独秀、陈望道出于组稿的目的也需要北京同人的稿件，也试图"抹淡颜色"，"仍以哲学文学为是"。其实，陈独秀、胡适的争论并不是在争夺《新青年》这一"金字招牌"，其争论的焦点实在《新青年》的宗旨，是仍以"哲学文学为是"还是作为"色彩过于鲜明"的宣传刊物。《青年杂志》创刊之初，确立的"以改革青年思想，辅导青年修养"的"天职"，"介绍西方学说，改造社会"的"宗旨"，"以涉时政，非本志范围之所许"的"方针"，以及"百家平等，不尚一尊"的精神，来源于陈独秀对其时中国社会现实的深刻观察，北京同人也对这个宗旨深以为是，这是杂志同人能够合作共事的基础。当刊物宗旨改变后，同人的分裂就不可避免了。尽管"分裂"对于杂志本身来说，必然带来很大的损失，但"分裂"本身是符合《新青年》成立之初的精神的，也意味着五四导师们（自由主义知识分子）对不同道路的选择。不管其选择了何种道路，其本身蕴含的价值追求仍然是值得后人学习借鉴的。

四 《新青年》的"阅读"与"五四青年"的"分化"

《新青年》的受众研究是《新青年》研究中的难点，既牵涉《新青年》的效果研究，也关涉《新青年》的阅读研究。在一定意义上，上述三方面又是同一个问题，因为传播效果的取得必须通过受众的阅读活动才能实现。就阅读方式来说，存在泛读、精读、批判性阅读等阅读方式；就传播效果来看，也存在认知、态度和行动三个层面；就受众定位来说，也存在目标与非目标受众之分；就地域定位来说，则存在中心区域与边缘区域之分。这必然给《新青年》的受众研究带来困难。此处，只讨论如下三个问题：一是《新青年》受众的中心与边缘问题；二是《新青年》的阅读效果问题；三是"五四青年"的"分化"问题。

（一）受众的"中心"与"边缘"

章清指出，"中心"与"边缘"的区分，亦可帮助后人更好认知新文化运动的"影响"机制——"中心"在向"边缘"渗透，"边缘"也发生着向"中心"的认同。应该说，以"中心"与"边缘"来分析五四青年对《新青年》的阅读，是颇有见地的视角。事实上，《新青年》在受众定位、地域定位方面确实表现出很强的"中心"与"边缘"的特征。

1. 受众定位："青年"与"师辈"、"老辈"等读者的区分

就刊物受众定位来看，杂志成立之初，即以"青年"为预期读者群，希望青年成为真正的"新青年"。尽管"青年"一词很难以明确的年龄时限予以界定，杂志本身对"青年"的定义也不是以年龄作为区分的标准，而是以生理、心理作为判别的标准，但是任何对"青年"的定义都绕不开年龄。因此，结合刊物的实际影响，对刊物的预期读者"青年"稍稍细

化，那么，刊物的预期读者应为五四时代以青年学生阶层为主的知识青年[①]。其中，五四时代表明了当下性，知识青年表明了可启发性，而青年学生阶层不仅是五四运动的主流，也是《新青年》阅读的主流。

这个观点已经成为不证自明的常识，各种形式对"五四"的纪念，以及不同人物对"五四"的"回忆"，虽含有意识形态的因素，但均承认五四运动与青年学生及《新青年》之间的密切联系[②]。事实上，关于《新青年》的阅读研究，也总是以青年读者为主要研究对象，比如邓金明的博士论文即以蒋介石阅读《新青年》的案例展开绪论，将其视作一个"迟到的'新青年'"，其后许德珩、杨振声、毛泽东、叶圣陶、恽代英、钱穆、冯友兰、茅盾、傅斯年、罗家伦、张国焘、施存统、老舍、苏雪林、罗常培、俞平伯、冰心、夏衍、曹聚仁、郑超麟、川岛、谭正璧、沈从文、汪静之、阳翰笙、聂绀弩、巴金、丁玲、沙汀、艾芜、李霁野、冯至、徐懋庸、金克木等人陆续出场，由此构成了五四青年阅读《新青年》的论述。章清发掘的金毓黻、恽代英、陈昌标、舒新城四个阅读案例，虽地处边缘，但都是青年读者。尽管他们并不是在阅读《新青年》中成长起来的那一代青年人的全部，但是通过他们对《新青年》的阅读，却可以窥见那个时代青年阅读生活的一斑，尤其是具有历史意义的一斑，而这种历史意义，事实上与阅读《新青年》是紧密相关的。

当然，《新青年》的这个预期读者群，只能表明其核心读者（或主流阅读人群）为五四时代以青年学生阶层为主的知识青年，并不能排除其他读者群体的存在。事实上，无论从杂志的媒介特性，还是杂志的思想文化刊物的内容定位，都需要其他阅读群体的"存在"和"参与"。就媒介特性而言，大众传媒的媒介特性之一是传播的非定向性，它对所有潜在的受众都是开放的。《新青年》作为大众传媒之一的报刊媒介，其传播必然体

[①] 邓金明在其博士论文中较为详细地探讨了"五四青年"的定义，提供了一系列数据证明其时中国社会已经形成了一个数量颇为可观的青年学生阶层。

[②] 舒衡哲认为，1919年事件的参加者、观察者和批评者都学会了相当有选择地使用他们的记忆。曹聚仁在回忆中也坦诚，"我之回忆五四运动，已在五十年后，用今天的角度，来看那座纪念碑，观感自有不同"。章清认为，"五四"的历史是由"记忆"与"遗忘"建构的。因为《新青年》与"五四关系"的密切关系，所以，尽管上述观点均是指向五四运动，但实际上均包含了对《新青年》的回忆。任何关于五四的"回忆"与"建构"，《新青年》均是其主要的内容。

现大众传播的非定向性特征。这就决定了除了预期读者群"青年"之外，必然还有其他的阅读人群。事实上，如蔡元培、鲁迅、胡适、李大钊等"师辈"，林琴南、杜亚泉、陈恨我等"老辈"，以及孙中山、蒋介石、戴季陶等政治人物都是《新青年》的读者。就杂志的思想文化刊物的内容定位来看，不仅需要蔡元培、鲁迅、胡适、李大钊等"师辈"的积极参与，也需要林琴南、杜亚泉等"老辈"的"别样"参与，还需要留日留美留欧的海外留学生的积极参与。这既源于"师辈"、"老辈"对"青年"的争夺，鲁迅"救救孩子"的呼声固然是对"青年"的重视，林琴南、杜亚泉的卫道姿态未尝不是出于拯救"世道人心"的考虑；也源于输入西方学说，多面向推进杂志论域的需要，无论是"师辈"与"老辈"的论战，还是杂志同人之间的相互辩驳，抑或是海外留学生的积极参与，目的均是为了将杂志的论域向纵深推进。然而，"师辈"、"老辈"、海外留学生的"参与"，以及其他非目标人群的阅读，都改变不了"青年"这一目标受众的地位，甚至于"师辈"、"老辈"的"参与"也直接服务于"青年"这一目标受众。

对"中心"即"青年"的确认，表明"青年"成为知识精英、思想界关注的重点，陈独秀们希望杂志能够到达全国——无论中心城市还是边远乡村——的知识青年手中，进入他们的阅读生活，借以改造他们的思想。对"边缘"及其他阅读群体的确认，则有助于分析这些群体与中心"青年"之间的"距离"与"互动"。五四新文化运动的发生，证明《新青年》对青年的改造是有成效的，五四之后，经过改造的"新青年"成为国、共两党看重的国民革命的生力军，这又再次证明《新青年》改造青年的有效性。

2. 地域定位：北京、上海与其他发行地域的区别

就地域定位来看，《新青年》发行网络虽然遍及全国，海外也有代销处[①]，但是其发行区域仍存在"中心"和"边缘"之别，甚至这种区别的形成是客观的，不以杂志编辑及发行人的主观意志为转移。本书认

[①] 前期依靠群益书社的发行网络，杂志封底提供了发行网络，遍及46个省市76个书局或公司，还有海外新加坡的普益印务公司、曹万丰书庄。后期则依靠伊文思图书公司，也是面向全国发行的。关于《新青年》的发行网络，章清的论文作了较为详细的介绍。

为，中心即北京、上海两个中心城市，边缘则是发行网络中除了上述两个城市以外的地域。相较于其他城市，其时的上海、北京确实是中心城市。此处重点分析北京时期的《新青年》，上海时期将在下一小节展开论述。

相较而言，北京的城市化进程虽稍逊于上海，但其政治中心、文化中心的地位是巩固的，高等教育尤为发达，以七所高校引发席卷全国的五四运动，即是北京高等教育发达的明证。《新青年》自第三卷起，至第七卷第三期，是在北京编辑的[①]。

如前所述，北京同人杂志时期是《新青年》的辉煌期。虽然前文已经指出，单纯突出北大于《新青年》的贡献，忽略陈独秀及《新青年》，以及第二、三卷时期众多《新青年》"名流"对塑造北大精神的贡献是不合理的，但不可否认的是，一校一刊的结合确是成就《新青年》辉煌的原因之一。如陈平原认为，"《新青年》的成功，确实得益于其强大的学术背景……《新青年》主体乃北大教授这一事实，已足以提供强大文化资源——包括象征性的以及实质性的"[②]。本书此处无意分析北大这一文化资源提供的强大支持，只想从北京的中心城市地位考察《新青年》的成功。

起初陈独秀是不愿意去北京的，即使得到蔡元培可以"把杂志带到学校里办"的许可，也是抱了"试干三个月"的想法。陈独秀为何最初不愿去北大呢？陈独秀本人说他"从来没有在大学教过书，也没有什么学位头衔，能够胜任，不得而知"，因此，他愿意"试干三个月，如胜任即继续干下去，如不胜任即回沪"[③]。这种原因看起来似乎合理，但却值得玩味。一方面，这既不合陈独秀不甘人后、敢言敢行的性格，也不合陈独秀对教育的关注，毕竟办刊的目的也是教育青年；另一方面，陈独秀进入北大，是得到了"学兄"汤尔和、"老友"沈尹默的推荐，"革命同志"蔡元培在

[①] 从第七卷起，《新青年》复归陈独秀主编，第七卷第四期发行时，陈独秀已到上海半月，故将第七卷第四期看作是在上海发行。

[②] 陈平原：《触摸历史与进入五四》，北京大学出版社2005年版，第106页。

[③] 《访岳丹秋（岳相如之子）记录》，引自《陈独秀生平点滴》，《文史资料选辑》（安徽）1980年第1辑。转引自唐宝林、林茂生《陈独秀年谱》，上海人民出版社1988年版，第76页。

翻阅了几本《青年杂志》后，更是"伪造"[①] 了陈独秀的"履历"，这多少表明陈独秀能进入北大也是"众望所归"。以编辑杂志为要务，固然是一种解释，但这又解释不了在获得蔡元培把杂志带入北大的许可后，仍然抱了"试干三个月"的想法。本书认为，这个原因应该是陈独秀对在北京办刊的前景并不乐观。《新青年》成立之初，即以"介绍西方学说"，"改革青年思想"，进而"改造社会"为宗旨，且再三强调"批评时政，非其旨也"，第二卷第一期开篇之作《新青年》，劝诫青年要成为"真青年"，首当明白人生归宿问题，"自不应以做官为荣为归宿也"。上海远离政治中心，陈独秀尚且强调"批评时政，非其旨也"，一旦进入北京，想不涉"时政"则是不可能的事情。北京作为千年帝都、其时的首都，政治氛围总要强过其他城市，在这样的政治氛围中，从事高等教育、文化出版也必然关涉政治，更何况《新青年》以"介绍西方学说"，"改革青年思想"，进而"改造社会"为宗旨。且不谈"改革青年思想"与"改造社会"，即就"介绍西方学说"来看，在上海可以较为单纯的"介绍西方学说"，到了北京则不可避免地与政治问题相关涉，主编未必有意，读者却非常上心。以陈独秀思想的敏锐性及其老革命党人的政治经历，他对此必然有着深切的认知。况且，此时北大的声名并不太好，遗老固然不少，遗少也颇多，学生也多以当官为其追求（这与陈独秀要求青年不应以做官为荣为归宿的观点恰好相反），"简直是一个污水潭"[②]。在此种意义上，此时的北大正是象征旧政治、旧文化、旧教育的堡垒。因此，北京的政治氛围、北大的污名，应是陈独秀起初不愿来北京办刊的一个重要原因。

---

① 当代学者认为蔡元培帮陈独秀填报的履历"日本东京日本大学毕业，曾任芜湖安徽公学教务长、安徽高等学校校长"，全属虚构。其实，并不完全属于虚构，陈任安徽公学教务长、安徽高等学校校长的时间虽然很短，但却属实。至于是否毕业于东京日本大学，陈独秀自己说过，"我曾在日本留学，法律、政治、文学都学过，没有毕业"。可见，陈独秀虽多次留学日本，进过多所学校学习，但均没有毕业。而北大的质疑者对陈独秀的质疑，也不在其学历，而在其学术能力。事实上，其时北大的教师有不少人与陈独秀是"旧识"，对陈独秀留学的经历也是相当清楚的，蔡元培也无法公然造假，这只能表明其时学历并不像现在如此重要。

② 关于蔡元培就任北大校长之前的北大情形，散见于各种回忆。蔡元培、罗家伦、许德珩、顾颉刚、罗章龙等人对此均有论述。叶曙明则根据蔡元培、罗家伦、许德珩、顾颉刚、罗章龙等人回忆，将北大比作"一个污水潭"。

第三章 成就"元典":"五四"前后的报刊实践

然而,移师北京编辑的《新青年》很快便大获成功,销量猛增至一万五六千份。获得成功的原因,除了获得北大这一文化资源提供的强大支持外,也与北京的政治氛围、北大的旧文化堡垒性质有着密切的关系。陈独秀将刊物移至北京编辑,即将自己置身于旧堡垒之中,站在了思想斗争的最前沿,直接面对各种"反对声音"。这种"置身其中"的办刊实践至少在以下几方面可以带来"成功":一、带来了创办杂志所需的强烈的现场感。此处的现场感,不是指杂志通过文字营造出来的虚拟的现场感,而是指生活于北大乃至北京的客观现实环境为读者的阅读所提供的现场感。如就北大来说,既有辜鸿铭的"辫子"、黄侃的"八部经书"、刘师培的"国故",也有陈独秀、胡适、钱玄同等人的白话文学及批孔批儒,这种客观环境为北大学生理解"新旧问题"提供了强烈的现场感,学生逐渐形成了"新"、"旧"两派[①],傅斯年由"黄门侍郎"转为"《新潮》主将"即是例证。二、给杂志披上了"合法"、"神圣"的外衣。这是指北京的政治中心地位,北大的最高学府地位给《新青年》的传播带来的便利。毕竟这是来自首都最高学府的一种声音,不仅"合法",而且"神圣",以至于形成了"垄断舆论"、"话语霸权"的印象[②]。无论赞成反对,还是冷眼旁观,都无法忽视它的存在,都要读上一读,甚至成为一种"时髦"[③]。三、有利于将"改造青年思想"与教育青年的实践相互结合。《新青年》本以"改造青年思想"为"天职",陈独秀来到北大之后,《新青年》对青年的思想改造即与大学的教育实践相互结合。以往单纯的文字阅读以及有限的通信

---

① 关于北大学生新旧之分的记载,冯友兰在《新学生与旧学生》(《心声》创刊号,1919年版,《冯友兰全集》卷13,河南人民出版社1994年版,第619—623页)有这样的描述:(一)新学生专心研究学问,旧学生专心读书。(二)新学生注意现在和未来,旧学生注意过去。(三)新学生之生活为群众的,旧学生之生活为单独的。(四)新学生注重实际,旧学生注重空谈。杨振声在《回忆五四》(中国社会科学院近代史所编:《五四运动回忆录》,中国社会科学出版社1979年版,第260—261页)也对此有所论述。

② "垄断舆论"最早出自1922年梅光迪之口。陈平原也认为《新青年》"确有走向'垄断舆论'的情势","话语霸权"是笔者对当下部分论文所持论调的总结,这些论文或用"霸权"或用"话语权"理论分析《新青年》。需要指出的是,这些评论均是对《新青年》的事后评价,属于"后见之明"。

③ 赞成、反对者的例子已经很多,冷眼观者如孙中山、蒋介石、严复,选择性的赞成如柳亚子、易宗夔等。邓金明在其博士论文中列举巴金、艾芜、郑超麟、丁玲等人的阅读案例,从这些人的文字记述中,可以看到其时阅读《新青年》俨然成为一种"时髦",一种潮流。

— 135 —

问答，迅速被讨论所取代，不仅师生间相互讨论，同学间也相互讨论，不仅课堂可以问学，宿舍也可以商榷，甚至还有专供讨论的"饱无堂"和"群言堂"①。对于学生而言，观点的公开讨论与相互交锋所带来的传播效果无疑要比单纯的文字阅读来得好，而这种效果又因为同学之间的异地通信被进一步放大。

对上海、北京两个中心城市的确认，有助于分析中心城市在杂志创办过程中所起的地缘作用。事实上，无论是上海，还是北京在《新青年》的创办过程中，均起到了重要作用，甚至连置身其中的编辑也在不经意间受到了环境的影响。陈独秀由不谈政治到谈政治，原因固然有很多，但与其置身其中的北京及北大也不能完全脱离干系。

（二）阅读效果：前两卷的"死活"，"记述"与"回忆"

无论是《新青年》的发展，还是读者的阅读，都有一个相当的"运动"的过程，不可能在短时间内一蹴而就，不宁唯是，这两个"运动"的过程也不是步调一致的。这就导致以读者阅读的视角考察《新青年》的发展，虽能提供多姿多彩的表述，但这种表述往往是选择性的表述，往往会对考察刊物产生偏离性的影响。此处讨论两个问题，一是前二卷《新青年》（上海时期）②的"死活"问题；二是读者当下的"记述"以及之后的"回忆"问题。

1. 前两卷的"死活"

目前学界公认北京同人杂志时期是《新青年》的辉煌期，此前上海时期的《新青年》则被认为"惨淡经营"，甚至有研究者直接做了"将死"的论断③。如果承认章清——"五四"的历史是由"记忆"与"遗忘"

---

① 罗家伦在《北京大学与五四运动》（《五四运动亲历记》，中国文史出版社1999年版，第58—60页）一文中提供了关于"饱无堂"、"群言堂"以及宿舍间的激烈交锋的文字描述。

② 之所以选择前两卷12期杂志，是因为陈独秀就任北大文科长时间为1917年1月15日，第二卷第六期发行时间为1917年2月1日，考虑到组稿、刊印所需要的时间，所以认为第二卷第六期是由陈独秀在上海完成组稿的。

③ 指出这一点很重要，因为，《新青年》第一卷第六期至第二卷第一期之间有长达半年的休刊期，第二卷第一期发行后又由《青年杂志》改为《新青年》，再加上最初的发行份数只有一千份左右，这些都很容易成为得出杂志"出师不利"的"可靠"证据，而这又与数月后（已进入北大）销数陡增一万五六千份的发行数量，进一步成为杂志"起死回生"的论据，邓金明在其博士论文中即持此种观点，此外关于杂志初期"出师不利"、"影响不大"的论调也散见于各种研究中，章清也认为《青年杂志》时期属于惨淡经营。

第三章 成就"元典":"五四"前后的报刊实践

"建构"——所见非谬的话,那么关于"辉煌期"以及"将死"的论断也多少"受惠"于"记忆"与"遗忘",更确切地说,前者多"受惠"于"记忆",后者多"受惠"于"遗忘"。本来,《新青年》从一份"普通刊物"发展成为全国新文化的一块"金字招牌",确是经历了发展、辉煌到衰败[①],对于《新青年》这样一份开风气的思想性刊物来说,尤其如此[②]。将"发展"视为"惨淡"、"将死",多少显示出考察视角的局限。事实上,其时杂志并不"惨淡",更不至于"将死"。

(1)从史料来看,杂志经营颇为成功

陈独秀在受邀北大之初,即以编辑《新青年》婉拒了蔡元培的美意,他是在蔡元培答应可以把《新青年》带入北京编辑之后,才有了到北大"试干三个月"的想法,进入北大之后,除了行政工作外,陈独秀没有承担过任何课务。这段史实透露出,初期的经营已经让主编陈独秀看到了希望,如果只是"惨淡经营",甚至"将死"的话,陈独秀即使有再多的热情,相信也会接受蔡元培的美意,毕竟此时北大教授的待遇非常优厚。事实上,蔡元培决意聘请陈独秀的一个重要原因,是他"又翻阅了《新青年》"[③],为此蔡元培也付出了艰辛的努力,既对陈独秀"三顾茅庐",又不惜为陈独秀填报履历,并亲自回答北大的质疑者。由此也可见,《新青年》其时已经颇有"声名"。

至于《新青年》第一次休刊的原因,是因为护国战争[④],而不是经济原因。有较多的研究者结合陈独秀年底与汪孟邹去北京募集资本的史实,认为这次休刊是因为杂志发行情况不佳而导致的经济困难造成的,这种观点是有待商榷的。其一,陈独秀赞助"亚东"与"群益"两个书店合并改组,并愿意为此北上募资,这见于《孟邹日记》(1919年9月18日),这表明北上募集资本是陈独秀的赞助行为,而且募集资本的目的是为了两个

---

① 此处的衰败仅是从刊物发展的自然过程来看,与意识形态无涉。
② 实际上如果汪孟邹关于陈独秀创办一个报刊,"只要十年、八年的功夫","一定会发生很大的影响"的表述,不属于事后回忆的话,那么则表明陈独秀早就认识到《新青年》发展的渐进性。
③ 蔡元培:《我在北京大学的经历》,《东方杂志》1934年第31卷第1号。
④ 唐宝林、林茂生在《陈独秀年谱》(上海人民出版社1988年版)第72页,认为杂志停刊的原因是"护法战争爆发",在此"护法战争"应为"护国战争"。

书店的合并,而不是为《新青年》募集资本。其二,陈、汪两人直至本年11月26日,才乘车赴北京募集资本(这也见于《孟邹日记》)。在此之前《新青年》已发行至第二卷第四期,而在陈独秀动身赴北大之前,第二卷第六期已经完成了辑稿。其三,章清虽认为《青年杂志》时期经营惨淡,但他认为群益书社对《青年杂志》的支持,有其自身经营方面的需求,换句话说,书社对《新青年》的经济付出是值得的。结合唐、林两位历史学家的结论,《青年杂志》休刊的原因是因为护国战争,并不是《青年杂志》发行状况不佳。既然休刊的原因不是经济原因,那么复刊时进行的调整,也是正常的调整,而非为了挽救经营遇到的危机。最重要的是,第二卷第一期的封面上已经响亮地标上了"主撰陈独秀",这都表明上海时期杂志的经营并不惨淡。

(2) 从地域定位的中心与边缘看,杂志经营也颇为成功

陈独秀创刊之初,选择了上海作为办刊地,这并不是随心所欲,其时上海已经成为出版重镇。上海作为中国近代城市化进程的典型代表,自晚清开埠以来,经过半个多世纪的发展,已经发展为颇为"现代"的"大都市"。创办现代报刊所需的读者、资金、交通、教育、文化等一系列条件,都已经具备。此处以前两卷共12期杂志的"通信"栏作为分析对象,论证该时期杂志经营的成功。

前两卷12期杂志的"通信"栏,共刊登40人的53篇通信:40人中,有地址可考的共有26人,其中上海10人、北京2人,其余14人分散于国内各地以及美国、日本等地;这26人的来信被刊发了35篇,其中上海10人刊发17篇、北京2人刊发3篇,分散各地的14人的来信则被刊发了15篇。这个数据虽有欠精确,但还是能够反映发行地域中存在的中心与边缘的区别。刊物作为一种媒介是讲求时效性的,简单的"问学"、"褒贬"之类的信件可以不讲求时效,但阅读观感、学术商讨,尤其是对杂志有所驳论的文字,对时效性的要求则很高,唯其如此,才能显示出读者与杂志互动的有效性和及时性。《新青年》是月刊,这决定了读者与杂志互动的最佳时效为一个月,如果考虑到杂志刊印发行所需的时间以及编辑组稿的固定时间,读者阅读、撰稿以及邮递所需的时间,质量较高的驳论性文字时间可以放宽为两个月。这个时限对上

海、北京以及平沪线①连接的其他城市（如天津、苏州）等最为有利。事实上，上海毕云程的来信发表了5篇，李平的来信发表了4篇，张永言的来信连续发表了2篇，北京常乃德的来信发表了2篇，浙江萧山的孔昭铭也连续发表了2篇来信。这就是中心带来的便利。而从边缘来看，分散各地的14人分别为，章文治（安徽）、吴勤（天津）、爱读贵志之一青年（贵阳）、舒新程（湖南）、胡适（美国）、王统照（山东）、吴虞（成都）、孔昭铭（萧山）、孙斌（扬州）、顾克刚（苏州）、程演生（杭州）、叶挺（湖北）、程振基（英国）、陈丹崖（日本），再加上北京的常乃德与钱玄同。这16人的名单以及分布的地域，虽不足以证明杂志的成功，但至少表明杂志不是在"勉力维持"，更不是所谓的"惨淡"与"将死"。

无论是从史实，还是从中心与边缘的视角，都可以证明前二卷《新青年》虽没有"一炮打响"、"洛阳纸贵"，但是陈独秀的经营仍是成功的，其时《新青年》已经颇有声名。

2."记述"与"回忆"

提出这个问题，是因为无论是读者当下的"记述"还是之后的"回忆"，对于研究《新青年》的阅读都是至关重要的。当前已有论者指出当下的"记述"（"诠释"）及之后的"回忆"对于建构五四新文化运动的重要性，王奇生曾指出，新文化人的当下诠释与后来史家的言说叙事实际上有相当的出入②。章清认为，对于新文化运动的"影响"，林林总总的"回忆"，所提供的即是"有"的情况③。舒衡哲也指出，1919年事件的参加者、观察者和批评者都学会了相当有选择地使用他们的记忆④。如前所述，任何关于五四新文化运动的"言说"总是与《新青年》（尤其是同人杂志时期的《新青年》）相关的，因此，上述观点也适用于对

---

① 其时，北平到上海铁路分两段，一段叫津浦铁路，一段叫沪宁铁路，到武汉没有铁路，当时的平沪快车算是比较好的。
② 王奇生：《新文化是如何"运动"起来的——以〈新青年〉为视点》，《近代史研究》2007年第1期。
③ 章清：《五四思想界：中心与边缘——〈新青年〉及新文化运动的阅读个案》，《近代史研究》2010年第3期。
④ ［美］微拉·舒衡哲：《五四：民族记忆之鉴》，《五四运动与中国文化建设——五四运动七十周年学术讨论会论文选（上册）》，中国社会科学出版社1989年版。

阅读《新青年》的"回忆"。既然"回忆"总是有目的的,有选择性的,带有刘易斯所谓的"被创造的历史"的特征,那么,挖掘当下的"记述"对于考察《新青年》的阅读就别有意义。事实上,这正是章清认为的,如能在更为广泛的视野下发掘具体的阅读经验,即将问题转换为新文化运动是如何被"阅读"的,则对此的认知,或能提供新的视野①。尽管如此,本书此处无意于发掘具体的阅读体验,只想指出,无论是之后的"回忆"还是当下的"记述",对于研究《新青年》的阅读都是同等重要的。

如前所述,受众研究、阅读研究以及效果研究,在一定意义上,实为一个问题。阅读是受众的阅读,效果也是在受众阅读后且通过受众才能得以显现。就阅读来说,阅读不仅仅是"人类的一种认知过程"、"知识的传承与文化的延续",它也是"人生的一部分"②,也就是说,阅读作为一定时代和社会文化生活的体现,不是一种简单的单向的接收行为,它更是一种主动性的建构力量,也是一种社会历史文化现象。就受众来看,受众也不是一种单纯的被动的存在,而是一种主动的存在,总会通过各种形式的反馈与传播主体发生互动,借以影响传播过程。就效果来看,也分为认知、态度、行动三个层面的效果,这三个层面的效果是一种渐进、累积、深化和逐步扩大的过程。正因为上述三个方面紧密交织的关系,所以不同的人阅读同一份读物,取得的效果肯定是不同的,正所谓"有一千个读者,就有一千个哈姆雷特",对《新青年》的阅读也如此。所以无论是章清论文中深入挖掘出的金毓黻、恽代英、陈昌标、舒新城,还是《新青年》"通信"栏中"选择性"呈现的王庸工、张永言、吴勤等读者,甚或是邓金明论文中列举的蒋介石、许德珩、杨振声等人的阅读案例,每个人的"呈现"自当有所不同。从这一点来说,章清所论证的"身处不同地域、不同身份个体对《新青年》及新文化运动的'阅读',颇有差异"的观点,是不证自明的;王奇生"《新青年》从一'普通刊物'发展成为全国新文化的一块'金字招牌'以及'新文化'

---

① 章清:《五四思想界:中心与边缘——〈新青年〉及新文化运动的阅读个案》,《近代史研究》2010年第3期。
② 王余光:《关于阅读史研究的几个问题》,《图书情报知识》2001年第3期。

第三章 成就"元典":"五四"前后的报刊实践

由涓涓细流汇成洪波巨浪,都经历了一个相当的'运动'过程"的阐述也仅是"恢复"了《新青年》及其引领的新文化运动的发展情状。然而,不可否认的是,上述两人的观点又都具有一定的"创见性"。呈现这样一种"矛盾"状态的原因在于,这是对由"选择性回忆"建构的"被创造的历史"的一种"反动",尤其是对具有强烈主流色彩的"被创造的历史"的"反动"。

刘易斯将由人为的裁减、回忆的需要建构的简化的、有争议的回忆历史,称为"被创造的历史"。他认为,无论何时何地,这种"被创造的历史"都是基于当权者某种特殊观点的需要而创造出来的[①]。事实上,无论是大陆还是台湾,关于五四新文化运动的历史话语都多少带有这种特征。此处无意探讨"回忆"与"被创造的历史"之间的意识形态关联,只想指出,尽管囿于意识形态,但这种"回忆"仍有其存在的价值。本质上,这种"回忆"同其他类型的"回忆"一样,都是选择性的回忆,都是在当下意识支配下的回忆。因此,需要追问的不是选择性回忆的是与非,而是不同的人在不同的当下意识支配下所进行的持续不断的"回忆"这一"集体"行为本身所具有的意义。事实上,这正是《新青年》及其引领的五四新文化运动的意义所在,当然这也正是"回忆"的真正价值。在这种意义上,舒衡哲得出的"'五四'的本来面貌:未竟的、充满斗争精神的反传统运动"[②]的结论,就是对五四新文化运动具有的"意义"的"真正"探讨。

"回忆"反映的是《新青年》阅读的普遍意义与历史价值,"记述"展现的则是《新青年》阅读的当下情状。因此,无论是之后的"回忆"还是当下的"记述",对于研究《新青年》的阅读都是同等重要的。在这个意义上,不同的"回忆"与"记述"反映的正是《新青年》对读者产生了"真正"的效果。

(三)"五四青年"的"分化"

通常认为,所谓"五四青年"的分化,是指伴随着《新青年》的"政

[①] Bernard Lewis: History: Remembered, Recovered and Invented, p. 56.
[②] [美] 微拉·舒衡哲:《中国启蒙运动——知识分子与五四遗产》,新星出版社 2007 年版,第 291 页。

治转向",《新青年》读者群出现的左翼与右翼的分化[①]。严格来说,这个论断是存有问题的,《新青年》读者群(五四青年)在20世纪20年代分化为左翼与右翼确是人所共见的事实,但将其与《新青年》的"政治转向"相互联系,则多少带有决定论的色彩。作为五四青年,阅读过《新青年》,都或多或少受到《新青年》的影响,应该是极有可能的事,但五四青年的分化却未必单纯地由《新青年》的"政治转向"所决定。因此,有必要厘清《新青年》与读者群分化的关系。此外,如果从五四青年分化为左翼与右翼,意味着选择激进、革命、投身现实与温和、改良、躲进书斋两种不同道路的话,那么五四青年(尤其是青年学生)的分化(对改造社会的态度与方法的不同选择)也具有划时代的意义。因此,也有必要分析五四青年分化的原因。此处将从近代新式教育制度的确立,《新青年》对于左翼与右翼的共同影响两个方面考察"五四青年"的分化。

1. 近代学制教育为"五四青年"的分化提供了可能

中国近代新式教育制度的确立,始于1905年。1905年科举废除后,清政府全面推行1904年制定的"癸卯学制",1912年5月,京师大学堂更名为国立北京大学,成为中国历史上第一所国立大学,这标志着新式教育制度的最终确立。新式教育与传统教育在诸如内容、学制、目标等方面均存在较大差异。就制度层面来讲,学制的差异则更为明显。

学制,是学校教育制度的简称,指国家对各级各类学校的组织系统和课程、学习年限的规定[②]。尽管中国封建王朝时期,学校的类别很多,而且也有系统,比如官学分为社学、县学、州学、府学、太学。然而,严格

[①] 比如王奇生认为,"对于五四青年来说,因为《新青年》的思想文学革新旗帜而形成的统一体,因为《新青年》转向宣传社会主义,读者群迅速出现分化:一批人重新回归《东方杂志》,另一批人则进一步成为《向导》的热心读者,成为彻底的左翼青年"(见王奇生《新文化是如何"运动"起来的——以〈新青年〉为视点》,《近代史研究》2007年第1期);邓金明在其博士论文中,第五章即以"《新青年》与激进阅读"为标题,其中第四小节"左翼青年的诞生",引用毛泽东"被这个杂志和五四运动警醒起来的人,后头有一部分进了共产党"(毛泽东:《"七大"工作方针》,《人民日报》1981年7月16日第1版)的话,认为,"这句话似乎坐实了《新青年》的政治性,也正式宣告了在《新青年》的影响下,一代左翼青年的形成"(见邓金明《从〈新青年〉到"新青年"——五四青年对〈新青年〉杂志的阅读研究》,首都师范大学博士学位论文,2008年,第125页)。

[②] 汉语大词典编辑委员会:《汉语大词典编纂处·汉语大词典(第四卷)》,汉语大词典出版社1989年版,第244页。

来说，学制教育是西方现代教育的主要特征，中国的"学制"是舶来品。从上述学制的定义，可以归纳出学制教育具有以下几个特征：一、层级性，这是指纵向的，由小学、中学、大学构成的各级教育；二、分工性，这是指横向的，各类学校及不同专业构成的各类教育；三、时限性，这是指任一类型、任一层级的教育都有时间的限制，受教育者必须在规定的时限内完成学习任务，才能取得毕业资格；四、目标性，这是指任一类型、任一层级的教育都规定了要达到的目标，受教育者只有在达到这一目标后，才能取得毕业资格。由上述四个特征考察传统教育制度，可以发现两者是截然不同的。学制教育的施行，从根本上改变了传统教育对儒学"终身学习"的执着，代之以阶段性学习与专业性学习，与此同时，也催生了现代社会学生阶层的产生。

传统教育的办学形式虽然多样，但是其主要内容为儒学经典，对儒学经典的学习也是"终身"的。儒学不仅是传统士人晋升的工具，也是荣登高位、位极人臣的宰辅掌握权力的工具。各朝各代的学界领袖、文坛领袖与"庙堂"总是多有联系的，而"庙堂"之上的宰辅臣工对"儒学"也是多有参研的，这意味着封建时代的政界精英与学界精英是融合为一的。从这个角度看，传统教育对儒学的学习确是"终身"的。现代学制教育的施行，从根本上改变了学习的"终身制"。尽管学制教育通过层级制为"终身学习"提供了一条通道，但是，学制教育的时段性和目标性，决定了如果不以"进学"为目标，只以"毕业"为目标的话，那么学习就必然是"阶段性"的，如果再考虑到"毕业"证书与"从业"资格的相关性，那么这种"阶段性"的学习又具有"终结性"的意味，而各类型的专业教育、高等院校专业教育的主要目标也确实是为了让学生获取"从业"的资格。因此，就参研意义上的学习而言，学制教育是"阶段的"，并不是"终身学习"，这与传统教育是截然不同的。

以此考察"五四青年"的学习经历，可以发现这批青年是"学制教育"的第一批"受惠者"，他们儿时在私塾或脱胎于旧式学堂的新式小学堂就读，中学、大学是在"学制教育"下完成。他们既受传统教育以参研为学习旨趣的影响，也明确认识到了"毕业"与"从业"的意义。他们既认识到学习对于毕业的意义，也认识到实践对于"从业"的意义，为此他们在学习的同时，积极走进社会、理解社会。如当时还是北大学生的傅斯年就意识到，"我们将来的生活，总离不了教育界和出版界"[①]，为此他要组织新潮社创办《新潮》，为之后投身出版界积累经验，尽管其后他并没有投身出版界。从这个角度，也可以发现国民社与新潮社合作建立"北大平民教育演讲团"，走进乡村、工厂所具有的社会实践意义。可以说，学制教育（尤其是高等教育与专业教育）的"阶段性"，既要求学生走进社会以为进入社会提供经验，也为学生预留了进入社会的"闲暇"。事实上，正是以学制教育为基础的近代教育制度为《新青年》读者群的分化提供了可能性。

此外，学制教育还促成了学生阶层，尤其是青年学生阶层的形成。"根据这个学制，青年期——相当于从中学到大学的年龄阶段——在中国社会从制度上得以确立。"[②] 事实上，"五四青年"即是施行癸卯学制（1904—1912）、壬子癸丑学制（1912—1922）之后成长起来的青年一代。任何一个群体，只要能够成为社会层级关系中的一员，就能够形成自己的力量，以用于维持社会层级的"稳定性"。因此，青年学生作为一个社会阶层，必然拥有自己的力量。虽然各派势力认识到学生阶层的"实力"是在五四运动之后，但是学生阶层的"实力"却不由"五四运动"所形成，"五四运动"只是提供了展示学生阶层"实力"的舞台。事实上，早在一年前，1918年5月21日北京2000多名学生要求取消《中日军事协定》的请愿活动，以及随后成立的学生爱国救国会，已经显示了学生阶层的力量。相较于其他阶层，学生阶层又是不稳定的，学生的身份是暂时的，离开学校踏上社会，就要选择新的身份。而选择新的身份，既受制于自己的主观认知，也受各派势力所影响。从这个角度看，《新青年》读者群体（主要是青年学生为主的知识青年）的分化是必然的。

2.《新青年》开启的理性之光促成了"五四青年"的"分化"

邓金明在其研究中发现了一个"有趣"的现象，"即以我收集到的有限的资料来看，在自己的回忆录、自传、日记、文学作品中提到'《新青年》'的人，日后往往都左倾了，成为左翼文人、知识分子、政治家或者

[①] 傅斯年：《新潮之回顾与前瞻》，《新潮》1919年第2卷第1期。
[②] 陈映芳：《"青年"与中国的社会变迁》，社会科学文献出版社2007年版，第29页。

第三章 成就"元典":"五四"前后的报刊实践

亲左派,比如:许德珩、杨振声、毛泽东……。考虑到这些人所接触的往往是新文化运动时期(即政治转向之前)的《新青年》,这就不得不令人深思了"①。他认为,这是基于社会阅历而产生的现实关怀的结果②。他的"发现"——真正对"左翼"产生影响的是前七卷以"哲学文学为是"的《新青年》③——确实是一个既有意思,且令人深思的现象。如果他的"发现"是一个真问题,那么意味着《新青年》的政治转向对上述读者日后成为"左翼"的影响则比较小,甚至于无;如果对"左翼"的这种影响是"真实"的,那么对日后成为"右翼"的读者,是否也存在着这种"真实"的影响?如果说对"左翼"、"右翼"都造成了影响,那么这种影响究竟是什么呢?

(1) 邓金明的"发现"是否是一个问题呢

邓的结论是建立在对上段列出的这些"左翼"读者的"回忆录"、"自传"、"日记"以及创作的"文学作品"等文字表述的基础上,这些文字资料除了"日记"属于当下的"记述"外,其余均不同程度带有"回忆"的性质。需要进一步指出的是,邓的论文一共使用了三本日记资料,分别为《蒋介石日记》、《吴虞日记》以及《恽代英日记》,其中《恽代英日记》作为论证恽代英成为"左翼"的论据。因此,事实上,邓的结论基本建立在各种"回忆"的基础上,这多少带有以"有"证"有"的色彩④。然而,"以有证有"并不妨碍邓的结论的有效性,关键在于,回忆了什么?在选

---

① 邓金明:《从〈新青年〉到"新青年":五四青年对〈新青年〉杂志的阅读研究》,首都师范大学博士学位论文,2008年,第118页。
② 邓金明在其博士论文第121页提出了这个问题。
③ 需要指出的是,邓金明"新文化运动时期(即政治转向之前)的《新青年》"的论述不够精确,将新文化运动时期与政治转向之前等同,实际上割裂了新文化运动,就新文化运动而言,时间跨度较大,包含了《新青年》发行的始终。笔者根据邓的论文,结合史实,将邓的"政治转向"修改以"哲学文学为是"为分期的标准。根据本书的论述,前七卷以"哲学文学为是",后两卷,以及季刊时期的《新青年》偏离了这一目标,转向政治宣传。
④ 关于此,陈寅恪曾有精到的诠释:"凡前人对历史发展所流传下来的记载或追述,我们如果要证明它为'有',则比较容易,因为只要能够发现一、二种别的记录,以做旁证,就可以证明它为'有'了;如果要证明它为'无',则委实不易,千万要小心从事。因为如果你只查了一、二种有关的文籍而不见其'有',那是还不能说定的,因为资料是很难齐全的,现有的文籍虽全查过了,安知尚有地下来发现或要发现的资料仍可证明其非'无'呢?"见罗香林《回忆陈寅恪师》,《传记文学》1970年第17卷第4期。转引自章清《五四思想界:中心与边缘——〈新青年〉及新文化运动的阅读个案》(《中国近代史》2010年第3期)。

择性回忆的内容中选择了哪些内容进行回忆？如果众多回忆的内容都指向前七卷以"哲学文学为是"的《新青年》，就能证明这确实是一个问题。以这个角度考察邓在论文中使用的资料，可以发现上述人的回忆及其文学作品均不同程度地指向了文学革命、反孔非儒、妇女解放等议题，而这正是前七卷《新青年》的重要内容，因此邓的"发现"确实是个"问题"。

(2)这个"发现"是否也适用于转为"右翼"的读者呢

右翼与左翼是一对政治概念，有了左翼，势必存在右翼，如果左翼意味着激进、革命的话，右翼则意味着温和（保守）、改良。五四青年分化为左翼与右翼，意味着选择了不同的"参与"现实政治的路径，前者采取激进、革命的路线，后者选择温和、改良的线路。谁是右翼呢？以邓文列举的左翼人物为参照，右翼大概是指傅斯年、罗家伦、顾颉刚、俞平伯等人吧[①]！如果上述人等属于右翼范围的话，那么则可以断言，"右翼"青年也深受前七卷《新青年》的影响。因为，这些人均有力参与了"五四新文化运动"，他们持论的态度也多与北京同人杂志时期的《新青年》相同。邓也是承认《新青年》的阅读对五四青年成长为"新青年"（无论是日后的左翼还是右翼）是至关重要的，只是他惊讶的发现，左翼青年的成长更多的受益于前七卷"以哲学文学为是"的《新青年》，而不是主流话语所强调的转向革命宣传的后两卷以及季刊《新青年》。五四"新青年"受到前七卷《新青年》的影响是毋庸置疑的，然而，对于日后成为"左翼"的"新青年"来说，其成为"左翼"的思想根源在于前七卷《新青年》，那么另一批日后成为"右翼"的"新青年"转为"右翼"的思想根源，是否也是受到了前七卷《新青年》的影响呢？

(3)《新青年》（前七卷）对于"五四青年"的共同影响

邓在论文中，以郑超麟、施存统、巴金为例，指出《新青年》阅读对于五四青年个人意识觉醒的重要意义，"在个人阅读中萌发了个人意识，

[①] 作为一对政治概念，左翼与右翼是二元对立的，互以对方为参照标准。因此，这种划分必然过于简单，绝对，只能反映一种大致的趋势。右翼相较于左翼，只是参与政治的路线不同，并不代表脱离政治，更不代表同流合污，是一种有"主张"的政治参与，有时态度也相当激烈。因此，本书此处将上述一些人列为右翼，是冒很大风险的。需要指出的是，本书使用的"左翼"、"右翼"是中性的，不涉褒贬，将上述人列为右翼，主要是在参照的意义上使用，参照的标准在于是否主张阶级革命。

这在五四青年身上,并不少见","阅读为青年人提供了一个个体精神生活空间,这种内在的、个人、精神的自由生活,与外在的、家庭的、现实的伦理生活格格不入,前者始终遭到后者的压制"[①]。他进一步认为,"左倾的发生,与其说是党派主义的吸引,不如说是基于社会阅历而生的现实关怀的结果"[②]。邓的论文是一篇文艺学论文,从文艺学的视角得出这种结论有其一定的合理性,但是这个结论是否具有普遍的意义呢?老实说,邓虽看到了《新青年》阅读对于五四青年个人意识觉醒的重要意义,但将左倾的原因归为"基于社会阅历而生的现实关怀的结果",多少有些偏颇。言下之意,似乎认为右倾的发生则与社会阅历欠缺、现实关怀缺乏有关。其实,无论是左倾还是右倾,无论是左翼还是右翼,都不缺乏社会阅历与现实关怀,他们的区别不在于是否缺少社会阅历,而在于选择了不同的参与路径,而这都基于对社会阅历和现实关怀的独立思考。个人意识觉醒之后的独立思考,正是阅读以"哲学文学为是"的前七卷《新青年》所带来的。事实上,前期以"哲学文学为是"的《新青年》开启了理性之光,五四青年之所以成为"新青年",正在于他们敢于独立思考。自由思想的种子已经埋下,收获的必然是不同的参与道路,这正是《新青年》之于左翼与右翼的共同影响。

五 "民主"与"科学","骂人"与"激烈"

《新青年》作为新文化运动的"元典",内容具有多面相的特点,涉及政治、经济、文化、社会、教育、军事、新闻、宗教等方面。事实上,中国现代人文社会科学的各个学科都能从中找到一些具有"发生"意义的"文字"。这就造成了《新青年》研究中"内容研究"的主导地位,不仅研究文献汗牛充栋,而且也出现了过度阐释的倾向。此处对《新青年》的内容研究,并不打算纠缠于微观具体的内容,而从较为宏观的角度探讨两个问题,即《新青年》拥护的民主与科学问题,以及《新青年》的言论态度问题。

---

① 邓金明:《从〈新青年〉到"新青年":五四青年对〈新青年〉杂志的阅读研究》,首都师范大学博士学位论文,2008年,第112页。

② 同上。

（一）"民主"与"科学"

主流话语的建构往往出于意识形态的需要，而主流话语的威力则在于为其所表征的事物提供"合法性"，使之成为一种习焉不察的话语表达。"《新青年》高举民主与科学两面大旗，发起了五四新文化运动"的主流话语表述，已经使《新青年》拥护的"民主"与"科学"成为一种习惯性表达，这在一定程度上掩盖了《新青年》拥护的"民主"与"科学"的本义。

1. "民主"与"科学"的提出

将"民主"与"科学"作为《新青年》拥护的对象，是陈独秀在《〈新青年〉罪案之答辩书》中提出来的。如同题名所示，该文是为了驳斥反对者把杂志"看作一种邪说、怪物，离经叛道的异端，非圣无法的叛逆"而作的。原文节选如下：

……他们（反对本志的人）所非难本志的，无非是破坏孔教，破坏礼法，破坏国粹，破坏贞节，破坏旧伦理（忠、孝、节、义）。破坏旧艺术（中国戏），破坏旧宗教（鬼神），破坏旧文学，破坏旧政治（特权人治），这几条罪案。

这几条罪案，本社同人当然直认不讳。但是追本溯源，本志同人本来无罪，只因为拥护那德莫克拉西（Democracy）和赛因斯（Science）两位先生，才犯了这几条滔天的大罪。要拥护那德先生，便不得不反对孔教、礼法、贞节、旧伦理、旧政治。要拥护那赛先生，便不得不反对旧艺术、旧宗教。要拥护德先生又要拥护赛先生，便不得不反对国粹和旧文学。大家平心细想，本志除了拥护德、赛两先生之外，还有别项罪案没有呢？若是没有，请你们不用专门非难本志，要有气力、有胆量来反对德、赛两先生，才算是好汉，才算是根本的办法。……

西洋人因为拥护德、赛两先生，闹了多少事，流了多少血，德、赛两先生才渐渐从黑暗中把他们救出，引到光明世界。我们现在认定，只有这两位先生可以救治中国政治上、道德上、学术上、思想上一切的黑暗。若因为拥护这两位先生，一切政府的压迫，社会的攻击笑骂，就是断头流血，都不推辞。[①]

---

① 陈独秀：《〈新青年〉罪案之答辩书》，《新青年》1919年第6卷第1期。

第三章 成就"元典":"五四"前后的报刊实践

　　由上述节选内容,可以看出,该文虽是一篇答辩书,但兼具总结及宣言的性质,反对者反对的正是此前杂志着力传播的主要内容,引文末段则表明杂志将继续推进反对者所反对的内容,"断头流血,都不推辞"。

　　2. "民主"与"科学"的含义

　　当代对"民主"与"科学"的探讨,已经具有了宏大叙事[①]的色彩。宏大叙事提供了一种"连贯意义"的"民主"与"科学"的"发展史",以这种"连贯"的视角考察"民主"、"科学"在各个阶段的内含,固然有益,但多少忽视、遮蔽了个体多样性。这种情况也发生在对《新青年》拥护的"民主"与"科学"的含义的考察上。如前所述,这是陈独秀面对一些人对《新青年》的攻击而写下的一篇辩驳性的报刊文字。辩驳性的报刊文字,意味着"态度"必须鲜明,"现场感"必须浓烈。因此,该文不是一篇态度平和、辩论学理的论文。这是在展开论述之前必须明确的。

　　应该说,陈独秀的上述论断确实"简单",有沦为"口号"、"方向"的嫌疑[②]。然而,正如前文指出的,该文是一篇辩驳性的报刊文字,"简单"不可避免而且必要。然而,问题不在于"简单"与否,而在于《杂志》所讨论的孔教、礼法、贞节、旧伦理、旧政治、旧艺术、旧宗教、国粹、旧文学等问题能否与"民主"、"科学"直接"挂钩",具有"民主"、"科学"的意味,甚至于直接构成"民主"与"科学"的"质素"。

　　"民主"与"科学",作为一种观念,本身并没有单一准确和一致认同的含义。实际上,在人类漫长的历史中它们有着非常不同的意思和内含,即使今天在不同社会和经济体制下对它们的理解也存在着很大的差异。尽管概念难以确定,但是构成"民主"、"科学"的质素还是可以确定的。就民主来说,平等与自由;就科学来看,质疑与理性都是其构成的质素。不仅如此,如同"民主"与"科学"之间的紧密相关性,平等、自由与质

[①] 宏大叙事本意是一种"完整的叙事",用麦吉尔的话说,就是无所不包的叙述,具有主题性,目的性,连贯性和统一性。文艺理论批评中,经常使用这个词语。

[②] 张全之在《在"民主"与"科学"的背后——重读〈新青年〉》(《福建论坛》(人文与社会科学版)2003 年第 1 期)认为,《新青年》本身没有大量的阐述"民主"与"科学"的文字,陈独秀提出"民主"与"科学",只是响应了"时代思潮",利用已获广泛支持的"民主"、"科学"的两个权威性命题来打击对手,因此他提出的"民主"与"科学"只是一种"口号"、"方向",只能表明陈独秀以后的立场,不能用来涵盖整个《新青年》杂志。应该说,当前这种观点很有市场。

疑、理性也是密不可分的，不平等的"自由"不是"真正"的"自由"，丧失"理性"的"质疑"则是"野蛮"的"质疑"，理性质疑的根基在于思想的自由与平等。以这个角度考察《新青年》，无论其讨论的问题，还是其讨论的态度，总体上还是体现了自由平等、理性质疑的精神①。作为一份思想文化刊物，《新青年》构筑的"话语空间"的开放性，在中国报刊史上即使算不上"无与伦比"，也算是"最开放"的刊物之一，这种开放性正是源于其"自由平等"、"理性质疑"的精神。事实上，《新青年》已经成为探讨"民主"、"科学"在中国发生、发展无法回避的重要内容，如果仅是树立了口号，没有丰富内含的话，这种"无法回避"的特性也是不成立的。就内容来看，虽然其时争议激烈，其后饱受诟病，但《新青年》讨论的内容还是体现了"自由平等"、"理性质疑"的精神，即就"反孔非儒"、"割裂传统"的两大"罪名"，21世纪以来的相关研究已经对此做出了澄清②。

3. 意义

《新青年》提出的"民主"与"科学"，是一种思想意义上的"民主"与"科学"，其蕴含的自由平等、理性质疑的精神不仅是"民主"与"科学"的基石，也是一个社会步入现代社会的要件。这既是《新青年》对五四"新青年"的影响，也是其对中国历史的真正意义。离开这个视角，讨论《新青年》的"民主"与"科学"的局限是不合适的。

(二)"骂人"与"激烈"

作为一段历史公案，《新青年》第四卷第三期刊登的钱玄同、刘半农两人所作的"双簧信"，已经为人所熟知，对此事件的评价至今褒贬不一。褒扬的人认为"双簧信"推进了文学革命的进程，《新青年》的成功也多少受惠于此。贬斥的人则认为"双簧信"是《新青年》的一个"污点"，

---

① 《新青年》的言论态度将在下文详细展开，此处不做详细说明。由于种种原因，有些问题批判错了，比如戏剧问题，有些问题今天看来似无讨论的必要，比如世界语问题，但是，并不能因此否定杂志体现的自由平等、理性质疑的精神。

② 参见以下几篇论文：严家炎：《"五四""全盘反传统"问题之考辨》，《文艺研究》2007年第3期；李新宇：《新文化运动为何"覆孔孟"——以陈独秀为例》，《东岳论丛》2007年第1期；何玲华：《在历史语境中审视——〈新青年〉杂志陈独秀反儒非孔再论》，《天府新论》2003年第2期；黄林非：《论〈新青年〉的反孔非儒》，《北京青年政治学院学报》2005年第3期。

不仅批判《新青年》同人的骂人习惯，并且由此形成了对《新青年》及"同人"的"激烈"印象，甚至要求《新青年》为此承担"历史责任"。

1. 问题的提出

台湾学者赖光临将《新青年》的言论态度归纳为"议论激昂，态度刚愎"，"《新青年》狂放的言论，趋于偏激，对识力不深，情感浮动的青年，难免误解产生不良影响"，而且"这一份后果，显然相当严重，而负责的人自是新青年作者"[①]。陈平原认为，"但从文本看，陈独秀、钱玄同等人的偏激，可谓一目了然"。他认为，《新青年》同人"明知骂人为恶俗，却偏要采取如此'偏激'的言说姿态"的原因在于，"矫枉必须过正"的"革命家的思维方式"，"作为一种政治/思想运动的策略，极端思维自有其好处"，"但另一方面，过于讲求'策略性'，追求最大限度的'现场效果'，未免相对忽视了理论的自洽与完整。至于由此而激发若干原本不必要的凶猛对抗，尚在其次"。这种"你死我活的'论战'"，还与"报刊文章的容易简化、趋于煽情不无关系"，"不管是否有意'排斥异己'，《新青年》的走红，打破了原有的平衡，其占据中心舞台，确有走向'垄断舆论'的趋势"[②]。

上述两位学者对《新青年》言论态度的研究，在两岸学界颇具代表性。然而，有些问题仍需要追问。对"骂人"的关注源于"激起众怒"的"双簧信"，如果王敬轩实有其人的话（当然没有王敬轩这个人，此处只是一个假设），那么刘半农"骂"的对不对呢？或者再退一步讲，刘半农的信中有无合理的成分呢？《新青年》"偏激"的言论态度应在多大程度上为其时青年的偏激承担"责任"呢？是否也应该为后世的"过激"承担相应的责任呢？《新青年》的"偏激"是否必然导致在理论自洽与完整方面的缺陷呢？本书此处无意于褒贬"双簧信"，本书感兴趣的是，对"双簧信"的批评是如何从对"骂人"的批评演变成对"道德"的批判，以及这种演变对于形成"偏激"的"印象"起到了什么作用？兼及探讨赖光临提出的

---

① 以上所引赖光临的文字均见于赖光临《中国近代报人与报业》，台北商务印书馆1980年版，第532—536页。

② 以上所引陈平原的文字均见于陈平原《触摸历史与进入五四》，北京大学出版社2005年版，第94—104页。

"历史责任"以及陈平原提出的"在理论自洽与完整方面的缺陷"等两个问题。

展开讨论之前,有几点需要事先指出:首先,无论是钱玄同托名的王敬轩的来信,还是刘半农以记者身份作答的回信,均有"骂人"的词句,亦即两封信一开始便构成了"对骂"。其次,王敬轩的来信内容,确如郑振铎所言,只是"把旧文人们的许多见解归纳在一起",其中虽牵涉林琴南,但并不等于将林琴南立为靶子,这也可以从刘半农的答信中看出来。"王敬轩"留学过日本,学习过法政,潜心研究过"小学",林琴南没有这种经历。刘半农回信的内容不仅涉及林琴南,还涉及严复,还将号称"樊易"的樊增祥[①]、易顺鼎[②]斥之为"淫棍"。林琴南一年之后才与《新青年》正面交锋,这也表明其时林琴南本人也并不认为王敬轩的"原型"是其本人。因此,林琴南并不是钱、刘二君事先选定的靶子。既然不是事先选定的靶子,那么也就谈不上"双簧信"是针对林琴南的人身攻击。

2. 有关来信及同人对"骂人"问题的讨论

"双簧信"发表之后,起初并没有太大的影响,一直到第四卷第六期"通信"栏以"讨论学理之自由权"为题发表"崇拜王敬轩先生者"的来信以及陈独秀的答信,才开始讨论"骂人"与"讨论学理"的问题。此后,第五卷第一期"通信"栏以《读新青年》为题发表汪懋祖来信及胡适的答信;以《驳王敬轩君信之反动》为题发表的戴主一的来信及钱玄同的答信。第五卷第三期"通信"栏以《对于新青年之意见种种》为题发表Y.Z.的来信及刘半农的答信。第五卷第六期"通信"栏以《文字改良与孔教》发表张寿朋的来信及周作人、刘叔雅、陈独秀等的答信;以《五毒》为题发表的爱真的来信及陈独秀的答信;第六卷第二期"通信"栏以《对于文学改革之意见二则》为题发表的彝铭氏的来信及钱玄同的答信。

---

① 樊增祥(1846—1931):清代官员、文学家。原名樊嘉,又名樊增,字嘉父,别字樊山,号云门,晚号天琴老人,湖北省恩施人。光绪进士。曾师事张之洞、李慈铭,为同光派的重要诗人,诗作艳俗,有"樊美人"之称,著有《樊山全集》。

② 易顺鼎(1858—1920):清末官员、诗人,寒庐七子之一。字实甫、实父、中硕,号忏绮斋、眉伽、晚号哭庵、一广居士等,湖南龙阳人。光绪元年举人。袁世凯帝制失败后,纵情于歌楼妓馆。工诗,讲究属对工巧,用意新颖,与樊增祥并称"樊易",著有《琴志楼编年诗集》等。

第三章 成就"元典":"五四"前后的报刊实践

第六卷第四期"讨论"栏蓝公武、胡适、周作人三人以通信形式进行的问学与辩难。上述通信均对《新青年》的"骂人"有所讨论。应该说,上述读者来信及答信,反映了各方对于"骂人"问题的态度,这既是"原初"意义上的讨论,也是其后各种有关"骂人"历史表述的"依据"。从上述信件中,可以看出以下几点:

(1) 既没有纯粹的叫骂方,也没有单纯的被骂方

表面上看,"双簧信"激起了众怒,似乎是"骂人"的源起。然而,王敬轩来信的内容,实是"把旧文人们的许多见解归纳在一起",不仅第六卷第一期《本志罪案之答辩书》可以反映其时旧文人对《新青年》的种种"指责",鲁迅"但是那十年前,单是提倡新式标点,就会有一大群人'若丧考妣',恨不得'食肉寝皮'"①的文字也可以提供佐证。如果说《答辩书》及鲁迅的文字有"自说自话"的嫌疑,那么第五卷第六期张寿朋的来信,无疑是"王敬轩来信"的绝佳"翻版",尽管张寿朋列举的"罪状"没有王敬轩列举的多,但张的来信在文笔、论证方式上都很类似王敬轩的来信。因此,《新青年》同人的"骂人"具有一种"迎战"的意味。当然,"骂人"虽是相互的,但"骂人"总是有源起的,这个源起应该是陈独秀、钱玄同等杂志同人的"十八妖魔"、"选学妖孽"、"桐城谬种"等论调。将大批古文宗师、两大古文流派斥为"妖魔"、"谬种",势必引起师承古文流派且占主流地位的文坛(学界)的高度关注,必然触犯众怒。然而,"妖魔"、"谬种"的"骂人"行为并非《新青年》同人的"独创",事实上早在战国时期孟子已将扬朱、墨子等人斥为"禽兽",从这一点来看,"骂人"作为一种"恶俗",早已存在于中国的思想论战中。因此,如果只将目光聚焦于《新青年》单向的"骂人"行为,这种考察本身就是一种偏向的考察。

(2) 对同人来说,"痛骂"与"讨论学理"并不矛盾

针对外界对《新青年》"骂人"的指责,陈独秀表明了"略分三等"的"答词"态度,承认"讨论学理之自由,乃神圣自由也",但对于"滥用此神圣自由"导致"是非不明,真理隐晦"的"毫无学理毫无常识之妄

---

① 鲁迅:《忆刘半农君》,《鲁迅全集》第6卷,人民文学出版社1981年版,第71页。

言",则"唯有痛骂之一法"。胡适也表明了态度,"主张尽管趋于极端,议论定须平心静气。一切有理由的反对,本报一定欢迎,决不致不容人以讨论"。对于陈、胡二人的态度,学界通常认为两人态度相差很大[①]。实际上,两人的差异并没有这么大。胡适强调平心静气的讨论态度,但他没有回答对"没有理由的反对"应该采取何种态度?是否只能置之不理,即如"爱真"、"彝铭氏"等人所述对"无可救药"、"将死"的人也不能骂,只能让其自然死亡呢,还是采取"不容讨论"的"讨论态度"呢?事实上,林琴南成为《新青年》重点关照的对象,正是源于胡适[②]。可见,即使"温和"如胡适,也非常关注那些"没有理由的反对"。在此种意义上,陈、胡二人的差异并没有那么大。

那么,对待"妄言"应该采取何种态度呢?是采取汪懋祖、蓝公武等人的平心静气的态度呢?还是采取"爱真"、"彝铭氏"等人所持的"听之任之"、"不闻不问"的态度呢?抑或采取"痛骂"的态度呢?《新青年》同人选择了后者,其中的原因是多样的,既与表达"不得不发的主张"相关,也与报刊媒介、报刊文章的媒介特性有关,还与其时用白话撰写论文的不成熟有关[③]。此处提供的三种解释虽是客观的,缘于"同情的了解",但这种解释多少有"翻案"的嫌疑。因此,还需要对《新青年》的内容进行考察。事实上,《新青年》讨论的学理,有些地方虽有陈独秀所说"呕气"的成分,但总体来看,《新青年》还是理性地探讨了学理。《新青年》绝不是靠"骂"而出名,更不可能靠"骂"而为五四青年所接受,这一点应该成为不证自明的常识。

(3) 反对者反对的是"骂人"的行为

从反对"骂人"的通信来看,反对意见可以分为两类,一类是汪懋

[①] 如陈平原认为胡适的态度是"绅士腔调",而陈独秀等人则是"性情直率"的表现。赖光临认为新青年同人中,要算胡适最具理性与民主素养,他对不同意见的态度,便冷静而合理。这种论断都将陈、胡二人态度的差异放大了。

[②] 早在第三卷第三期"通信"中,胡适就重点考察了林琴南的《论古文之不当废》一文,并重点论证了"方、姚卒不之踣"的"不通",认为"此则学古文而不知古文之'所以然'之弊也"。足见"古文之当废也,不亦既明且显耶?"(《新青年》1917年第三卷第三期,胡适与陈独秀的通信)

[③] 白话文是否成熟,除了文学性的考察维度外,用白话写作论文也是一个重要的考察维度,这与语言的逻辑性有关。

祖、蓝公武，他们反对"骂人"，是因为"骂人"有碍于"讨论学理"，他们的来信也没有"骂人"的词句；另一类是张寿朋、爱真、彝铭氏等人，他们反对"骂人"，是因为"被骂"，他们主张即使对于"无可救药"、"将死"的人也不能"骂"，他们的来信不仅"骂人"，而且主动"讨骂"。不过，上述两种反对意见虽存在差别，但都不承认《新青年》同人言论态度所具有的合理性的一面，反对《新青年》任何形式的"骂人"行为。

可见，最初对"骂人"的讨论，虽然各方均有持论，《新青年》将骂人与讨论学理分开，汪懋祖、蓝公武等留学欧美的知识精英认为骂人有碍讨论学理，张寿朋、爱真、彝铭氏等人也反对骂人，但自身不仅骂人，而且"讨骂"。但是，这仅是在"讨论学理"的意义上对"骂人"行为进行讨论，并没有上升为道德意义上的评价。然而，对"行为"的评价，总是与"道德"联系在一起的，这多少预示了日后《新青年》的"骂人"行为接受道德评价的必然性。

3. 林琴南的"接战"与评价同人言行的道德转向

如前所述，林琴南并不是钱、刘二君事先选定的靶子。尽管林琴南与《新青年》多有"纠葛"，但"双簧信"发表之初，林琴南并没有与《新青年》"正面交锋"。林琴南与《新青年》正面交锋是在一年之后。林琴南的"接战"直接将对《新青年》的内容评价转为对《新青年》同人的道德评价，而《新青年》的"骂人""恶习"，不可避免地成为道德评价的目标焦点。

虽没有直接证据证明林琴南"接战"的具体原因，但林琴南确是"双簧信"牵涉诸人中唯一一位主动接战的"旧式文人"。1919年2月17至18日，其创作的《荆生》在上海《新申报》连载，3月18至22日《妖梦》连载，3月18日于《公言报》公开发表《答大学堂校长蔡鹤卿太史书》。这三篇文字标志着林琴南与《新青年》同人的"正面交锋"。此处只选取《答大学堂校长蔡鹤卿太史书》作为分析的对象，原因在于，这封信最终迫使蔡元培公开表态，并且与陈独秀的离职有着一定的关联；相较于《荆生》、《妖梦》等文艺创作，这封发表于媒体的公开信，意见表达的更为清晰明了。

林琴南《答大学堂校长蔡鹤卿太史书》有以下几点值得注意：其一，他承认自己是"遗老"，他致书的目的在于维护"名教"，并希望蔡元培也能维护"名教"。其二，他将道德与大学、教授挂钩，矛头指向陈独秀的言行。其三，批评《新青年》的言论及造成的"恶劣影响"。由上可见，在维护"名教"方面，林琴南气节可嘉，这也是后人为林琴南翻案的重要原因。

应该说，林琴南公开信中的种种指责，在学理方面是有所欠缺的，甚至根本算不上现代意义上探讨学理的文字，他笼统罗列了一些现象，并将这些现象作为论证依据，相较于蔡元培的答书，高下立见。但是，以传统道德文章的标准来看，这封公开信还是很成功的，不仅文气贯穿始终，态度也很鲜明，足以表现作者维护"名教"的决心。这篇文章的最大成功，是从道德角度审视《新青年》同人的言行，不仅认为《新青年》的言论是不道德的，杂志同人的行为也是不道德的，外界纷集的"谣琢"正好为林琴南的指责提供了论据。

蔡元培针对林琴南的质问，做了详细回答：首段即对林琴南关注的"谣琢"进行了答复。其后逐条对"覆孔孟，铲伦常"，"尽废古书，行用土语为文字"的指责进行了驳论。再次重申两种"大学主张"，即"对于学说，仿世界各大学通例，循思想自由原则，取兼容并包主义"，"对于教员，以学诣为主"，"其在校外之言动，悉听自由，本校从不过问，亦不能代负责任"[①]。

从学理来看，蔡的答信固胜一筹，但在道德评价方面，蔡的答信又逊于林的来信。首段即关注林琴南所说的"谣琢"，表明蔡本身也很重视"谣琢"的杀伤力。其后展开的条分缕析的答疑，虽也试图将教授的校外言行、私人言行与校内公开的活动进行剥离，并以北大进德会为例，指出北大自身也很注重"道德建设"。然而，相较于学理的条分缕析，蔡元培的这种"剥离"，既不旗帜鲜明，也不是论述的重点，多少具有回避"问题"的倾向。而"回避问题"的同时，则已落入了林琴南的"道德陷阱"。指出这一问题，并没有指责蔡元培的意思，事实上，公德、私德问题仍是

---

① 蔡元培：《致〈公言报〉函并答林琴南函》，《公言报》1919年4月1日。

现代中国难以解决的大问题。

林琴南的参战,并没有聚焦于"骂人",而是聚焦于道德。对林琴南而言,"骂人"根本不是问题,因为他本人也"骂人",而且《荆生》、《妖梦》的"妖魔化"色彩更为浓厚。对他而言,丧失"道德"才是《新青年》同人的真正问题,因此,他的"参战"让这场辩论具有了强烈的道德色彩。应该说,林琴南的道德审视非常有效,不仅其时陈独秀因私德问题离职[①],其后也成为评价陈独秀及《新青年》的一条重要标准。由此,认定《新青年》同人的"偏激"只是时间问题了。

4. 由道德视角的"骂人"到言论、态度的"偏激"

林琴南的"参战"虽以失败而告终,但他却成功地提供了一个"道德评价"的考察视角。有意思的是,其时外界似乎并不知道"双簧信"是钱、刘二君的"自问自答"。"双簧信"的出笼及王敬轩身份的披露过程,也是一桩历史谜案。既有迹象显示,这是钱、刘二人私下议定的结果,也有迹象表明此事是杂志同人默认的,但均没有直接证据予以证实。王敬轩身份的对外披露,也是有疑问的,既有证据表明是胡适将这个信息透露给了朱经农、任鸿隽等美国留学生,但朱、任、陈衡哲等人似乎都遵守了"保密协定"。然而,不管真相如何,"双簧信"发表直至林琴南"参战"后的相当一段时间,"双簧信"的"秘密"是不为外人所知的。

林琴南提供了审视《新青年》的道德视角,但其所用的道德是"旧道德"、"传统道德",用来审视陈独秀的私德非常有效,用来审视《新青年》的内容及北大,却是失效的。然而,随着"秘密"的逐步揭开,"双簧信"逐渐成为"道德"审视的焦点。无论是从职业道德角度,还是从新闻伦理角度,这都是一种不道德的"造假"行为。如果说,现代社会尚能容忍陈独秀的"私德",那么对于《新青年》公然造假违背公德的行为则是无法容忍的,这也正是当代研究者将"双簧信"视为吸引眼球的媒介策略的根

---

① 关于陈独秀离职的问题,是因为逛妓院,已经成为"定案",这从汤尔和、胡适二人于20世纪30年代的通信,以及汤尔和的日记中,可以找到据以确证的"蛛丝马迹"。笔者此处无意翻案,但要指出"因与学生争一妓,挖伤妓女下体"的谣言性。这一谣言应该登载于相关小报。以中国人的好私性、以陈独秀的边缘性、以中国政治斗争的残酷性,要想"坐实"这一段"艳事"并不难,但无论其时,还是其后,均没有确切证据坐实此事,至今仍是一桩无头公案。

本原因，甚至有人认为《新青年》大量伪造读者来信。从这一点来看，"双簧信"确实是《新青年》永远无法抹去的"污点"。既然《新青年》违背职业道德在先，那么林琴南多少都显得无辜。当前许多为林琴南翻案的文章，正是建立在这一道德审视的基础上①。

不仅如此，由"双簧信"引发的道德审视，也影响到了对《新青年》言论态度的评价，甚至影响到了对《新青年》的整体评价。比如，赖光临、陈平原等两位学者均认为《新青年》的言论态度是"偏激"的，而这种偏激的印象很大程度上是源于对《新青年》"骂人"部分的文本考察。赖光临直接认为"骂人"即是武断，"不容讨论"也是武断；陈平原虽然认为这是一种策略，但却认为这种言说姿态是"偏激"的。表面看来，这种结论的得出似乎与前述的道德审视无关，然而，正如本书所指出的，最初对"骂人"问题的讨论仅仅是就"骂人"这一行为本身展开的讨论，既没有道德的审视，也没有形成"武断"的印象，即是傅斯年"自我批评"中提及的"武断的毛病"②，也不能代表《新青年》同人的态度，毕竟傅是"学生"，《新青年》同人是"师辈"。林琴南的参战，让这场辩论具有了强烈的道德色彩，为其后人们评价《新青年》提供了一个道德视角。随着"双簧信""秘密"的渐为人知，《新青年》的"骂人"正式成为杂志同人永远无法抹去的"污点"，任何对《新青年》的评价都无法回避"双簧信"的"造假"与《新青年》的"骂人"问题，有些评价甚至直接以此作为立论的根据。这正是"偏激"印象得以形成的"源头"。

克罗齐说，"一切真历史都是当代史"，这句话有多种解释，其中一种为"历史正是以当前的现实生活作为其参照系的"③，这表明，历史话语不同程度地嵌入了研究者对现实生活的"当代思想"。赖光临、陈平原两

---

① 相关论文不仅从"双簧信"中寻找林琴南的"影子"，而且也将胡适、刘半农等人在林琴南去世时发表的意见指为《新青年》同人"幡然悔悟"的证据，正式"坐实"了林琴南即为"双簧信"树立的靶子。其实，"双簧信"的来信本来没有树立靶子，答信也没有"独骂"林琴南，胡适、刘半农等人的意见与其说是"幡然悔悟"，倒不如说是对一位颇有气节的老者的敬意。

② 傅斯年在《〈新潮〉之回顾与前瞻》（《新潮》1919 年第 2 卷第 1 期），有这样一段表述，"我们有点勇猛的精神，同时也有个武断的毛病。要说便说，说得太快了，于是乎容易错。观察研究不能仔细，判断不能平心静气，——我不敢为我自己讳"。

③ 何兆武、陈启能：《当代西方史学理论》，上海社会科学院出版社 2003 年版，第 141 页。

第三章 成就"元典":"五四"前后的报刊实践

位学人虽身处两地,年龄也相差一代,但均不同程度地见证了"偏激"的历史。由这个角度看,"偏激"的印象还源于后世的"当代思想"。问题是,其后"偏激"的历史与《新青年》同人的"偏激"到底存在何种关系?如果这种关系是必然的,那么,《新青年》当然要为此承担历史的责任。然而,两者之间虽有一定的关系,但却不是必然的关系,正如邓金明的"发现"一样,《新青年》虽启发了五四青年的"个人意识",但五四青年对不同道路的选择却源于对现实的深刻思考。因此,要求《新青年》为其时及其后的"社会偏激"承担责任,多少有点不合适。

最初外界对《新青年》"骂人"的指责是与讨论学理联系在一起的,因此又延伸出"偏激"与《新青年》在理论自洽与完整方面的探讨。确实,《新青年》在学理自洽与完整方面存在缺憾,但这是否源于《新青年》同人"偏激"的言说姿态,则存在很大的疑问。解决问题固然重要,提出问题也很重要,对其时中国思想界,尤其如此。况且,《新青年》既提出了问题,也讨论了学理,而且颇有成效,中国学术由传统向现代的转型,《新青年》同人是有贡献的。事实上,《新青年》还是充满了理性的光辉,绝不是"偏激"所能简单概括的。

六 启蒙刊物的典范

《新青年》作为中国近代、现代的分界点,其意义不仅在于思想史、革命史,也在于报刊史,其在中国报刊史上所占的地位也是值得探讨的。事实上,《新青年》不仅是新文化运动的"元典",也是中国新闻史上启蒙报刊的"典范"。本部分即从新闻精神、新闻业务两个方面探讨《新青年》在中国报刊史上的地位。

(一)对新闻精神的贡献

1. 新闻精神的定义与表现

杨保军将"新闻精神"界定为,新闻活动者(主要是职业新闻活动者)对待新闻传播业的态度、从事新闻工作的基本原理以及通过新闻传播所要实现的追求和理想[①]。需要指出的是,他对"新闻精神"的"建构"

---

① 杨保军:《新闻精神论》,中国人民大学出版社2007年版,第28页。

是以新闻专业主义为起点[①]。这种考察有其一定的合理性，然而，这却多少忽视了近代中文报刊发展过程中存在的"特殊性"，尤其忽视了《新民丛报》、《甲寅》、《新青年》等具有思想启蒙性质的报刊实践，因为梁启超、章士钊、陈独秀等人并非职业报人一种身份，其办刊实践也不是严格意义上的新闻专业主义的办刊实践。

胡适提出《新民丛报》、《甲寅》、《新青年》分别代表了"三个时代"，这主要是从思想史的角度提出来的。从报刊发展史来看，这三份杂志在中国报刊史上也占有重要的地位。中文近代报刊虽然是舶来品，但其在中国的生成、发展却有着自己的发展逻辑。第一，中文近代报刊的产生是作为传播西方文明的载体而出现的。近代中文报刊最早源于传教士所办的中文报刊，与西学东渐有着密切的关系，相较于传播新闻信息，这些刊物更偏重于传播西方文明。传教士刊物是如此，即使西方人创办的商业报刊也非常重视介绍西方文明，如《申报》第四号《申江新报缘起》，即特别强调报纸在了解外国事务上的作用，"如今欧罗巴诸国，其规模之日新月盛，得而知之"[②]。第二，西方现代报刊的产生源于政治斗争和经济竞争的需要，近代国人办报则与挽救民族危局紧密联系在一起。这不仅提供了有限的合法性，一定范围内的适当的议论不仅为统治阶层欢迎，统治阶层也通过各种形式支持办报，甚至直接参与办报；而且也决定了通过报刊学习西方的"正当性"，既然学习西方已经成为挽救民族危局的必然途径，那么利用报刊向国人传播西学知识无疑是最佳的途径。第三，利用报刊进行思想启蒙的必然性。思想启蒙的必然性源自由技艺到制度再到文化的学习路径，这已为中国近代历史的发展所证实。报纸作为大众传媒，经过数十年的发展，已经成为国人了解西方、了解政事的主要渠道，一定程度上培养

---

① 如他认为，"社会公众服务（或为公共利益服务，为人民服务）是其（新闻精神——笔者注）总的目标，贯穿的基本精神是公共精神和民主精神，对于职业的新闻活动者来说，这种精神既可以叫做新闻职业精神，也可以称为新闻专业主义精神；但对于非新闻职业活动者来说，可以直接称之为公共精神"。此外，该书第六章探讨"新闻精神的历史建构"时，无论是"新闻精神的西方建构"还是"新闻精神的中国历程"，起点均是"新闻专业主义"，这表明他是以"新闻专业主义"作为起点来探讨"新闻精神"的建构的。

② 《申江新报缘起》，《申报》1872年5月6日第1版。

了国人，尤其是士大夫的读报习惯①，这不仅为国人其后的两次办报高潮提供了基础，也标示着利用报刊进行思想启蒙的必然性。第四，报人身份的多重性。这里的多重性是指办报主体并不以办报为唯一职业与终身目标，往往体现出报界、学界、政界的三栖性。无论是梁启超、章士钊还是陈独秀，都体现出这一特性，这一点与《大公报》诸位同人是判然有别的，也与《大公报》的新闻专业主义有所区别。这些都表明近代国人自办报刊的发生、发展有着自身的发展逻辑。

那么，近代国人自办报刊的"新闻精神"究竟有何表现呢？在探讨近代国人自办报刊的"新闻精神"之前，需要指出两点：一是此处对近代国人自办报刊的考察，主要是从思想启蒙的角度切入的，这既是因为思想启蒙是其时报刊的一个主要任务，也是因为启蒙报刊是其时报刊形态中的主流之一。二是本书对杨保军"新闻精神"的概念是赞同的，对其将"公共精神"作为"新闻精神之总精神"也基本同意，毕竟上述两个概念都可以做泛义的理解。由此出发，可以发现国人自办报刊的"新闻精神"主要体现在以下三方面：

（1）文人论政的议政精神

自古以来，文人"议政"都具有相当的合法性，这几乎是"一件天经地义的事情"，"讲学"、"雅集"、"党争"是历代文人议政的方式。"文人论政"则是指由王韬1874年创办《循环日报》开启的利用报刊讨论政治的"议政"方式。"文人论政"与古代文人议政，在本质上是相同的，都认为讨论政事是读书人理所当然的责任。在如下三方面则有所区别：一是"议政"使用的媒介是不同的，前者是人际传播、群体传播，后者则使用了报刊这一大众传播媒介，因此传播范围、影响范围更为远大；二是主体身份的不同，前者的主体身份是体制内的，"议政"本身即是"参知政事"的一种形式，后者的身份则是边缘的，"论政"本身是为了希望引起权力中心的重视；三是读者意识的不同，前者的读者仅限于士大夫，后者的读

---

① 王维江在《"清流"研究》（上海世纪出版集团2009年版）辟有专章，论述"清流"与《申报》的"清议"（舆论）互动，使用了较多的史料指出《申报》已经成为朝廷大员、底层官员了解西方、关心政事的必要途径。在该章注释部分，他还引用了多位外国学者关于《申报》的研究成果用以论证。事实上，国外学者对《申报》的关注和研究，正反映了《申报》已经进入了中国人的阅读生活，表明大众报刊逐步培养了国人的阅读习惯。

者范围则扩大到了整个社会,往往能够引发强烈的社会舆论,这表明后者有着很强的读者意识。

"文人论政"发起了近代国人办报的"政论"传统,"政论报纸"成为近代国人办报的主流。相较于传播事实信息,"政论报纸"更偏重于意见信息的传播,甚至直接以意见信息作为报纸主体内容,言论质量不仅是判定主笔水平高低的标准,也是判定刊物质量高低的标准。应该说,"文人论政"是中国近现代报刊发展史中的一个非常重要的传统,从王韬1874年创办《循环日报》首开"文人论政"之风算起,到1948年12月储安平的《观察》被封,文人办报论政的传统至少绵延了75年[①],王韬、梁启超、章士钊、陈独秀、于右任、宋教仁、黄远生、陈布雷、张东荪、胡适、张季鸾、胡政之、王芸生、徐铸成、储安平等人则是"文人论政"的代表性人物。因为种种原因,这个传统被迫中断,但"文人论政"的议政精神确是其时国人办报的一个可贵的新闻精神。

(2) 借鉴西方的学习精神

借鉴西方的学习精神,主要是指自觉地以西方作为国家发展的参照系,要求学习、借鉴西方的发展道路,不仅介绍西学知识,更利用西方知识资源[②]作为"文人论政"的论政依据,希望以此摆脱国家面临的危局,实现富国强国的目的。鸦片战争之后,西学东渐,无论国人对西方持何种态度,学习西学已经成为不可避免的事实。洋务运动、戊戌变法、辛亥革命都是学习借鉴西方知识资源的结果,如果视野放得更宽一些,可以发现,之前的太平天国运动以及后来的共产主义运动也都借鉴了西方的知识资源。在西学东渐的过程中,报刊充当了非常重要的角色,无论是早期的传教士刊物,还是王韬以来近代国人的办刊活动,"西学"都是这些报刊实践的主要内容。不仅如此,西学已经逐渐成为报人、主笔进行"文人论政"的知识资源,晚清王韬、梁启超论证变法合理性的根据之一即是西方的知识资源,《清议报》、《新民丛报》、《民报》、《甲寅》也是如此,而且

[①] 如果算上雷震、殷海光等人在台湾的言论活动,这一传统延续的时间更长。
[②] 本书对"知识资源"的使用,源于章清《传统:由"知识资源"到"学术资源"——简析20世纪中国文化传统的失落及其成因》(《中国社会科学》2000年第4期)一文。他认为,"知识是对事实或思想的一套有系统的阐述提出合理的判断或者经验性的结果"。因此,"知识资源"乃是指对社会合法性进行辩护的论证资源。

引证的西方知识资源更为丰富。

章清在分析了《新青年》文本之后,指出,"五四一代关于传统的立场,主要体现在不把传统作为政治制度合法性的知识资源,传统也因此呈现由'知识资源'向'学术资源'的过渡。自五四迄于今,文化传统由各种'经典'向抽象化的象征符号过渡"[①]。应该说,这是个颇具创见的论断。不过,本书认为,中国传统的知识资源向学术资源的过渡并不肇始于《新青年》,这个源头应起自王韬的《循环日报》,或者说国人办报的同时,即意味着传统知识资源开始向学术资源过渡。近代国人办报及其开启的"文人论政"的传统,不仅引进了西方知识,而且也是据以"论政"的思想资源,这必然对传统的儒家知识资源的"一统"地位产生冲击。这种冲击是巨大的,章太炎的《訄书》追溯的是先秦诸子的知识资源;谭嗣同的《仁学》则将儒家的仁、墨家的兼爱、基督教佛教的教义、西方科学中的"以太说"相互融合;康有为的《新学伪经考》、《孔子改制考》是在尊孔的名义下,讨论西方民主思想与平等理念;张之洞的《劝学篇》虽再次强调"中体西用",但他已重视到西学的重要性,这种"强调"具有回应"西学"挑战的意义。因此,借鉴西方的学习精神也是此时新闻精神的重要体现。

(3) 思想启蒙的批判精神

如前所述,批判不仅是启蒙的内在要求,也是展开启蒙的前提。所有的事物必须经由批判的态度加以检验,才能被抛弃或接受。批判性则是指对现实保持一种质疑的态度,并且通过报刊实践活动对所批判的思想和言行予以批判,是一种"回顾性反思"活动,不仅要求批判者本人富于洞察力、辨别力、判断力以发现问题,而且需要批判者引进新的知识资源从新的视角展开批判。由此出发,所谓思想启蒙的批判精神,是指运用新的知识资源,通过报刊活动对社会现实展开质疑并予以批判的自觉性的批判实践。

以此角度考察近代国人的办刊实践,可以发现,思想启蒙类报刊都体现了这一精神。王韬已经开始从事"建议性"的批评,第一次办报高

---

① 章清:《传统:由"知识资源"到"学术资源"》,《中国社会科学》2000 年第 4 期。

潮中，梁启超等人开始大张旗鼓地为"变法"进行"辩护"，这种"辩护"已经明显有别于王韬"建议性"的"批评"，已经呈现出批判性的色彩。在第二次办报高潮中，兴办的许多报刊直接以"新民德、开民智"作为办报宗旨，批判性逐渐成为一种自觉的办刊实践，呈现出鲜明的批判精神。如前述《安徽俗话报》的批判性精神，《国民日日报》体现的批判性的启蒙面向，《中国白话报》刘师培、林獬的激烈主义，《京话日报》彭翼仲直面权贵的言论态度，《大公报》英敛之批判性的话语实践。《清议报》、《新民丛报》、《甲寅》的思想启蒙的批判性实践更是人所共知。

应该说，上述三种精神是紧密联系的。实际上，"文人论政"的议政精神，是在引进西方知识资源作为论证依据的基础上，通过报刊批评性的话语实践展开的，而当这种批评性的话语实践，达到一定规模，成为一种自觉的话语实践之后，不仅西方知识资源逐步代替了传统儒家的知识资源，批评性的话语实践也成为一种思想启蒙意义上的批判精神。

2.《新青年》的新闻精神

(1) 理性的启蒙精神

关于《新青年》引领的五四新文化运动是否具有启蒙的性质，少数论者认为五四新文化运动并不是一场启蒙运动，但当前绝大多数论者认为五四新文化运动是一场启蒙运动，只是不够彻底。那么，作为引领五四新文化运动的《新青年》，具有思想启蒙精神当属无疑。思想启蒙的特征之一，就是理性。《新青年》是否具有理性的启蒙精神呢？前文已经针对部分认为《新青年》"偏激"，割裂传统的观点做了答复。不过问题依然存在，《新青年》的言论有时确实相当激烈，有些问题的讨论并没有太大的学理价值，如世界语问题、废除汉字问题、废除旧戏问题，据以立论的基础是简单的进化论。比如，陈独秀、鲁迅虽没有参与世界语的讨论，但他们都在通信中简单地表示了态度，相信讨论世界语的必要性在于语言的进化。但是，存在的这些问题并不能否定《新青年》具有的理性的启蒙精神。

如前所述，《新青年》存在的这些问题，缘于时代的局限。如就文化而言，文化是具有保守性和排他性的，"文化的传统愈深厚，这种保守性与排他性就愈严厉"①，鲁迅"铁屋子"的比喻指向的正是这种文化的保守性和排他性，而"铁屋子里的呐喊"也正是《新青年》的言论态度。就"救国"与"启蒙"而言，李泽厚已经指出了"救亡压倒启蒙"之于其后历史的重要意义，事实上，"启蒙"也是缘于"救国"的迫切需要，正是《新青年》同人深刻的"救国"情怀，才让他们聚集在《新青年》旗下，利用其时有利但很短暂的社会环境，展开了一场并不彻底的思想启蒙运动。在迫切的心态下进行为时短暂的文化反思，这是《新青年》同人的实际境遇。仅从以上两点而言，《新青年》存在的问题也是可以予以同情地理解。

如果对《新青年》存在的问题予以同情地理解，那么我们就能承认《新青年》的理性的启蒙精神。比如对儒学孔教的批判与反思，对妇女问题的关注，对青年自觉、觉醒的强调，对个人主义的倡导，对白话文学的学理探讨与文学实践，对美学、宗教、教育的探讨，对西方哲学、社会科学的引介，等等。事实上，《新青年》之所以能成为新文化运动的"元典"，成为各方争夺利用的"符号"，这与《新青年》的理性的启蒙精神是分不开的。此外，从读者的角度来看，无论是日后的左翼，还是日后的右翼，其在青年时代都受到了前七卷"以哲学文学为是"的《新青年》的影响，这种对道路的不同选择，正是源自《新青年》的理性光辉。

如前所述，报纸杂志与书籍是两种不同的传播媒介，书籍可以在"封闭"的环境下"从容"地建构完整的叙事，报纸杂志则是开放的、即时的，需要对外界话语保持高度的对话性，虽能取得"即时"的传播效果，但必然对叙事的完整性造成负面影响。因此，《新青年》及其引领的五四新文化运动存在的一些缺点，与报刊媒介这一载体形式也有一定的关联。然而，这并不能否定报刊作为启蒙工具的正当性。一方面，报刊媒介兴起之后，书籍的媒介主导地位即被报刊媒介所取代；另一方面，众多报刊的参与，不同人士的参与可以从不同视角丰富报刊的启蒙面向。因为种种原因，报刊的启蒙功能被"遗忘"了，但我们还是应该看到，《新青年》理性的启蒙精神在中国新闻传播史上的重要地位。

---

① 余英时：《五四文化精神的反省》，《五四：文化的阐释与评价——西方学者论五四》，山西人民出版社1989年版，第38页。

(2) 自由主义的办刊精神

自由主义作为一个术语，含义极其广泛。此处并不打算对自由主义下个定义，而是采用殷海光对自由主义性质的描述以及由此确定的自由主义者的考察标准。殷海光在《自由主义的趋向》中说："中国的自由主义迄未定型。因此，我们要决定谁是彻头彻尾的自由主义者，这是办不到的事。值此社会文化激变的时代，没有任何人的思想从少到老始终一贯不变，而且也没有这个必要。自严复以降，就我所知，在中国思想界可以做代表人物的人物里，没有任何人的思想是从头到尾像化石一样不变的。既然如此，我们也就没有理由把他们的思想硬装进一个固定的范畴里。我记述或类分思想变动的方法，是列出由六种性质构成的一个组。我所选择的人，当他在某一个阶段的思想合于这一组性质中的四种时，我就将他放进'自由主义'栏里。这一组性质是：一、抨孔；二、提倡科学；三、追求民主；四、好尚自由；五、倾向进步；六、用白话文。"[①] 作为中国自由主义人物谱系中的殿军之将，殷海光的结论是值得借鉴的。

以殷海光的界定标准考察《新青年》及其同人，可以发现，这一组性质正是《新青年》倡导与呈现的主要内容，在此意义上，《新青年》同人几乎都可以称为"自由主义者"。不宁唯是，与其他同时期的报纸杂志相比，《新青年》同人也是"完整"、"彻底"的自由主义者。之前，无论是严复的办刊活动，还是梁启超的办刊活动，甚至章士钊的办报活动，他们所办的刊物在"自由主义"的呈现上都远逊于《新青年》。这意味着《新青年》自由主义的办报精神已经达到了新的高度，自由主义已经成为报刊同人的自觉追求。尽管由于陈独秀的革命转向，导致了《新青年》偏离了"以哲学文学为是"的办刊宗旨，报刊同人出现了"分裂"，但我们仍要看到胡适其后的自由主义的办刊实践及其影响。《新青年》同人分裂后，胡适从不谈政治到谈政治，发起创办《努力周报》、《新月》、《独立评论》、《自由中国》、《学文》，储安平、雷震、殷海光等人的办报实践也都深受胡适的影响。

可以说，《新青年》自由主义的办刊精神，把近代中国的自由主义精

---

① 殷海光：《自由主义的趋向》，《近代中国思想人物论：自由主义》，时报文化出版事业有限公司 1985 年版，第 21—22 页。

神推向了一个新的高度，不仅影响了其后自由主义者的报刊实践，也培养了其后的自由主义者。因为各种原因，自由主义的办刊精神被"遮蔽"了，然而这毕竟是现代报刊实践的一个"重要"组成，其于思想史的意义也不容忽视。因此，《新青年》自由主义的办刊精神理应在中国新闻传播史上占有一席之地。

(3)"彻底全面"的批判精神

如前所述，近代国人的办刊实践中，尤其是在清末的下层社会启蒙运动中，思想启蒙的批判精神逐渐成为一种自觉的办刊实践。然而，由于时代的局限，这种批判既不彻底，也不全面。下层启蒙运动将启蒙对象聚焦于下层社会，其批判的论域只能围绕民众的生活视域展开，如民俗、国民性、迷信、妇女的教育及裹脚等，这种批判既缺乏全面性，也缺乏深刻性。当然，这也与启蒙运动是由士绅集团发起，旨在提高底层民众素质，以为清政府实行预备立宪打下群众基础的启蒙目的有关。无论是清政府、还是士绅集团，虽然认识到下层启蒙的必要性，但目的如果仅在于提高底层民众素质的话，那么势必无法对传统文化进行较为彻底、全面地反思。

在五四新文化运动中，《新青年》将思想启蒙的批判精神发展到了一个新的高度，对思想文化领域展开了较为全面的、彻底地批判，这一点是学界所公认的，此处不再赘述。此处要指出的是这种批判的价值取向之于报刊实践的意义。批判之于人类社会的必要性，就在于世界上远没有完美无缺的事物，为了推动事物由低级向高级不断地发展，就需要用批判的视角去观察世界。从这个意义上看，《新青年》、陈独秀们留给后世的最可宝贵的，就是勇敢而彻底的批判精神。中国启蒙运动的载体是报刊这一大众传播媒介，报刊的批评功能与启蒙运动也多有关联，这意味着利用大众传播媒介进行批判的历史正当性，也意味着大众报刊批判价值取向的合理性。然而，由于诸种原因，大众报刊的批判功能被"忽视"了，或者被娱乐化淹没，或是沦为"建议"的批评，甚至连对"国民性"的批判也是阻力重重。在中国新闻传播史上，《新青年》确实体现了彻底而全面的批判精神，甚至可以说是空前绝后的，这也是《新青年》留给中国报刊实践的精神价值之一。

应该说，上述《新青年》的三种新闻精神也是紧密相关的，是与其引领的五四新文化运动的启蒙性紧密相连的。如果承认启蒙是思想进入现代的必要条件，如果承认五四新文化运动并不是一场彻底的思想启蒙运动的话，那么上述《新青年》的三种新闻精神不仅体现了中国近代报刊的发展逻辑，而且仍需要予以合理的继承和发展。

（二）对新闻业务的贡献

1. 促成了白话和新式标点的广泛应用

早在戊戌变法及清末下层社会启蒙运动，白话报纸已经出现，并获得了较为广泛的使用。但是，正如前文所述，戊戌变法时期的白话报无论在数量、地域分布以及思想内容方面，都存在局限，不能真正深入"底层社会"，维新时期白话报刊更多体现为开拓意义。晚清下层启蒙运动中，白话报刊虽较为有效地进入了底层社会，但语体文的色彩较浓，白话的地域色彩也很明显。当然，这些白话实践都为《新青年》推行语言革命，推广白话文积累了经验。《新青年》创办前，整个文化界仍然视文言文为写作的合法文体，白话文的正当性仍有待证明。

这种情况，直到《新青年》创刊，发起文学革命后才发生了比较大的变化。《新青年》公开提倡白话文，反对文言文，并且身体力行，从最初第一卷全部为文言文，到第二卷刊登了少量篇幅的胡适用白话翻译的小说和创作的新诗，第三卷第六期，钱玄同倡议既然主张白话文体做文章，那么杂志便应渐渐的改用白话文。第四卷起，杂志刊登的白话文迅速增多，到第六卷几乎完全采用了白话文。《新青年》的白话文实践在以下两个方面取得了突破，一是文学创作，鲁迅的小说以及陈独秀、鲁迅等人的随感录的成功证明了白话文的文学性；二是说理文，陈独秀的驳论文、胡适、周作人等人的论文，以及其他刊登于《新青年》的讨论学理的文章，证明了白话语言的逻辑性。《新青年》在白话文实践方面所取得的成功，迅速对其他报刊产生了影响，这一时期数百种白话报刊纷纷涌现，仅1919年就达400多种[1]，一些全用文言的报纸杂志，如《国民公报》、《晨报》、《东方杂志》，或开始采用白话文，或创办白话文副刊，或使用半文半白的

---

[1] 陈昌凤：《中国新闻传播史：传媒社会学的视角》，清华大学出版社2009年版，第163页。

文体。这样白话文运动影响整个新闻文化界，白话文在报刊文字中占有了优势。

《新青年》在推广白话文的同时，还倡导新式标点符号以及横行书写。新式标点符号最终推行成功，横行书写没有取得理想的效果。文言文很少分段，也无标点，只在句读处加圈，或用空一格的方法表示句读，不仅看起来不方便，内容也很难懂。《新青年》第三卷第三期刘半农提出文章不仅应该分段，而且应该使用标点符号，并具体提出了"句读与符号"，"圈点"的使用问题。经过《新青年》同人以及众多读者的讨论，《新青年》最终拟定了十多种标点符号公布报端，并首先使用。值得注意的是与标点符号一起讨论的横行书写问题，没有取得理想的结果，不仅《新青年》没有完全使用，民国时期的书报也仍然沿用传统的竖行。其中原因在于，标点符号本身具有表情达意的功能，白话文弃用了文言文的语气助词，使用标点符号可以弥补白话的这一缺点，当然标点符号的另一功能在于分清段落层次，这有利于阅读与理解。横行与竖行则基本是阅读习惯的问题，对文章的理解并不造成很大的困难。由此，足可见标点符号的优越性。事实上，《新青年》推出新式标点符号不久，其他报刊也陆续使用，并逐步扩大到整个报界。

2."随感录"对报刊文体的创新

《新青年》从第四卷第四期设立"随感录"，至第九卷第六期，共发表133则"随感"。起初各篇只标明序号，没有单独的篇名，从第56篇《来了》（第六卷第五期，1919年5月）起，每篇随感之前加标文题。在133则"随感"中，陈独秀独占58则，鲁迅27则，钱玄同15则，这三人发表"随感"共计100则，成为名副其实的"三驾马车"。

在晚清报刊中，一些报纸的副刊已经设有"丛谈"、"闲评"、"杂感"等栏目，发表篇幅短小、语带调侃的"文艺性时评"，如梁启超1899年8月于《清议报》开辟的"饮冰室自由书"栏目，即刊载梁启超读日文书刊后的感受或社会关系等方面的"短评"。然而，这种"短评"并没有成为一种相对稳定且为广泛接受的文体。直到《新青年》"随感录"的问世，"短评"才被提升为"文艺性时评"的报刊文体。这种文体后由鲁迅经营为"杂感"，正式成为一种文学体裁。

本书将"随感录"界定为"文艺性时评",原因在于,这种文体是将文学的手法与新闻评论的内容结合起来,采取文学化的笔法评论时事。就文学化的笔法而言,"随感"善用"预/喻/寓言"[①],嬉笑怒骂,既尖锐泼辣,又深刻幽默;就评论性而言,"随感"紧扣时事,无论"大事""小事",只要是现实生活中的"病态"现象,都可以拿来一评。事实上,"随感录"正是在以嬉笑怒骂的文笔评论时事方面,才远超前人,才受到其时、其后无数追随者的簇拥。从这个角度看,《新青年》确实开创有功。《新青年》推出"随感录"专栏后,很快就被其他新文化报刊所模仿,"李辛白主持的《新生活》,瞿秋白、郑振铎主持的《新社会》,邵力子主持的《民国日报》副刊《觉悟》等,都开辟了'随感录'专栏"[②]。至于以"随笔"、"杂感"为名师其意者,更是不胜枚举。

值得注意的是,陈平原认为,"'随感录'的横空出世,凸显了'五四'新文化人的一贯追求——政治表述的文学化。晚清以降,有志于改革社会者,往往喜欢借助文学的神奇魔力。这一将文学工具化的思路,日后备受非议"[③]。与此相关的另一个现象是,"杂文"在其后的发展更偏重于文学,而逐渐远离了新闻评论,尤其是时评。这既与新闻专业主义的专业要求相关,也与文学工具化的理路相关,新闻专业主义要求客观,摒弃主观色彩浓厚的文学词汇,文学工具化则规定文学的活动指向和活动区间,"杂文"的"杀伤力"被规制在一定的空间。然而,无论如何,"随感"确是《新青年》留给后人的一笔宝贵的遗产,也确如陈平原所说,八十多年后的今天,余香未尽,依旧值得再三回味。

3. 推动了报纸副刊的革新

五四新文化运动之前,许多报纸尽管都出版副刊,但副刊的格调不高,内容也多为文人雅士附庸风雅之作,一些副刊甚至刊登低级趣味的、黄色的内容,成为名副其实的"报屁股"。

作为一份思想文化刊物,《新青年》以"哲学文学为是",即使转向革

---

① 陈平原语,他认为"(随感录)作家巧用预/喻/寓言,'三言'联手,不难令读者'拍案惊奇'"。见陈平原《触摸历史与进入五四》,北京大学出版社 2005 年版,第 91 页。
② 钱理群等:《中国现代文学三十年》,北京大学出版社 1998 年版,第 147—148 页。
③ 陈平原:《触摸历史与进入五四》,北京大学出版社 2005 年版,第 91 页。

命的第八卷、第九卷也强调"仍以哲学文学为是"。这个定位决定了《新青年》在五四新文化运动中的引领地位，也必然对报刊媒介产生重要的影响，尤其是对报纸副刊的影响。事实上，在五四新文化运动的冲击下，报纸副刊很快就发生了突破性的革新。

从形式上来看，既有综合性副刊，也有系列副刊，还有大批的特刊和专刊。综合性副刊如《民国日报》的《觉悟》、《时事新报》的《学灯》、《晨报》的《晨报副镌》，以及《京报副刊》等，这是著名的五四时期的四大副刊。系列副刊如天津的《新民意报》的系列副刊，冯并将这种副刊格局称为"四大一系列"。尽管严格说来，特刊、专刊并不都是副刊，但五四时期的特刊与副刊是紧密相连的，"标志着副刊同现实生活发生了更加广泛、更加深入的联系，同时也说明了新文化运动的愈来愈深入的发展"[1]。从内容上来看，《新青年》提出的各个子命题在这些副刊上均有所表现，新思想、新知识、新文艺成为副刊刊登的主要内容，副刊成为五四思想启蒙的重要阵地。从价值观念上来看，对副刊的性质和社会作用也有了新的认识，主张革新副刊的人明确提出，报纸是代表社会的言论机关，"凡是社会上的人们，都可以把自己的意见尽量地写出来"，所以，副刊的任务在于：（1）介绍"关于政治的社会的文化的论著或品评"；（2）"介绍各国民众的思潮到中国来"；（3）"要以艺术的力量去滋润"读者[2]。可以说，副刊从此不再是可有可无的"报屁股"，而成为报纸必不可少的组成部分。

值得注意的是，《新青年》同人还积极参与报纸副刊的改造工作。孙伏园即在李大钊、鲁迅等的支持下，将《晨报副刊》编辑成为参加新文化运动和宣传社会主义思潮的园地。《觉悟》、《学灯》、《京报副刊》等副刊上，也常能见到《新青年》同人，如陈独秀、李大钊、鲁迅的身影。

总之，《新青年》引领的五四新文化运动造成了报纸副刊的巨大变化，不仅写下了我国报纸副刊史上光辉灿烂的一章，也为我国报纸副刊的发展，开辟了一条宽广的道路。

---

[1] 冯并：《中国文艺副刊史》，华文出版社2001年版，第177页。
[2] 同上书，第175页。

第三节 创办《每周评论》,引领评论性报刊新潮流

在新的国际、国内形势背景下创刊的《每周评论》,以"公理战胜强权"为宗旨,不仅注重对各式公理的输入,而且积极评论政治现实,不仅标志着《新青年》同人由不谈政治转为大谈政治,而且引领了其时评论性报刊的办刊潮流。然而,随着国际形势的风云变幻,以及中国外交遭遇的失败,《新青年》同人拥护的"西方公理""破灭"了,《新青年》同人面临着真实的道路选择问题,而输入的各式公理则提供了道路选择的可能性。

陈独秀作为报纸的主编,虽只主编了前25号,但已经为《每周评论》奠定了成功的基础。针对国内外重大政治事件,陈独秀在《每周评论》上发表了大量的政治性意见,引导读者关心现实政治,不仅为读者带来了"光明",也推动了新文化运动的深入发展。与此同时,陈独秀也"完成"了对"各式公理"的"甄别",开始形成并宣传自己的政治主张,并因此被捕入监。主编《每周评论》的经历实际上已成为陈独秀从精神领袖向政治领袖过渡的"第一步"。

一 新的政治环境需要"谈政治"

虽然《每周评论》是在《新青年》发行期间创办的刊物,但是《每周评论》是在新的国际、国内形势下创办的,创办背景有其一定的特殊性。

(一) 第一次世界大战后,世界性社会思潮的兴起

第一次世界大战的结束和俄国十月革命的胜利,不仅形成了新的世界格局,各种新的社会思潮也在世界范围内兴起。就第一次世界大战而言,协约国的胜利以及威尔逊的宣言及倡立国际联盟的建议,多少带有"公理战胜强权"的意味,以及国家平等的色彩,对其时中国的知识精英颇有吸引力。就俄国十月革命来讲,这场革命是社会主义实践的一次伟大"尝试",不仅资本主义各国严防"社会主义",并因此而改善劳工待遇,修正国内民主,中国政府也在积极防止"过激主义"。事实上,这一时期,民

族自决、社会主义、劳工神圣、平民主义等各种社会思潮已经成为世界性的社会思潮。

以陈独秀为首的《新青年》同人，敏锐地感觉到了这股世界性的社会思潮，在第一次世界大战结束后不久即创办了《每周评论》，输入其时流行的各种世界性的社会思潮，揭露强权的罪恶，宣示公理的正义，期望以此为中国的民族自决、军阀内乱的结束，以及民众的觉醒提供思想的资源。

(二) 和平统一呼声的高涨与南北和议的"形成"

第一次世界大战结束后，在世界渴望和平的大背景以及国内民众渴望和平的国内环境下，国际、国内要求南北双方息争，召开和议，进而实现和平统一的呼声越来越高。战后，西方各国重返中国，要求打破日本"一战"期间形成的独霸中国的局面。为此，他们积极扶持直系军阀及其提出的"和平统一"政策，寄希望于南北双方进行和议，从而达到"和平统一"的目的。其时，北洋军阀的派系斗争也暂时让直系的"和平统一"主张战胜了皖系的"武力统一"政策，"文治总统"徐世昌虽由皖系操纵的安福国会选举为总统，但为了自己的利益，也积极支持直系的和平运动。南方广州军政府也因为改组，孙中山离职，领导权落到了西南实力派，尤其是桂系手中。军政府逐渐由"真护法"转为"假护法"，沦为以桂系为首的西南军阀与北洋军阀妥协靖和的工具。当然，就国内民众而言，稳定、和平的国内环境，则是辛亥革命以来民众渴望憧憬的生活环境。

尽管"南北和议"必然以失败而告终，但正如徐树铮所说："今日之局，和为必不可能，明眼人皆知之；而不许人言和，又为情理所不宜。惟我辈主战之人，只好姑从默尔。"① 可见，其时"南北和议"确是民众的真实呼声。《每周评论》的创办也源于这种现实的政治关怀。因此，这也是《每周评论》的创办背景之一。

(三)《新青年》同人"谈政治"的需要

通常认为，创办《每周评论》是陈独秀、李大钊、张申府等人谈政治的需要，因为《新青年》作为一份月刊，出版周期长，多为理论文章，而且"以哲学文学为是"，并不主张牵涉现实政治。这种论点具有一定的合

---

① 中国科学院近代史研究所近代史资料编辑组：《徐树铮电稿》，《近代史资料（专刊第二号）》，中华书局1963年版，第351页。

理性，但此论点也夸大了谈政治与不谈政治的界限。《新青年》也是谈政治的，只是从思想、文化的角度讨论政治，对评论现实政治的兴趣并不大。《每周评论》开始评论现实政治，但这种评论是以"公理战胜强权"，以及"输入新思想、提倡新文学"的宗旨为基础的。因此，与其说是直接的介入政治，不如说是通过评论实现政治社会思潮的思想启蒙。换句话说，评论是政治思想启蒙的一种手段。从这个角度出发，可以发现，创办《每周评论》其实也源于《新青年》同人深入开展思想启蒙的需要。

事实上，从政治角度展开思想启蒙，既是《新青年》从文化角度展开思想启蒙的延续和必然，也是思想启蒙的内在要求，对于肩负启蒙与救亡双重任务的五四新文化运动而言，尤其如此。当然，政治思想启蒙并不等于赤裸裸的政治宣传，《每周评论》不仅输入了形式各样的世界性的社会思潮，报刊同人的主张也不尽一致，这正反映了《每周评论》的思想启蒙的特性。在这一点上，《每周评论》与《新青年》确实存在不同的启蒙分工。

二 "公理"与"强权"

1918年12月22日，《每周评论》的创刊号刊载了陈独秀写的发刊词。在发刊词中，陈独秀把"主张公理，反对强权"八个大字作为《每周评论》的办报宗旨。那么何谓公理，何谓强权呢？陈独秀认为，"凡合乎平等自由的，就是公理；倚仗自家强力，侵害他人平等自由的，就是强权"[1]，他以德国的失败作为"公理战胜强权"的例证，并且认为威尔逊是"世界上第一个好人"的原因在于他主张的两个主义——"第一不许各国拿强权来侵害他们的平等自由。第二不许各国政府拿强权来侵害百姓的平等自由"——也是讲公理不讲强权的。简单地理解，公理即平等自由，强权即利用自身强力干涉他国或干涉本国百姓的平等自由。在此基础上，也可以进一步理解为，一切合乎平等自由的行为即为公理，凡是强力干涉平等自由的行为即为强权。尽管这种解释缺乏严密性，但由此可见陈独秀将平等自由放在非常重要的位置，将"公理战胜强权"作为办报宗旨，等

---

[1]《发刊词》，《每周评论》1918年第1号。本段中的相关引用文字均出自《发刊词》。

第三章 成就"元典":"五四"前后的报刊实践

于将"平等自由"作为办报的追求。

值得注意的是,《新青年》第五卷第六期刊载的《每周评论》的出版广告①,具体内容如下:

> 看《新青年》的,不可不看《每周评论》。
> 1.《新青年》里面,都是长篇文章;《每周评论》多是短篇文章。
> 2.《新青年》里面所说的,《每周评论》多半没有;《每周评论》所说的,《新青年》里也大概没有。
> 3.《新青年》是重在阐明学理;《每周评论》是重在批评事实。
> 4.《新青年》一月出一册,来得慢;《每周评论》七天出一次,来得快。
>
> 照上边所说,两种出版物是不相同的。但是,输入新思想,提倡新文学,宗旨却是一样,并无不同。所以,看《新青年》的,不可不看《每周评论》。②

这则广告有以下几点值得注意:首先,《新青年》与《每周评论》是有差别的,在篇幅、内容、侧重点、发行时间等方面均存在差异,因此两个刊物是不同的。其次,两者虽存在差别,但这只是形式上的差别,在"输入新思想、提倡新文学"的宗旨上却是一致的。最后,这种形式上的差异,与其说是差异还不如说是互补,尤其值得注意的是"阐明学理"与"批评事实"的比照,这既是一种分工,也是一种话语表达方式。因此,这则广告表明了《每周评论》的宗旨也是"输入新思想,提倡新文学",只是《每周评论》偏向于采取"批评事实"的话语表达方式,这是两者最大的"不同"。

那么《发刊词》中的"公理战胜强权"的八字宗旨与发行广告中的"输入新思想,提倡新文学"是否一致呢?本书认为,两者表达虽有差异,

---

① 这则广告的重要性在于,它是《每周评论》正式刊出之前的出版广告,代表了《新青年》同人的认可态度,如果考虑到此时《新青年》尚未实行轮编制,且即将推行轮编制的情况,那么这则广告就代表了主编陈独秀的意见,甚至就出于陈独秀之手。
② 《〈每周评论〉出版广告》,《新青年》1918年第5卷第6期。

但在本质上却是一致的,就"平等自由"是启蒙运动的本质追求而言,两者恰恰是一致的。如何看待《发刊词》中表达的具体差异呢?首先,从媒介特性来看,《每周评论》是份周报,《新青年》则是月刊,报纸和杂志的媒介特性,决定了《每周评论》发行周期较短,文章篇幅也以短篇为宜,内容要有较强的现实针对性。《每周评论》作为一份周报,时效性无法与日报相比,那么这种现实针对性只能通过新闻述评的方式得以实现。其次,从办刊旨趣来看,采取"批评现实"的话语表达方式,不仅是思想启蒙的内在要求,也是《新青年》同人的善舞之处。事实上,学理的阐明离不开对现实的批评,《新青年》能够成为一代名刊,引领一场运动,《每周评论》确实做了不小的贡献。值得注意的是,"批评现实"与"谈政治"的关系。《每周评论》的确谈了政治,但是"谈政治"并不能完全等同于"批评现实",换句话说,"谈政治"只构成了"批评现实"的一部分。这个判断通过阅读《每周评论》文本即可以得出。由此出发,所谓"即便是'谈政治',也还是有所保留。这种潜意识里的保留,反映到实际中,就是无法彻底划分思想启蒙与政治时评的界限"[①] 的结论,多少显得偏颇。《每周评论》的"批评现实"是一种思想启蒙意义上的批评,思想启蒙的立脚点决定了这种评论必然有别于新闻专业主义视角或是政治学视角的政治时评。

事实上,正是因为是从思想启蒙的视角讨论"政治",才确立创刊之初"公理战胜强权"的宗旨,而对"公理"与"强权"的聚焦,也必然出现由"公理战胜强权"到"强力拥护公理"的转变,这表明了《每周评论》的宗旨实是讨论"公论"与"强权"。

三 栏目及内容

因为胡适接办《每周评论》后,对《每周评论》的体例做了调整,采用了《新青年》的刊物体例。因此,此处的栏目简介,采取兼顾的方式,对于胡适接办后的《每周评论》的栏目内容,能够放在前期栏目中的,则放在前期设置的栏目中进行介绍,不能兼顾的内容,则予以单独介绍。

[①] 尤小立:《五四新文化派的政治转向及其思想差异——以〈每周评论〉时期为中心的分析》,《南京大学学报》2006 年第 6 期。

第三章 成就"元典":"五四"前后的报刊实践

《每周评论》创刊号《本报简章》中,列出了报纸拟办的一些栏目:(1)国外大事述评;(2)国内大事述评;(3)社论;(4)文艺时评;(5)随感录;(6)新文艺;(7)国内劳动状况;(8)通信;(9)评论之评论;(10)读者言论;(11)新刊批评;(12)选论。在办报过程中,报纸又根据实际需要增加了"名著"及"旅欧记者特别通讯"两个栏目。以下对"国外大事述评"、"国内大事述评"、"社论"、"文艺时评"、"随感录"、"新文艺"、"国内劳动状况"、"评论之评论"等栏目及内容作简要的介绍。

(一)国外大事述评

"国外大事述评"共刊发了69篇文章,具体篇目详见附录二(以下各栏目的篇目均见于附录二)。

由数量来看,首先,关于巴黎和会的报道最多,至少为23篇;关于德国的报道次之,至少为9篇;关于新兴国家及民族独立的报道至少有7篇;关于英国的报道约有6篇;关于日本的报道约有4篇;关于俄国的报道约有2篇。这表明巴黎和会最受关注,其次,德国、新兴国家及殖民地的民族独立、民族自决也很受关注,在主导巴黎和会的五大国中,对英国和日本关注较多,对美国、法国、意大利关注较少,且关于美国、法国的报道主要集中于威尔逊总统、克里孟梭总理身上。值得注意的是,单独报道俄国的新闻只有2篇,其他与俄国相关的新闻或在巴黎和会的相关报道中,或在《世界各国劳农界的势力》的新闻述评中。这表明,俄国虽然被关注,但关注度并不大。

由内容来看,报纸最为关注巴黎和会,这不仅是其时的国际大事,而且与中国的切身利益密切相关。对巴黎和会的关注较为全面,会议的各方面议题均有所关注。值得注意的是,对和会处置德国、成立国际联盟、国际劳动立法的三项议程给予了较高的关注度。对德国的新闻述评关注点主要在于德国国内的政治乱象、革命情况以及围绕议会选举展开的政党纷争。报纸对波兰、爱尔兰、埃及、朝鲜、菲律宾等新兴国家及殖民地的民族独立、民族自决运动进行了新闻述评,其中对波兰、朝鲜的新闻述评篇幅较多,波兰是亡国后的复国,朝鲜则是日本野蛮统治下的民族自决运动,既有现实的参照意义,也有很强的地域接近性。对英国的新闻述评，焦点集中于议会选举及相关活动，劳工集会，以及解兵问题。对日本的关注点，则在于第一次世界大战后出现的新的政治思潮、劳动者觉悟及要求实行普选权的示威运动。对俄国的新闻述评关注的则是"混沌"与"过激"。

由上可见，"国外大事述评"不是单纯的评价新闻事件本身，重点在于通过新闻事件的评价，引导读者关注战后兴起的世界性的政治社会思潮。

（二）国内大事述评

"国内大事述评"共刊载了35篇文章。其中，"南北和谈"是"国内大事述评"一栏的主要聚焦点。此外，裁兵问题、山东问题、由五四运动引发的对学生运动的压迫及对集会出版的查禁问题、铁路问题等也成为该栏的评述对象。值得注意的是，"南北和谈"是南北军阀迫于国际、国内舆论压力而被迫召开的，在当时的条件下，"南北和议"根本没有实现的可能。然而，"南北和议"已经足以表明其时军阀混战对中国内政外交带来的危害，事实上，其他诸如裁兵问题、山东问题、铁路问题、八年公债问题、烟土问题，甚至由五四运动引发的对学生运动的压迫及对集会出版的查禁问题，都与其时的军阀混战，争权夺势的政局密切相关。

在此种意义上，"国内大事述评"的重点是批评、揭露军阀派系争斗给中国内政外交带来的罪恶。这种揭露与批评，让人们充分认识到在军阀当道的背景下，将和平的期望寄托于南北军阀的和议是根本无法实现的，必须做到像陈独秀所说的那样，"除三害"、打倒军阀，社会才有可能进步。这种揭露与批评是思想启蒙意义上的，与其时派系报纸的攻讦有着严格的区分。通常认为，军阀造成的国家混乱局面，为思想的多样化提供了绝好的"机遇"，五四新文化运动的发生确实也受益于这种"机遇"。然而，辩证地看，五四时期思想的多样化未尝不是对于袁世凯肇始的军阀割据政局的强烈的"反动"和深刻的"反思"，"从一定程度上来看，这也是军阀主义弊端的反应"[①]。

---

① ［美］费正清编：《剑桥中华民国史 1912—1949》（上卷），中国社会科学出版社 1994 年版，第 314 页。

(三) 社论

"社论"共刊载了 40 篇文章。《每周评论》的"社论",并不是严格的新闻专业主义层面上的代表报纸编辑部意见的社论。首先,"社论"栏刊登的文字倾向于报刊同人各自主张的自由表达,如陈独秀发表的《我的国内和平意见》(六篇连载)以及《我们究竟应不应当爱国》,表现出鲜明的个体意识,换句话说,他表达的是他的个人意见。再如王光祈(若愚)、李大钊(明明、常)的论点倾向于宣传社会主义的主张,周作人(仲密)、张申府(赤、赤子)的论点则偏重于思想、文化、哲理方面的"革命"主张。其次,"社论"栏意见表达的现实针对性也是不一样的,陈独秀(只眼)、高一涵(涵庐)的社论是对现实政治的意见表达,具有很强的现实针对性,而周作人、张申府的现实针对性就没有前者强烈,是一种思想、文化、哲学主张的表达。最后,"社论"的话语表达方式也存在差异。应该说,《每周评论》的社论都体现了"批评事实"的话语表达方式,在此基础上又存在明显的差异,如高一涵、周作人、张申府的社论偏向于学理的阐释,李大钊、王光祈、一湖的社论则偏重于主义的宣传,陈独秀社论的话语表达,既有别于学理的阐释,也有别于主义的宣传,是对现实政治的直接发问,是一种更为纯粹的批评话语。

如果说,"国外大事述评"、"国内大事述评"两栏的观点表达是通过新闻述评的方式,且代表少数编辑观点的话,那么"社论"栏的观点不仅是个人观点的直接、完整的表达,也是众多观点的百花齐放。胡适在《欢迎我们的兄弟——〈星期评论〉》(《每周评论》第 28 号)中,认为"每周评论虽然是个有主张的报,但是我们的主张是个人的主张,是几个教书先生忙里偷闲杂凑起来的主张,从来不曾有一贯的团体主张"[1]。这话虽有自谦的成分,但却是事实,《每周评论》的社论恰好印证了胡适的观点。《星期评论》一贯的团体主张的背后有着党派背景,《每周评论》观点的百花齐放却是出于思想启蒙的需要,在这一点上,胡适的指认错了。

---

[1] 胡适:《欢迎我们的兄弟——〈星期评论〉》,《每周评论》1919 年第 28 号。

(四) 文艺时评

"文艺时评"共刊载了 8 篇文章。"文艺时评",是对其时文艺的当下评论,"文艺"是评论的对象,"时评"是评论的形式。由此出发,胡适的《文学的考据》并不能称为"文艺时评",称其为"学术批评"勉强合适。因此,"文艺时评"实际上只有两位作者——高一涵与周作人。高一涵三篇评论的对象都为戏剧问题,其中两篇评论评价的是两本戏剧——《一念差》与《是可忍》,一篇评论则详细阐述了他的戏剧观,并以此澄清外界的误解。周作人的四篇评论中,三篇评论的评论对象都为小说及其社会影响问题(甚至"平民文学"的主要实践也是小说),具有很强的现实针对性,《平民文学》重在阐释"平民文学"的理论问题,这是文学革命在理论方面的实践,该文与《人的文学》(《新青年》第 5 卷第 6 期)成为文学革命在理论建设方面的重要论文。

应该说,"文艺时评"一栏发表的文章既不多,评论的文艺对象也不广,主要集中于戏剧(高一涵所评的戏剧不是纯粹的旧戏,而是其时新旧杂糅的戏剧——笔者注)、小说两个方面。这既与其时新文艺实践不够发达有关,也表明文学革命的理论建设并非易事。应该看到,文艺是五四新文化运动展开启蒙的重要手段,戏剧和小说从清末以来则是思想启蒙的重要媒介,在这个意义上,"文艺时评"栏的设置及发表的文章,均体现了《每周评论》的启蒙色彩。

(五) 随感录

"随感录"共刊登了 250 篇"随感",排在前三位的是陈独秀(127 篇)、李大钊(42 篇)、高一涵(32 篇),前三人的数量远远超出排名第四的胡适(17 篇)。因此陈独秀、李大钊、高一涵成为《每周评论》"随感录"栏名副其实的"三驾马车"。

前文在《新青年》部分,已经指出"随感录"的"文艺性时评"的性质,这种文体是将文学的手法与新闻评论的内容结合起来,采取文学化的笔法评论时事,并且论述了《新青年》"随感录"对其时报刊实践的影响。此处需要进一步论述的是,《每周评论》的"随感录"与《新青年》"随感录"的差异。《每周评论》的"随感录"起始即有篇名,如第 1 号"随感录"的第一则"随感"即是陈独秀的《两团政治》(1918

年12月22日),而《新青年》的"随感录"则迟至第56篇鲁迅的"随感"《来了》(第六卷第五期,1919年5月)才有篇名。对《新青年》来说,篇名的有无似乎并不重要,但对《每周评论》来说,篇名则是重要的。这个差别既源于报纸和杂志不同的媒介特性,也与《每周评论》的评论性有关。《每周评论》作为一份以"批评事实"为主的周报,既需要"刻意"地寻求批评的"对象",以符合"批评事实"的话语表达方式,从而实现报纸的办刊宗旨;也需要讲求评论标题的制作,而且标题制作必须旗帜鲜明。新闻述评的标题制作受制于新闻报道的客观性,不能充分体现编辑的评论观点,而"随感录"的标题制作则充分体现了"批评事实"的特点。

《新青年》作为一份偏于阐释学理的月刊,"随感"起初只是作为调节气氛的"小品"而出现。与"通信"、"读者论坛"等栏目的精心设置不同,这个栏目的设立如其名称一样,并不是杂志同人深思熟虑后的结果,多少具有一种随意性和突发性。而且,最初的"随感"也确是杂志同人"随发"的感受,虽也偏重批评,但并不像《每周评论》那样"刻意"寻求批评的对象,批评的着力点也不在于现实政治,而在于社会文化现象的批评,尤其是与刊物论域相关的社会文化现象的批评,如果再考虑到读者阅读杂志的深度阅读状态,《新青年》的"随感"确实没有命名的必要。在这个意义上,《新青年》的"随感"确实受到了《每周评论》"随感"的影响。事实上,两者是难以截然分开的,"随感录"对于其时及其后报刊实践的影响是两份报刊共同作用的结果。

(六) 新文艺

"新文艺"共刊发了33篇文艺作品,发表的作品集中于新诗、小说(包括翻译的小说以及创作的小说),这并没有超出《新青年》所刊的文艺类型,创作的文学性也没有《新青年》所刊登文艺作品的文学性浓。然而,在以下两点仍值得注意:一是文艺作品的现实性大为增强,这与《每周评论》的"批评事实"的话语表达方式是相关的;二是小说创作关注于底层民众,如程生的《当兵》、《名节》、《出气》、《白旗子》,涵庐的《逃兵》,胡适的《一个问题》,虽在思想的深刻性上不如鲁迅发表于《新青年》的小说,但这是"平民文学"、"人的文学"的可贵实践。

(七) 国内劳动状况

"国内劳动状况"共刊发了7篇文章。从内容来看，栏目名称表明内容主要反映国内劳动阶层工作、生活状况，但是这7篇报道主要集中在对城市劳动阶层（工人、车夫、佣工）的报道，农民（佃户）的报道只有一篇；从体例来看，有的是作者的见闻观感，如善根的两则来稿，有的则类似新闻通讯，如植《上海人力车夫罢工》，有的则类似社会调查，如《北京剃头房与理发店之今昔》、《山东东平县的佃户》，有的则是根据他人的叙述撰写而成，如李大钊（明明）《唐山煤厂的工人生活》。这个栏目的设立主要是唤起大家"关心劳动问题"，研究劳工情况，这为其后知识青年走进底层社会，发动社会革命做了一些准备。

(八) 评论之评论

"评论之评论"共刊发了5篇"评论"。这五篇文章，就评论对象来看，除了张申府的《鬼学》是针对英国出版的《科学杂志》中提及的"精灵论"的评论外，其余四篇都是针对其时国内报纸所刊新闻评论的评论。王光祈《无职业的人不得干预政治》是针对张东荪于上海《时事新报》所持"精神开放说"的评论，陈大齐（世纪）的《破坏与建设》是针对上海《时事新报》所载论说《破坏与建设，是一不是二》的评论，陈独秀的《关于北京大学的谣言》是针对上海报界关于北京大学的谣言的评论的评论，《孔教研究》则是针对北京《顺天时报》所载论说《孔教研究之必要》的评论，这表明《每周评论》对舆论界的关注。就评论内容来看，除了王光祈的评论是阐释《每周评论》主张之一的"劳农主义"之外，其他四篇评论均是对《新青年》所持论点的进一步的阐释，其中《破坏与建设》、《孔教研究》两文具有较强的学理色彩。站在思想启蒙的角度，这五篇评论文章都是针对其时的社会思潮而作，体现出了报刊同人思想启蒙的办报宗旨。

(九) 胡适接办时期（第26—37号）内容简介

1919年6月11日，陈独秀因在北京城南新世界游艺场散发《北京市民宣言》被捕，由此胡适从第26号（6月15日）开始接办《每周评论》，直至第37号（8月31日）被封。这一时期的内容主要有如下几点：

1. 第 26、27 号为杜威思想专号

《每周评论》第 26 号专门介绍杜威的民治思想，以"美国之民治的发展"为题分三部分发表了由高一涵、胡适整理的杜威在北京学术讲演会所做演讲的内容。

《每周评论》第 27 号则专门介绍杜威的教育思想，以"现代教育的趋势"为题分《教育的天然基础》（由高一涵整理）、《对于知识的新态度》（由胡适整理）、《教育的现代化》（由高一涵整理）三部分对杜威在北京美术学校所做的演讲做了介绍。

2. 18 篇偏重学理阐释的论说

从第 28—37 号，共发表 18 篇论说。严格说来，这 18 篇论说，除了《俄国的新银行法》、《欢迎中山先生脱离军政府》、《评徐佛苏的〈西南自治与和平〉》以及《中日怎样才能亲善》等少数文章具有新闻评论或社论的色彩外，其余论说更偏重于学理的阐释。当然，这并不是说这些论说没有评论的成分，而是指这些论说以阐明学理为主，并不重在批评现实，这与陈独秀主编《每周评论》时期的批评现实的话语方式是判然有别的。然而，话语表达方式虽然不同，但是思想启蒙的实质却是相同的，而且闪耀出理性的光辉。如张慰慈对俄国出台的各种法律政策的分析，既指出其具有的时代意义，也明确表示对其效果的评价应看其具体的实践，不能过早地得出结论，具有听其言，更要观其行的评价意义。又如李大钊对阶级竞争与互助的论说，高一涵对克鲁泡特金互助说的解释，也有助于读者从理论的角度增强对各种社会主义学说的了解。

3. "问题与主义之争"的五篇文章

中国近现代史上有名的历史公案"问题与主义之争"，由 5 篇文章构成，即胡适的《多研究些问题，少谈些"主义"!》（第 31 号）、蓝志先（知非）《问题与主义》（第 33 号）、李大钊《再论问题与主义》（第 35 号）、胡适《三论问题与主义》（第 36 号）、《四论问题与主义（论输入学理的方法）》（第 37 号）。这五篇文章除蓝志先的文章最初发表于《国民公报》，后由胡适转载于《每周评论》（有删减）外，其余四篇文章均刊发在《每周评论》。

应该说，"问题与主义之争"并不是严格意义上的马克思主义与实验主义的论战。这是"新舆论界"同志之间正常的学理辩论，甚至严格意义上说，这场辩论也不是"成功"的辩论①。因此，并不具有"论战"、"斗争"的"战斗"色彩。马克思主义也没有成为这场辩论的主要内容，李大钊对马克思主义的表述不仅是"自我的"，且是"单向的"，胡适只是在阐述学理输入的方法上以马克思及马克思学说作为例证，这也表明胡适对马克思主义是有所参研的②。胡适虽是杜威"实验主义"的信徒，但胡适文章中并没有"实验主义"的内容，而且也很难将胡适强调的输入学理的"历史的态度"以及由此出发的"少谈些主义，多解决些问题"的主张打上"实验主义"的标签。值得注意的是，胡适的言论是针对"新舆论界"的，他要求舆论家要以"考察社会的实在情形"作为"第一天职"，"一切学理、一切'主义'，都是这种考察的工具。"这种要求虽然有忽视报刊媒介特点的一面，但仍是一个"真实"的问题。"研究问题"、"发现问题"、"报道问题"的确为舆论界的"第一天职"，对一切学理与"主义"采取"历史的态度"所体现的"理性"精神也确是舆论界人士所需要的"真精神"。这是胡适对于舆论界的贡献。

《每周评论》刊载的栏目与内容除了上文介绍的内容外，还刊载了以下一些内容：3期"特别附录"，其中两期为"对于新旧思潮的舆论"，收录了27篇报刊言论，后一期是"对于北京学生运动的舆论"，收录了9篇报刊言论；"名著"一栏，主要发表了3篇译文；"通信"栏共刊登了23篇通信；"选论"（选录）栏共选登了10篇论说，"读者论坛"共发表了7篇读者言论；关于"山东问题"共刊发了16篇文章；"书报评价"栏共刊登6篇文章；此外陶孟和的《旅欧记者特别通讯》连载了13期。

四 "百花齐放"的评论

《每周评论》是一份评论性周刊，以评论见长，不仅所设栏目多以评论为主，而且评论形式也多种多样，更因为评论所使用的论证资源的"丰

---

① 董国强：《论"问题与主义"之争前后李大钊思想》，http://news.ifeng.com/history/zhuanjialunshi/dongguoqiang/200907/0713_7314_1246728_3.shtml。

② 胡适在《四论问题与主义——论输入学理的方法》中也提到了马克思主义，而且从学理角度做了一些阐述，表明胡适对马克思主义是有所研究的。具体内容可参见该文。

富多样",带来了评论观点的"百家争鸣",由此呈现出"百花齐放"的评论性特征,这对当时的评论报刊以及报刊评论产生了重要的影响。

(一)评论形式的丰富多样

这表现在两个方面,首先,《每周评论》设立的栏目以评论栏目为主,在该报《本报简章》中所列的12个栏目中,评论类的栏目有9个,为"国外大事述评"、"国内大事述评"、"社论"、"文艺时评"、"随感录"、"评论之评论"、"读者言论"、"新刊批评"、"选论(选录)"。此外,三期"特别附录"收录了其时报界的相关言论共36篇,这也表明报纸对社会舆论的重视。其次,评论的形式也不拘一格,有新闻述评、社论、文艺时评、"随感"式的文艺性时评,"评论之评论",以及"读者言论"等形式。新闻述评通过对国际、国内新闻大事的述评,指出事件的性质、意义及其对中国前途的影响。社论则是报社同人对政治现实的个人观点的直接的、较为完整的表达,就个人来说,这是一种自我表达,就报社来说,这是报社同人观点的百花齐放。文艺时评是针对文艺实践的观点表达,虽然文章不多,论域也主要集中于戏剧、小说两个方面,但将文艺评论上升为"时评",则表明评论的当下性和迫切性,这反映了报刊同人借文学介入社会、介入人生的文学关怀。随感录,作为一种文艺性时评,不仅"刻意"地寻求批评的"对象",标题的制作也很旗帜鲜明,对时事的评论不仅"一针见血",而且具有很强的"杀伤力"。"评论之评论"则是一种针对报刊评论的再评论,虽具有商榷的意义,但更偏向于纠偏,是一种旗帜鲜明的言论批评,一定意义上,甚至具有"观点市场"的意味,表明报刊同人引领舆论的信心与决心。"读者言论"刊发的是读者发表的言论,是报刊对于社外意见的一种选择性的呈现,这个栏目有利于引导读者关注报刊所持论点,并将相关讨论推向深入。

(二)观点表达的"百花齐放"

因为报刊评论多为报刊同人论点的自我表达,不仅评论时用于论证的思想资源是"丰富多样"的,也因此带来了评论观点的"百花齐放"。如前所述,《每周评论》与《新青年》宗旨是一样的,只是存在分工的不同,《每周评论》以批评现实的方式从政治角度进行思想启蒙。因此报社同人的思想观点肯定不尽一致,也确如胡适所说,《每周评论》"从来不曾有一贯的团体主张"，所发言论只是报社同人的"个人的主张"。事实上，当时各种世界性的社会思潮都可以在《每周评论》同人的言论中有所表现，以至于可以用"不遗余力"来形容报刊同人对输入"新思潮"的重视，在这一点上，《每周评论》甚至超过了《新青年》。由此，也带来了评论观点的百花齐放。比如，陈独秀以"自由平等"的"公理"作为立论的基础，李大钊将社会主义作为关注的焦点，胡适对杜威的思想哲学给予了较高的关注，周作人对平民文学的理论和创作实践的投入，高一涵从法理角度对政治事件的评析，张慰慈对俄国法律政策的分析与评价所透出的学理精神，王光圻对克鲁泡特金互助共产主义的强调，一湖对马克思主义中国化的表述，等等。

（三）影响

应该说，《每周评论》的这种"百花齐放"的评论性特点，对其时的评论报刊以及报刊评论产生了重要的影响。比如，《每周评论》的"国外大事述评"、"国内大事述评"、"社论"、"随感录"等评论类栏目，一时成为报刊仿效的楷模。五四运动中涌现出来的许多报纸，如《星期评论》、《钱江评论》、《湘江评论》、《武汉星期评论》等均模仿了《每周评论》的版式，"大体采用了类似的分栏"。1920年12月25日，北京大学"评论之评论社"出版了名为《评论之评论》的学生刊物，刊载评论各种学说和主义的文章，对马克思主义、无政府主义、工团主义、新村主义等都进行了批评。再如"新闻述评"的新闻体裁，虽然新闻述评在民国初年即已出现，但在当时并没有得到新闻界的广泛注意，这一题材的广泛运用是在五四时期，而这与《每周评论》的新闻述评所做的贡献是分不开的，不仅许多报刊均以"述评"为主要新闻体裁，诸如"世界大事述评"、"西方大事述评"、"东方大事述评"及"国内大事述评"的栏目也成为当时报刊的主要栏目。

五　马克思主义的传播

（一）马克思主义的"界定"

本书将其时传播的"马克思主义"界定为对马克思主义"三大学说"的引介及俄、德两国革命实践的评介。这个界定，虽然在学理上有欠严密，但主要目的是为分析《每周评论》传播马克思主义的文章及内容提供

第三章 成就"元典":"五四"前后的报刊实践

一个考察"标准"。确定这样一个"标准",主要是因为当前对《每周评论》、《新青年》传播马克思主义的研究存在泛化的倾向,如将报刊中反帝反封建的所有内容笼而统之地都称为传播马克思主义,再如将五四学生运动也笼而统之地称为传播马克思主义。事实上,新民主主义革命与旧民主主义革命的区别既在于革命的内容,也在于领导革命的阶级,在一定意义上,后者显得更为重要,笼而统之的将革命的内容指称为传播马克思主义既不准确,也不科学。

众所周知,马克思主义的唯物史观,主要论述的经济基础与上层建筑的关系,尤其强调经济基础的决定作用;马克思的阶级竞争理论,主要强调的是阶级斗争理论,尤其是无产阶级专政(劳农专政);剩余价值理论,分析的是资本主义的生产过程,尤其是资本对劳动的剥削。俄国十月革命及其开创的社会主义实践,第一次世界大战后德国由卡尔·李卜克内西、罗莎·卢森堡等人领导的德国社会民主党的活动,两者都是以马克思主义作为指导思想的革命实践,这一点也是众所周知的。因此,此处对《每周评论》传播马克思主义的文章及内容的考察,是在上述较为严格意义上的马克思主义三大学说的标准下进行的,凡是内容涉及马克思主义三大学说,及以马克思主义作为指导思想的"革命"实践,无论是褒是贬,都被认作是在传播马克思主义。这个"界定"排除了"国内劳动状况"一栏发表的文章,因为该栏虽是为了唤起大家"关心劳动问题",研究劳工情况,但并没有运用马克思主义三大学说对劳工情况进行研究。这个界定也排除了一些并非是在马克思主义思想指导下的民族自决、民族自治等"革命"实践。这个界定也对相关术语的使用做出了规定,只有在体现马克思主义意涵的前提下,相关术语才能被确认为是在传播马克思主义,如"阶级"、"资本家"、"地主"、"劳工"等术语,只有在内含无产阶级专政(劳农专政)意义的前提下,才被认为体现了马克思主义精神。

(二)传播的特点

以上述标准考察《每周评论》刊登的相关文章,共有41篇涉及马克思主义的文章[①],具体篇目如下表所示:

[①] 此处的统计除了依据文中确立的选择标准外,还考虑到被普遍认为是在传播马克思主义的作者及其文章,比如王光祈、李大钊、陈独秀、张申府、一湖等人的文章。

号数	栏目	文题	作者	号数	栏目	文题	作者
1	国外大事述评	德国政状		16	国外大事述评	匈牙利的情形	
	社论	国际社会之改造	若愚		名著	共产党的宣言（摘译）	舍
2	国外大事述评	德国内政之纷扰			随感录	纲常名教	只眼
3	国外大事述评	俄罗斯之混沌状态				混充牌号	常
		柏林之骚动		18	国外大事述评	各国劳农界的势力	
	社论	新纪元①			社论	无政府共产主义与国家社会主义	若愚
4	国外大事述评	俄国包围过激派之运动			随感录	二十世纪俄罗斯的革命	只眼
5	国外大事述评	不靖之柏林		19	社论	贫民的哭声	只眼
6	国外大事述评	德国之消息			随感录	克伦斯基与列宁	只眼
	随感录	平民独裁政治		20	社论	中国士大夫阶级的罪恶	一湖
		过激乎？过惰乎？	明明	28	论说	俄国的新宪法	慰慈
		放弃特殊地位				俄国的土地法	慰慈
		兴三利	赤	29	论说	阶级竞争与互助	守常
7	国外大事述评	日本政治思想的新潮流			随感录	赤色的世界	守常
8	随感录	公理何在	只眼	30	论说	俄国的婚姻制度	慰慈
		光明与黑暗		31	论说	俄国遗产制度之废止	慰慈
	读者言论	新时代之根本思想	一湖		随感录	俄罗斯	赤
9	国外大事述评	社会党国际大会		32	论说	俄国的新银行法	心
	选录	劳动教育问题	守常	35	论说	再论问题与主义	李大钊
10	社论	国际的革命	若愚				
15	名著	近代社会主义与乌托邦社会主义的区别	舍	37	论说	论输入学理的方法	胡适

由上表可以看出，涉及马克思主义的话语实践主要集中于"社论"、"国外大事述评"、"随感录"、"名著"等栏目。以下即从这几个栏目展开分析。

---

① 原文并没有标注作者，但该文被收入《李大钊全集》，故本书认为该文作者为李大钊。

第三章 成就"元典":"五四"前后的报刊实践

1. "国外大事述评"对德、俄革命实践给予了较高的关注

"国外大事述评"栏刊登的相关文章是以德、俄等国的革命实践为主,但这种评价既受"公理战胜强权"的宗旨影响,也受栏目的新闻性特点影响,评价没有表现出鲜明的倾向性,以"过激派"指称德国、俄国的革命实践即是例证之一。当然,没有鲜明的倾向性并不等于对德、俄革命实践不关注。事实上,"国外大事述评"一栏,共刊登了5篇关于德国的新闻述评,2篇关于俄国的新闻述评。可见,"国外大事述评"对德、俄两国的革命实践还是予以了较高的关注。此外,如果再算上有关日本、第二国际、匈牙利及"各国劳农界势力"4篇述评,篇目总数占该栏所刊述评总数的16%。可见,各国的社会主义运动受到了较高的关注。

2. "随感录"马克思主义话语实践的三驾马车:李大钊、陈独秀、张申府

"随感录"作为一种文艺性时评,其短小精悍的特点,决定了"随感录"或对俄、德等以马克思主义为指导的"革命"实践进行评价,或以马克思主义作为批评现实的论据,不可能对马克思主义及俄、德革命实践展开详细的阐述。在12篇"随感"中,李大钊的"随感"具有很强的辩护色彩,而且这种辩护是一贯的,如《平民独裁政治》、《过激乎?过惰乎?》、《混充牌号》、《赤色的世界》。陈独秀的"随感"体现出"过渡"的色彩,在前3篇《公理何在》、《光明与黑暗》、《纲常名教》等"随感"中,马克思主义及相关实践主要是以论据出现,用以评价、比较国内事件;后2篇《二十世纪俄罗斯的革命》、《克伦斯基与列宁》评价的则是俄国革命实践本身,且给予了很高的评价,如"十八世纪法兰西的政治革命,二十世纪俄罗斯的社会革命,当时的人都对着他们极口痛骂,但是后来的历史家,都要把他们当作人类社会变动和进化的大关键"[①]。"克伦斯基本是俄国温和派的首领,现在居然致电劳农政府,说他的思想渐渐和布尔扎维克主义接近。可见世界上温和的人都要渐渐地激烈起来了,这是什么缘故呢?"[②] 张申府的2篇"随感"《兴三利》、《俄罗斯》,主要是以论

---

① 只眼:《二十世纪俄罗斯的革命》,《每周评论》1919年第18号。
② 只眼:《克伦斯基与列宁》,《每周评论》1919年第19号。

据出现。有意思的是,这三个人既是《每周评论》的发起创办人,也是中国共产党的三位主要创始人。

3. 两篇译文在传播"科学社会主义"方面的"发生"意义

"名著"共刊发了三篇译文,其中两篇为舍(成舍我)的译文,即《近代社会主义与乌托邦社会主义的区别》(译自 August Bebel 的著作)、《共产党的宣言》(摘译)。《共产党的宣言》虽是摘译,但却是《共产党宣言》第一次被翻译成中文。《近代社会主义与乌托邦社会主义的区别》一文,则具有划清空想社会主义与马克思主义的意义,在一定意义上也是针对其时各种小团体的具有实验性质的"社会主义",如"新村主义"、"工读互助主义"等。因此,成舍我翻译的两篇文章,不仅具有"发生"的意义,也是真正的"科学社会主义"的传播。

4. 16 篇社论对马克思主义的"引介"

社论(论说)栏共有 14 篇文章对马克思主义及其在各国的革命实践有所涉及,约占《每周评论》所刊社论、论说总数的 24%[①],此外,如果再加上一湖刊于"读者言论"的《新时代之根本思想》,李大钊刊于"选录"的《劳动教育问题》等两篇论说性质的文章,这一比例将更高。考察这 16 篇文字的内容,可以发现,这些文字以学理方式从不同角度传播了马克思主义。

(1) 以学理的方式引介马克思主义

这是指大多数文章以输入学理的态度引介马克思主义,对俄国革命实践的分析评价也主要采取了这一态度。如就引介马克思主义而言,李大钊、一湖的文章都表现出这个特点,甚至具有较强的鼓吹、宣传色彩的王光祈的文章,也表现出输入学理的态度,如李大钊《阶级竞争与互助》中对马克思阶级竞争学说与克鲁泡特金的互助共产主义学说的"调和",王光祈《无政府共产主义与国家社会主义》对克鲁泡特金"互助无政府主义"与马克思"国家社会主义"的比较。再如一湖《新时代之

---

① 此处"论说",是指胡适接办《每周评论》时期,《每周评论》所刊的 18 篇论说以及胡适、李大钊撰写的"问题与主义"的 4 篇文章。

根本思想》、《中国士大夫阶级的罪恶》①这两篇文章所表现出的论证结构和论证逻辑。事实上,这也是由《每周评论》的读者定位决定的,在知识分子,尤其知识精英中,引介任何"主义"和"思潮"都必须采用学理输入的方式,引介带有"偏激"色彩的马克思主义更需以理服人。张慰慈的4篇论说鲜明地体现出这一点,通过考察俄国新出台的"宪法"、土地法、婚姻法、遗产法等法律,既指出俄国新法律所具有的时代意义,如"差不多全宪法的三分之一,是讲到这种为'会议共和国'所根据的主义。就此一层,俄国总算是在政治史上开一破天荒的事业"②,也表示新法律效果究竟如何应以实践的结果为标准,如"此刻俄国是一个极好的政治试验场,看他这种新法子试验出来结果如何"③,这种评价既具有学理性,也具有客观性,对于传播马克思主义及其在俄国的革命实践是有所贡献的。

(2) 多个角度"引介"马克思主义

这16篇文章从多个角度对马克思主义进行了引介。首先,马克思主义的三大学说被系统地予以介绍,并且开始尝试用马克思主义分析中国的社会问题,李大钊的文章最为典型。其次,马克思主义的引介与其他各种形式的社会主义,如无政府共产主义、工团主义、互助主义等相互"融合",部分文章甚至开始了马克思主义中国化④的尝试,李大钊调和克鲁泡特金的互助论与马克思的社会主义理论的努力,甚至王光祈对互助的无政府主义的强调,这些都可以看作是对马克思主义的中国化进行的

---

① 费正清主编的《剑桥中华民国史1912—1949(上卷)》(中国社会科学出版社1994年版)中,认为这篇文章很可能是由陈独秀、李大钊两人共同执笔(第500页)。根据文笔及内容来看,本文肯定不是陈独秀、李大钊两人共同执笔。可以肯定的是,一湖应该不是《每周评论》、《新青年》的报刊同人,至少在该文发表以前不是两份报刊的报刊同人。首先,因为《每周评论》刊登的他的第一篇文章是在"读者言论"栏,表明其是社外作者;其次,根据已有对报刊同人思想及相关文字的研究,报刊同人中没有一位同人其时的思想表现出如此的复杂性;最后,根据行文结构及所持观点,该作者极有可能是留欧,尤其是留德、留法的留学生,受过严格的学术训练,陈、李二人既不具备这一经历,行文结构及所持观点也存在较大差异。
② 张慰慈:《俄国的新宪法》,《每周评论》1919年第28号。
③ 张慰慈:《俄国遗产制度之废除》,《每周评论》1919年第31号。
④ 此处的马克思主义中国化,是指将马克思主义与中国的社会实际相结合,探寻解决中国问题的马克思主义道路。

有益探索①。最后，部分文章论述的中国革命话语具有一定的"发生"、"启发"意义，如一湖《中国士大夫阶级的罪恶》对欧洲革命前后两个时期的划分及在此基础上对中国革命两个时期的划分，对中国革命的主力（劳农阶级）及革命对象（士大夫阶级）的界定，对中国将来实行欧洲新式革命（社会主义革命——笔者注）便利之处的论述，都可以在其后的革命话语中找到②。又如王光祈《国际的革命》有关中国百姓头上三重强权，及以革命推翻国内强权的论述，对其后中国革命的话语表述，也具有相当的参照意义。

应该说，《每周评论》不遗余力地引介"马克思主义"，不仅散布于各个栏目，而且主要采用了学理输入的方式，更为重要的是报刊同人已经注意到科学社会主义与其他形式的社会主义的区分，并努力传播科学社会主义，使得科学社会主义从此成为马克思主义传播的重点。《每周评论》被封后，在《新青年》上，马克思的科学社会主义成为传播的重点，其他主义，尤其是无政府主义开始成为批判的对象③，这正是《每周评论》之于传播马克思主义的最大贡献。当然，这一点与《新青年》传播马克思主义的贡献并不矛盾。事实上，《每周评论》与《新青年》一起，促进了国人对马克思主义的选择与接受。

---

① 此处将李大钊、王光祈有关克鲁泡特金的互助无政府主义的论述，看作是马克思主义的中国化的原因在于：根据李、王二人的文章，可知他们对于马克思主义与克鲁泡特金的互助无政府主义的区别是有所认识的，他们调和、强调互助无政府主义的重要原因，是他们认为"互助"对于其时中国的国际、国内问题的"根本解决"具有重要的意义。而且"互助"与"阶级斗争"之间也并非存在根本矛盾，中共夺取政权的三大法宝之一的统一战线，就具有联合互助的含义。

② 甚至即使是革命对象"士大夫阶级"，也可以看成是官僚、地主、资本家等中国三大革命对象的高度"浓缩"。

③ 根据刘维的考证，《新青年》第六卷第五期刊面标注的出版时间是1919年5月，而实际出版时间为1919年9月；再从李大钊论文中引用了1919年8月3日《每周评论》第三十三号欧洲记者明生君通信"的内容来推论，可知到8月3日为止，李大钊的这篇论文尚在写作之中。（参见刘维《一个必要的考据》，《光明日报》1960年8月4日）。这表明《新青年》马克思主义专号，发行时间是在《每周评论》被封之后的9月份。由此，《新青年》旗帜鲜明地讨论马克思主义理论应在《每周评论》被封后。尽管马克思主义专号中，含有批评马克思主义的话语，但专门讨论马克思主义理论本身已经表明了马克思主义成为《新青年》重点关注的对象。事实上，此后的《新青年》不仅注重马克思主义本身的传播，而且注重俄罗斯革命实践的介绍，更为重要的是，已经自觉运用马克思主义相关理论批判其他各种形式的社会主义，尤其是无政府主义。

六 "只眼"带来"光明"

《每周评论》的创办标志着陈独秀开始"谈政治",虽然不到六个月,但他以"只眼"为名对国内外政治发表了大量的言论,在40篇"社论"中,陈独秀独撰17篇,在250篇"随感"中,陈独秀以127篇独占鳌头,另有4篇论述山东问题的论说。1919年6月11日,陈独秀被捕入监。李大钊在《是谁夺了我们的光明》引用一位读者的来信说,"我们对于世界的新生活,都是瞎子。亏了贵报的'只眼',常常给我们点光明,我们实在感谢。现在好久不见'只眼'了。是谁夺了我们的光明?"[①] 陈独秀以"只眼"即能给读者带来"光明",表明他已经成为名副其实的"舆论领袖",不仅如此,这一时期的言论实践也反映了陈独秀的思想轨迹,这是他由舆论领袖向政治领袖过渡的"第一步"。

(一) 对外:由"公理战胜强权"到"强力拥护公理"

就国际政治而言,陈独秀的言论呈现出由"公理战胜强权"到"强力拥护公理"的转变。

"公理战胜强权"是陈独秀为《每周评论》设定的宗旨。发刊词中,陈独秀认为第一次世界大战协约国对同盟国的胜利是公理战胜了强权,他非常认同威尔逊主张的两个主义——"第一不许各国拿强权来侵害他们的平等自由。第二不许各国政府拿强权来侵害百姓的平等自由",据此他也认为威尔逊是"世界上第一个好人"。确实,世界大战的结束,中国作为战胜国之一,理应收回德国在战前占据的青岛及其他特权。而第一次世界大战后兴起的民族独立、民族自决风潮也让陈独秀等报刊同人充满期待,陈独秀在《战后东洋民族之觉悟及要求》甚至主张"我们东洋各国列席的委员,应该联合一起,首先提出'人类平等一概不得歧视'的意见,当做东洋各国第一重大的要求。此案倘能通过,他种欧美各国对亚洲人不平等的待遇,和各种不平等的条约,便自然从根消灭了"[②]。由此可见,陈独秀最初是主张"公理战胜强权"的。

然而,随着1919年1月18日巴黎和会的召开,陈独秀开始认识到巴

---

① 李大钊:《是谁夺了我们的光明》,《每周评论》1919年第30号。
② 陈独秀:《战后东洋民族之觉悟及要求》,《每周评论》1918年第2号。

黎和会不过是帝国主义的分赃会议罢了，认识到威尔逊所提出14条和平意见"多半是不可实行的理想"，并嘲笑威尔逊是"威大炮"①，这与陈独秀将威尔逊称为"世界上第一个好人"前后时间相隔不到两个月。陈独秀对西方公理的幻想破灭了，先后发表《揭开假面》、《公理何在》、《理想家哪里去了？》等文字揭露、批判西方"公理"的"虚伪"。随着青岛问题成为国人关注的焦点，陈独秀又发表了《两个和会都无用》、《对日外交的根本罪恶——造成这根本罪恶的人是谁？》、《为山东问题敬告各方面》、《山东问题与上海商会》、《山东问题与国民觉悟》等文章。在《两个和会都无用》中，陈独秀将巴黎和会、南北和会斥为"分赃会议"，这表明陈独秀对公理战胜强权幻想的彻底破灭。而在《为山东问题敬告各方面》一文中，他宣告"现在还是强盗世界！现在还是公理不敌强权时代！"主张用"强力拥护公理"，实行民族自卫主义，"若因民族自卫，就是起了黑暗的无人道的战争，我们都不反对"②。这表明陈独秀五四事件后不久即开始强调"强力拥护公理"。

（二）对内：由"幻想和平解决"到"平民征服政府"

就国内政治而言，陈独秀的言论呈现由"幻想和平解决"到"平民征服政府"的转变。

如前所述，1919年2月20日开始的"南北和平会议"，是在世界渴望和平的大背景以及国内民众渴望和平的国内环境下被迫召开的，反映了国内民众的"真实呼声"，《每周评论》的创办也源于这种现实的政治关怀。在和议正式召开前，陈独秀提出了"除三害"（军人害、官僚害、政客害）的主张。这表明陈独秀认识到"三害"实是南北和议的真正阻碍，他的宣告具有为南北和议设置议程的功能，在此基础上，陈独秀陆续发表了六篇《我的国内和平意见》，分别就和议的先决问题、废督问题、裁兵问题、国防军问题、国会问题、宪法问题发表意见。应该说，陈独秀对国内问题发表的意见基本针对南北和议，表明他试图通过新闻报道对南北和议形成舆论压力，能够切实取得一些进步。尽管希望不大，但这多少表明陈独秀对南北和议还是抱了一点期望。

① 《随感录》，《每周评论》1919年第8号。
② 陈独秀：《为山东问题敬告各方面》，《每周评论》1919年第22号。

第三章 成就"元典":"五四"前后的报刊实践

和议的破裂,让陈独秀的批评成了现实,陈独秀最后一丝期望破灭了。由此陈独秀必须提供一条新的救国道路。尽管他早就指出要除"三害","第一,一般国民要有参预政治的觉悟,对于这三害,要有相当的示威运动。第二,社会中坚分子,应该挺身出头,组织有政见的有良心的依赖国民为后援的政党,来扫荡无政见的无良心的依赖特殊势力为后援的狗党"①。解决的根本途径,则在"铲除南北军阀"②,但是这些要求离旗帜鲜明地提出"平民征服政府"尚有一定的距离。事实上"平民征服政府"与"强力拥护公理"一起出现在《山东问题与国民觉悟》一文中,陈独秀认为,国民因为山东问题,应该有两种彻底的觉悟:"(一)不能单纯依赖公理的觉悟;(二)不能让少数人垄断政权的觉悟",就公理而言,"我们不可主张用强力蔑弃公理,却不可不主张用强力拥护公理。我们不主张用强力压人,却不可不主张用强力抵抗被人所压"。就国民的生存权利、自由权利而言,"根本救济的方法,只有'平民征服政府'。由多数的平民——学界,商会,农民团体,劳工团体——用强力发挥民主政治的精神(各种平民团体以外,不必有什么政党),叫那少数的政府当局和国会议员都低下头来听多数平民的命令。无论内政外交,政府国会,都不能违背平民团体的多数意思"③。而到了《北京市民宣言》,陈独秀开始提出"倘若政府不顾和平,不完全听从市民之希望,我等学生、商人、劳工、军人等,惟有直接行动,以图根本之改造"④。

应该说,陈独秀的转变是快速的,这既源于风云变幻的国际、国内形势,也源自他作为思想家思想的敏锐性。在国人尚对两个"和会"充满期望时,陈独秀即已指出这些期望不切实际。相较于西方公理,陈独秀对南北和议还是抱有了一丝期望,然而,随着巴黎和会对山东问题的讨论,以及南北和议的最终破产,陈独秀最终转向了"以强力拥护公理"、"平民征服政府",号召市民"直接行动","以图根本之改造"。应该看到,在报刊同人中,陈独秀的批评性话语是对现实政治的直接发问,既能鞭辟入里,

---

① 陈独秀:《除三害》,《每周评论》1919年第5号。
② 陈独秀:《为什么要南北分立》,《每周评论》1919年第14号。
③ 陈独秀:《山东问题与国民觉悟》,《每周评论》1919年第23号。
④ 陈独秀:《北京市民宣言》,《陈独秀著作选编选集》(第二卷),上海人民出版社2009年版,第116页。

又能直击要害，具有很强的可读性。由此，陈独秀的这种快速转变，通过其批评性话语实践传播给了广大读者，尤其是五四青年。陈独秀"只眼"即能带来"光明"，表明他已经成为名副其实的"舆论领袖"。

值得注意的是，陈独秀此时主张的"平民征服政府"、"强力拥护公理"，甚至"以图根本之改造"之"直接行动"，虽具有一定的暴力色彩，但并不是暴力革命，当然更不是严格的马克思主义的社会革命，但是在"直接行动"的意义上，他已经迈出了由精神领袖向政治领袖过渡的"第一步"。

小 结

五四新文化运动时期是陈独秀报人生涯的巅峰，他以《新青年》与《每周评论》掀起了中国近代史上最为动人的思想革命。"汝南晨鸡，先登坛唤"，《爱国心与自觉心》预示着陈独秀将以思想家的身份，迎来属于他的时代，新文化运动即将全面展开。随后创刊的《新青年》，对中国传统文化进行了"彻底而全面"的反思，不仅引领了新文化运动，也造就了新文化运动的"元典"，这也让中国传统知识资源最终沦为学术资源。《每周评论》的创办，标志着陈独秀开始谈论现实政治，这是思想启蒙意义上的"谈政治"，"只眼"即能带给读者"光明"，陈独秀的迅速"觉醒"带动了五四青年的快速"觉醒"，而五四运动的发生也让陈独秀看到了"直接行动"的希望。经过近一年的"思索"，陈独秀最终于1920年5—8月系统接受了马克思主义，成为一名马克思主义者，第八、第九两卷《新青年》也随之成为中共上海发起组刊物，"颜色越来越浓"，这不可避免地造成了北京同人的分裂，而陈独秀报刊实践的思想启蒙色彩也逐渐消退。

救亡与启蒙既是近代中国的历史难题，也是陈独秀们面临的真实困境。应该说，"启蒙"也是缘于"救国"的迫切需要。正是因为深刻的"救国"情怀，报刊同人才聚集在《新青年》旗下，展开了一场中国近代史上影响深远的思想启蒙运动。然而，第一次世界大战结束后，西方列强重返中国，要求分享日本攫取的各项利益，更为严重的是，国内军阀割据也因列强的插手愈趋严重。如果说此前的历次危机，尚有中央政府可以"依恃"，国家尚可保持"完整"的话，那么这次危机将更为严重，中国面临"分裂"的危险。军阀割据不仅是历代中国文人最为恐惧的事,外部势力的介入更让中国知识分子对军阀割据忧心忡忡。事实上,这才是真正的"亡国灭种"的危机。李泽厚已经指出"救亡压倒启蒙"之于中国历史的重要意义,这在陈独秀身上体现得最为明显。因此,陈独秀的转向是必然的,是中国知识分子面对危机的必然选择。在此种意义上,陈独秀不仅是一位思想启蒙者,也是一位革命家,其社会活动的终极目标都是为了救国救民。

需要指出的是,陈独秀转向马克思主义的原因固然有很多,但最重要的原因则在于,马克思主义的劳农专政学说与其谋求绝大多数国民幸福安康的追求相契合。《爱国心与自觉心》一文鲜明提出了国家可爱与否应以能否谋益国民幸福为标准,第一次世界大战后俄国建立的劳农专政,以及西方各国因防范"过激主义"而改善劳工待遇的各项举措,让陈独秀看到了国家谋益多数国民幸福的可能性。《贫民的哭声》对中国、西方贫富悬殊原因的分析,对贫民悲惨生活状况的关注以及对军阀、官僚、政客的批判,也表明陈独秀一旦转向政治,谋求大多数人的幸福,他就必然会选择马克思主义,这事实上是其转向革命的思想根源。

第四章 "一枝独秀":陈独秀前期传播思想评析

在近代报人中,陈独秀的传播思想可谓"一枝独秀"、独具特色。陈独秀从事报刊实践活动的根本追求是挽救国家、拯救民众,但他鲜明地将多数民众的幸福安康作为国家可爱与否的前提,这不仅是对传统爱国主义的发展,也是他先后两次转向革命的思想根源。思想启蒙则是陈独秀开出的救国救民的文化药方,他希望通过报刊对传统文化进行反思,改造国民思想,提高民众素质,以此扭转国家颓势,建设国家于新世纪。自由主义是陈独秀前期传播思想的重要特征,这是一种具有崇高社会责任感的自由主义,其负责的对象不是一党一派,也不是少数群体,而是处于清末民初中国社会转型期的绝大多数思想混沌而易盲从的底层民众。

第一节 爱国忧民的传播主题

考察陈独秀前期的报刊实践,可以发现爱国忧民的主题是贯穿其报刊实践的一条主线。从维新时期刻印散发《扬子江形势论略》到拒俄运动期间发起的两次演说会,从参编《国民日日报》到创刊《安徽俗话报》,从参编《甲寅》到创刊《新青年》与《每周评论》,都鲜明地体现了爱国忧民的传播主题。

一 爱国当以忧民为先

爱国是指热爱国家,忧民是指心忧黎民,爱国忧民是指建立在对民众生存予以人道主义关怀基础上的一种爱国主义情结。忧民是对普通民众生存状态的一种人道主义关怀,是中国传统文化、儒家思想的一个重要内容,"仁"的思想内含、施"仁政"的要求,就体现了这种基本诉求。爱国主义,作为一种个人或集体对"祖国"的积极和支持的态度,既暗示"祖国"是道德的标准和价值,也暗示个体应将个人或团体利益置于国家利益之下,必要时甚至献出自己的生命。应该说,爱国主义在近代中国民族独立、国家解放的过程中起到了积极作用。

尽管传统中国也有所谓"爱国主义",但其主要表现为对封建王朝及其皇帝的忠诚。与其说是"爱国主义",不如说是"忠君主义"。严格说来,"爱国主义"与近代中国国家危机的空前严重,以及与此相伴的近代西方国家理念的输入有着密切的关系。在此种意义上,爱国主义也是一种"舶来品"。爱国主义的对象是国家,但国家只是一个"想象的共同体",这就决定了爱国主义必然有多种表现。换句话说,爱国主义的内容是极其宽泛的,政府、土地、文化、主权等都可以成为爱国主义的对象,而对上述对象的积极态度也都可以看成是爱国主义的表现。事实上,这也是人们对爱国主义至今褒贬不一的重要原因。

爱国忧民的传播主题,是指将忧民作为爱国的前提,认为国家是否可爱应以其能否谋益民众幸福为标准,这既继承了中国传统文化中心忧黎民的人道主义关怀,又突破了传统"忠君主义"及其现代变种"爱政府"的爱国主义,不但在其时具有鲜明的时代意义,而且对后世也具有一定的启发意义。这不仅是陈独秀报刊实践的根本追求,也贯穿了陈独秀报刊实践的始终。

二 演变:"忠君主义"—"爱国拒俄"—"忧民先于爱国"

爱国忧民的传播主题虽贯穿了陈独秀报刊实践的始终,但这并不表明陈独秀对爱国主义的认识是固定不变的,其爱国忧民的传播主题经历了一个发展变化的过程。

(一)维新时期:"忠君主义"

如前所述,1897年年底刻印散发的《论略》是陈独秀由"选学妖孽"转变为"康、梁派"的"心理调适"的反映。文末"时事日非,不堪设想,爰采旧闻旅话暨白人所论,管蠡所及,集成一篇,略述沿江形势,举办诸端，是引领于我国政府也，勉付梨灾。愿质诸海内同志，共抱杞忧者"的论述，表明了陈独秀对不断恶化的时局的焦虑心情，希望通过他的著述能够引起政府官员的注意，积极筹划，以"勉付梨灾"。对时局的焦虑表明其忧国忧民的心态，但将改变时局的希望寄托于清政府，则表明此时陈独秀的爱国主义主要表现为传统的"忠君主义"。

（二）清末新政时期：爱国拒俄

清末新政时期，陈独秀的报刊实践主要为先后发起两次演说会，参编《国民日日报》以及创刊《安徽俗话报》。在这些活动中，爱国忧民的传播主题表现出过渡的特征，一方面他将救亡的希望寄托于民众，倡导爱国拒俄；另一方面他并不反对清政府，反清排满的革命宣传并不是陈独秀的传播旨趣。

1902年，陈独秀发起爱国演说会，演说会的主旨为爱国宣传，并非革命排满，其矛头指向的是外患沙俄。这从拟办的《爱国新报》的宗旨即可看出，"有某某志士纠合同人拟开一报馆名曰《爱国新报》。其宗旨在探讨本国致弱之源，及对外国争强之道，依时立论，务求唤起同胞爱国之精神"[①]。

1903年，陈独秀发起安徽爱国社。他在《安徽爱国会演说》中，描述了"俄约"的横暴无理，并且以沙俄在东三省的恶行，印度、波兰亡国之民的惨状，告诫国人"灭国为奴之惨"。希望国民"今日当力戒此弊（指贪生畏死的国民性——笔者注），辟平日跑反之狂言，当尽死守土地之责任；除平日为己之私见，当守合群爱国之目的；改平日骂官之浅见，以振独立尚任之精神"[②]。此外，《会启》"皖之国民，寂无闻焉。岂以此事为伪而非真耶？抑以为政府之责任而无关于人民之利害耶？"[③]《安徽爱国社拟章》"本社既名爱国，自应遵守国家秩序，凡出版书报，惟期激发志气，输灌学理，不得讪谤诋毁，致涉叫嚣"[④]。这些文字均表明，陈独秀并不反对清政府，一定程度上，陈独秀还是维护清政府的。但是与维新时

---

① 《纪爱国新报》，《大公报》1902年第286号。
② 陈由己：《安徽爱国会演说》，《苏报》1903年5月26日。
③ 《安徽爱国会之成就》，《苏报》1903年5月25日。
④ 《安徽爱国社拟章》，《苏报》1903年6月7日。

期相比，陈独秀已将挽救国家的希望寄托在了国民身上。

1903年8月，陈独秀与章士钊、张继等发起创办的《国民日日报》，则以"图国民之事业"为宗旨。由陈独秀、章士钊合撰的《发刊词》指出，由于专制君主的长期统治，使得国人根本不知"国民"二字为何物，只能一任"独夫民贼""以国为牧场，以民为畜头"。因此，必须要向国民输发"国民"概念，提高"国民之程度"，希望通过"国民的重生"带来民族、国家的新生。可见，向国人灌输"国家"观念，阐发"国民"概念，激发"爱国主义"，是《国民日日报》的根本使命。这再次表明了陈独秀将救国的希望寄托于国民身上。

《安徽俗话报》作为第一份"真正"贯彻陈独秀传播思想的报纸，爱国忧民的传播主题不仅贯穿了该报的始终，而且更为鲜明地表现出了过渡性。《安徽俗话报》从反抗外来侵略、维护国家利益、启蒙民众爱国救亡意识的角度出发，首先，对国家的概念、亡国与改朝的区别做了解说，向读者阐发了现代国家观念，希望借此帮助国人实现从传统天下观、王朝观到近代国家观的转变；其次，对存在于民众生活视野的诸多恶俗展开批判，目的则在于构建科学、合理的现代生活理念，以此提高民众、民族的素质；再次，对民众晓喻瓜分危机，要求各阶层民众都要努力做到"明白时事"和"通达学问"，只有这样，才能从容应对即将到来的瓜分危机；最后，对中国的历史、地理，安徽的地理、名人进行介绍，不仅让读者了解国家、省域的历史、地理以及人文情况，更能激发读者爱国、爱省的意识。应该说，《安徽俗话报》的各个栏目从多个角度传播救亡意识、鼓吹爱国主义，这表明陈独秀将国民作为挽救国家危亡的对象。另一方面，尽管《安徽俗话报》也有一些批评清政府（北京政府）的报道，然而，无论从报道的数量，还是报道的质量（激烈程度），这些批评都不能构成《安徽俗话报》的一个报道重心，况且清末新政也提供了一个较为开放的报刊批评空间。此外，《安徽俗话报》还对其时中央新政举措以及"鼓舞民气"的人事做了为数不少的报道。因此，《安徽俗话报》尽管存在批评清政府的行为，但这并不构成反清排满的面向，这与同期的《警钟日报》、《中国白话报》的"激烈主义"，还是存在很大的不同。

（三）五四前后：忧民先于爱国

陈独秀在《甲寅》上只发表了唯一一篇论说《爱国心与自觉心》。文中，陈独秀提出了"残民之祸，恶国家甚于无国家"的论点，这表明"忧民"已成为"爱国"的前提条件。如前所述，该文对爱国主义的认知，不仅在其时具有强烈的现实意义，引起知识精英对爱国主义的深刻反省，而且对后世深化爱国主义的认知，也深具启发意义。

如前所述，《新青年》与《每周评论》的报刊宗旨，在本质上是相同的，都是思想启蒙报刊，体现了陈独秀"介绍西方学说"，"改革青年思想"，进而"改造社会"的报刊宗旨，其中，改造社会是陈独秀报刊实践活动的根本目的，也是介绍西方学说，改革青年思想的根本原因，而输入西方学说，改革青年思想则是改造社会的路径。将思想的改造与国家社会的改造紧密地结合在一起，表明其积极探讨爱国忧民的实现路径，这就让陈独秀爱国忧民的传播主题具有了实践性的意义。

这一时期，陈独秀在《新青年》与《每周评论》上先后发表了3篇直接讨论国家与国民关系的文章，分别为《我之爱国主义》、《我们究竟应不应当爱国》、《国庆纪念底价值》。这三篇文章均承继了《爱国心与自觉心》一文所提的观点，但又有所发展。由这三篇文章不仅可以管窥两份刊物所体现的爱国忧民的传播主题，也可以发现陈独秀由办刊到转向革命的思想轨迹。

与《爱国心与自觉心》一文相比，《我之爱国主义》虽没有进一步阐释国家是否可爱应以国家能否谋益国民幸福为标准的观点，但是该文具有以下三方面意义：一是延续了对国民性的批判，认为国家灭亡的根本原因不在强敌、独夫，而在"国民之行为与性质"；二是指出保国卫民的烈士行为固然可贵，但这种爱国行为"乃一时的而非持续的，乃治标的而非治本的"，更为重要的是国民自身的道德建设；三是该文体现出道德改造的意味，他认为，爱国主义"不在为国捐躯，而在笃行自好之上，为国家惜名誉，为国家弭乱源，为国家增实力"，要求青年注重勤、俭、廉、洁、诚、信等伦理道德修养。应该说，陈独秀将国民尤其是青年的道德建设，作为真正的、持续的、治本的、能够挽救国家危亡的爱国主义行为，不仅是对爱国主义所作的新的解释，也具有思想改造的意义。[①]

---

① 《我之爱国主义》，《新青年》1916年第2卷第2期。本段引文均见于此文。

第四章 "一枝独秀":陈独秀前期传播思想评析

《我们究竟应不应当爱国》是在五四运动发生后,爱国声浪陡然高涨,爱国主义成为"天经地义"、"不容讨论"的背景下发表的。该文旨在批判盲动的爱国主义,倡导理性的爱国主义,从这一点看,该文沿用了《爱国心与自觉心》一文的相关论述。针对"我们究竟应不应当爱国",陈独秀在文末给出了自己的回答,就国家而言,"我们爱的是国家为人民谋幸福的国家,不是人民为国家做牺牲的国家";就民众而言,"我们爱的是人民拿出爱国心抵抗被人压迫的国家,不是政府利用人民爱国心压迫别人的国家"。应该说,这个观点既对国家提出了要求,也对民众提出了要求,这就突破了《爱国心与自觉心》一文对国家的单向要求,也体现出对民众盲动爱国主义的批判色彩。[①]

《国庆纪念底价值》发表于《新青年》第八卷第二期,这时的《新青年》已经成为中共上海共产主义小组机关刊物。文中,陈独秀提出了"国家应该造成多数幸福"的国家观,不仅认为这才是国庆纪念的真正价值,而且认为只有"社会主义的政治"才主张"实际的多数幸福"。应该说,这种国家观虽承继《爱国心与自觉心》,但已将"为国人共谋安宁幸福"的观点发展为"多数人的自由幸福",而且更进一步,认为社会主义是造成多数人自由幸福的必然道路。

应该说,上述三篇文章内容虽不同,但其主旨均与其爱国忧民的思想密切相关,对国家、民众两者关系的探讨,既反映了陈独秀爱国忧民思想的发展轨迹,也标志着陈独秀爱国忧民传播思想的最终形成。事实上,无论是将国民尤其是青年的道德建设作为"治本"的爱国主义行为,还是要求民众讲求理性的爱国主义,都具有国民思想改造的意味。而且这种探讨具有道德改造的实践性意义,尤其引人注意的是,陈独秀将国民的自由幸福作为社会形态发展演变的唯一条件的论述,虽缺乏严密的学理推演,但这个论点充分表明了造成多数国民的自由幸福是陈独秀一生的追求,这就将其爱国忧民的思想观点发挥到了极致。与此同时,这个论点也为陈独秀转向社会主义,从事实际的革命运动,提供了内在的思想根据,将社会主义作为造成多数人自由幸福的必然路径,则意味着陈独秀转向社会主义的

[①] 《我们究竟应不应当爱国》,《每周评论》1919年第25号。本段引文均见于此文。

— 203 —

必然性，这就使陈独秀的爱国主义的传播主题体现出了积极的现实意义。

总体来看，爱国忧民的传播主题，贯穿陈独秀报刊实践的始终，经历了由忠于清政府，到输入国家、国民理念，激刺国民的爱国心，再到批判盲动爱国主义，提倡理性爱国主义，最终将爱国主义与改造国家、自我改造联系在一起的发展演变轨迹，体现出从认识到批判再到改造的发展意义。将民众的自由幸福作为爱国及国家合法性的前提，则使得陈独秀的爱国忧民思想具有强大生命力，至今仍有一定的启迪意义和现实针对性。

第二节　思想启蒙的传播宗旨

本书在"启蒙运动"的含义上使用"启蒙"一词。本书的启蒙运动是指18世纪发生在欧洲的启蒙运动，以及以此作为参照，近代中国发生的两次具有启蒙运动性质的文化、思想运动——一次是为配合清末新政，由清政府主导的，社会各界参与的面向底层社会的思想启蒙；另一次是五四时期，《新青年》引领的，诸多新文化刊物参与的面向知识青年的思想启蒙。

在18世纪欧洲启蒙运动中，不断涌现的新思维与理性主义一起启发人们反对封建传统思想和宗教的束缚，提倡思想自由与个性发展，促进了人们的思想解放，推动了欧洲社会的快速发展。应该说，西方启蒙运动的发生具有一定的内生性，中国的两次启蒙运动则更偏向于外生性，既出于救亡图存的需要，也受制于由技艺到制度再到文化的"学习路径"。这决定了中国的启蒙运动，主要通过输入西方知识资源，推动社会的思想、文化改造，这表明获取的新思维主要以西方知识资源为主。这也意味着，中国传统的知识资源不得不接受西方知识资源的检验。在西方现代文明的视角下审视中国的落后与愚昧，批判必然成为重要的"审视"方式。这种"审视"是"残酷"的，导致了中国传统知识资源的式微，最终沦为"学术资源"。然而，批判既是启蒙的内在要求，也是理性主义的一种表现，更具有一定的历史必然性。

就近代中国的两次启蒙运动而言，输入西方知识资源以获取新思维，批判传统知识资源以改造思想文化，构成了启蒙运动的两个主要内容。以

第四章 "一枝独秀"：陈独秀前期传播思想评析

此考察陈独秀前期的报刊实践，可以发现，思想启蒙的传播宗旨是贯穿陈独秀报刊实践的另一条主线，其主张的知新主义，对国民性及传统文化的批判，构成了启蒙运动的两个主要方面。

一　知新主义的传播理念

如前所述，"时务知新主义"是指通过报刊通晓时务，获得新的知识，以此有利于个人、社会的发展，它在两个方面符合了清末"开民智"的要求，一是蕴含了对新知识的追求；二是这种知识的追求可以通过白话报刊来实现。如果考虑到《孔子之道与现代生活》一文的"回忆"性质[①]，再根据陈独秀写于维新时期的《扬子江形势论略》所反映出的他对《时务报》所刊"白人所论"的接受并予以刻印散发的传播行为，以及该文对作为《时务报》内核的康梁维新变法思想的"忽略"，我们可以认为，"时务知新主义"中的"时务"只是一个限定词，服务于"康梁派"这一论述对象，因此"知新主义"才是重点，这反映了陈独秀个人的传播认知。当然，无论是"时务知新主义"还是"知新主义"，其基本含义是相同的，即要通过报刊通晓时务，获得新的知识，以此有利于个人、社会的发展。

应该说，知新主义是指导陈独秀报刊实践的一个重要的传播理念，贯穿了陈独秀出任中共总书记之前报刊实践的始终。就知新主义的内容而言，呈现出由"学问"、"时事"到"学说"与"公理"的演变；就知新主义的受众而言，呈现出由士族子弟到学堂学生到国民到下层民众再到青年学生的发展。

（一）内容：由"学问"、"时事"到"学说"、"公理"

就知新的内容来看，呈现出由知"学问"、知"时事"到知"学说"、知"公理"的发展演变。做这样的区分，并不意味着"学问"、"时事"与"学说"、"公理"判然有别。事实上，无论是"学问"、"时事"，还是"学说"、"公理"，都属于新知识。只是前者"学问"与"时事"更偏重于知

[①] 《孔子之道与现代生活》一文是陈独秀1916年年底所做，发表于《新青年》第二卷第四期（1916年12月），因此相关论述具有回忆的性质。该文与20世纪30年代写于狱中的《实庵自传》一起构成了陈独秀对维新时期社会活动的"回忆"。事实上，这两处文字表述已经成为学界论述陈独秀维新时期活动的主要依据。

识的输入,后者"学说"与"公理"则偏重于思想的输入。这既是陈独秀前期报刊实践的一贯追求,也表明陈独秀前期报刊实践的不断深入,这也是由学技艺到学制度再到学文化的学习西方的内在规定性所决定的。

如前所述,《扬子江形势论略》一文,已经表现出陈独秀强烈的知新主义的传播倾向。1902年春,第一次发起演说会期间,发起创设的旨在以西学书籍"传播新知、牖启民智"的"西学藏书楼",以及拟办的以"探讨本国致弱之源,及对外国争强之道,依时立论,务求唤起同胞爱国之精神"为宗旨的《爱国新报》,都表明陈独秀"知新主义"的传播理念。1903年4月,第二次召开演说会期间,拟办的《爱国新报》的办报主张更为具体,他草拟的《安徽爱国社拟章》中,"凡出版书报,惟期激发志气,输灌学理"[①]的论述,也表明陈独秀"知新主义"的传播理念。而《国民日日报》的"舒缓"特征及启蒙面向也与陈独秀的"加盟"密切相关,这也多少反映出他主张的"知新主义"的传播理念。

作为第一份由陈独秀独立主编的报纸,《俗话报》尤其是前15期,全面贯彻了陈独秀"知新主义"的传播主张。在《开办安徽俗话报的缘故》中,陈独秀明确表达了懂得"学问"、通达"时事"的重要性。《俗话报》的多个栏目也都贯彻了"知新主义"的传播理念,"论说"栏《亡国篇》对时事的介绍,"时事新闻"与"本省的新闻"栏中对新闻、时事的报道,"地理"、"实业"、"卫生"、"格致"、"博物"等栏对自然科学、养蚕、造纸等实用知识的介绍,"教育"栏中对妇女、儿童教育方法的关注,"兵事"栏中对水雷、枪法使用的介绍,甚至小说、戏曲、闲谈等文艺栏目也都为读者展示了"异域情境"。

就内容来看,《俗话报》传播的新知主要为"学问"与"时事"。"学问"是为了增强底层社会的生存技能,"时事"是为了促进底层社会关心国家"事体",这既与启蒙对象为下层社会有关,也与爱国救亡的启蒙目的有关。尽管《俗话报》也尝试性地对西方学说予以了介绍,但这种介绍多作为论证依据而出现,这表明"学说"本身并不是传播的重点。比如《亡国篇》对土地、权利、主权等国家主权要素的论述,《婚姻篇》中对欧

---

① 《安徽爱国社拟章》,《苏报》1903年6月7日。

第四章 "一枝独秀":陈独秀前期传播思想评析

美、日本的婚俗的介绍。这种偏重于"学问"与"时事"的输入情状,表明对西方的学习仍停留在技艺、制度层面的学习,虽能促进思维方式的转变,但这种转变主要体现在少数新式学堂的学生身上,对于绝大多数底层民众来说,则表现为提供了谈资,增加了识见。

五四新文化运动时期,"知新主义"更偏重于"学说"、"公理"的输入。虽然学说与公理,很难截然分开,但相对来说,《新青年》偏重于输入"西方学说",采取了"以哲学文学为是"的输入标准,《每周评论》偏重于输入"西方公理",倾向于社会、政治思潮的输入。尽管存在上述区别,但两份报刊共同推进了五四新文化运动的发生与发展,不仅为读者带来了新的知识,而且也解放了思想,促进了读者思维方式的转变。

《新青年》创刊之初,即"以改革青年思想,辅导青年修养"为"天职",又以"介绍西方学说,改造社会"为"本志唯一之宗旨"。可见,"介绍西方学说"成为改革青年思想,改造中国社会的利器。这也表明输入学说,改变思想,成为《新青年》时期"知新主义"的主要内容。应该说,陈独秀的这一主张贯穿了《新青年》的始终。

在发刊词《敬告青年》一文中,陈独秀旗帜鲜明地提出了"六义",不仅要求青年人学习西方文化,成为"自主"、"进步"、"进取"、"世界"、"实利"、"科学"的"新青年",以此建设国家于20世纪;而且要求青年人改变"奴隶"、"保守"、"退隐"、"锁国"、"虚文"、"想象"等传统崇古的思维方式,树立中西对比的现代思维方式。由此,拉开了《新青年》"介绍西方学说","改造青年思想",进而"改造社会"的序幕。

《青年杂志》时期,相较于输入学理,杂志更偏重于思想性。陈独秀、高一涵、易白沙、汪叔潜、李亦民、高语罕等人的论说,均以改革青年思想为主要目的。即使是探讨学理的文章,抑或是译介西方学说,或是挖掘中国传统学说,或是中西对比,其目的仍在于思想的改革与批判。从第二卷开始,《新青年》在注重思想性的同时,加大了西方学理的输入,而且文章的思想性也注重通过思想的争辩得以展现。既有直接面对青年发言,提出思想革新主张的论说;也有针对儒学孔教的学理性的批判文章,且批判力度更强,传播效果更好;还有"纯粹"的学理性文章,而且在学理输入的范围及深度上也有了拓展。同人杂志时期,不仅学理的输入更为系统,而且更加多样化。专号的设立有助于系统探讨相关学说。输入的学理也几乎囊括当时盛行的各种哲学、社会思潮。《新青年》第八、第九两卷虽为中共发起组的机关刊物,但如果从输入学理,教育青年,改造社会的角度考察,仍然遵从了创刊之初的宗旨。总体来看,《新青年》的确实现了陈独秀希望通过西方学说的输入,改革中国青年的思想,进而实现改造社会的办刊目的,反映了陈独秀"知新主义"的传播理念。

如前所述,《每周评论》更倾向于针对现实政治采用批评的话语表达方式对青年读者进行思想启蒙。关注政治现实、批评政治现实,输入世界性的政治社会思潮,引导青年读者关注政治,关注国家,进而寻求改造政治的方法,这是"主张公理,反对强权"的本意。尽管《每周评论》发行时间较为短暂,共发行了35号以及3号"特别附录",但其时主要的世界性社会思潮,如民族自决、社会主义、劳工神圣、平民主义等都被予以引介,并被积极予以讨论。这种输入也是颇有成效的,不仅在传播马克思主义方面颇有成效,而且与五四运动的发生、发展也有着密切的关系。

(二)受众:士族子弟—学堂学生—国民—下层民众—青年学生

任何传播活动都离不开受众,受众不仅是传播活动的参与者,也是评价传播效果的重要因素。考察陈独秀前期的报刊实践活动,可以发现,陈独秀具有很强的受众意识,其知新主义传播理念面对的受众,呈现出由士族子弟到学堂学生到国民到下层民众再到青年学生的演变趋势。这种演变是与知新内容由"学问"、"时事"到"学说"、"公理"的变化相互适应的,反映出陈独秀前期报刊实践活动的不断深入。

维新时期刻印散发的《扬子江形势论略》一文的预期读者是政府官员与"海内同志",而选择不涉政治改革的长江防务题材以及对"太平天国运动"的刻意回避,都表现出鲜明的读者意识。

1902年春,第一次演说会期间,陈独秀在联合何春台、潘赞华、张伯寅等士族子弟创设"藏书楼"的同时,又"复于张伯寅家组织青年励志学社……每周聚会,则各出所得录为笔记,以相勉励"[①]。这种组织学社、定期学习,提交心得的做法,颇具现代意义,甚至可以称为"组织传播"。

[①] 阙名:《安庆藏书楼革命演说会》,抄本,藏安徽省博物馆。转引于沈寂《陈独秀传论》,安徽大学出版社2007年版,第62页。

第四章 "一枝独秀":陈独秀前期传播思想评析

这种组织方式也透露出,学社成员是由士族子弟组成,具有一定的排外性。然而,如果考虑到在 1902 年的安徽传播西学,这种方式也有其必然性和合理性。在风气闭塞的安徽地区,要开风气、要学西学,就必须选择士族弟子作为传播对象,也必须采取结社这一传统文人唱和的组织形式。从革命宣传的视角,这次传播实践虽没有产生太大的影响,但如果从开风气的视角,依然有其首创意义。

1903 年 4 月,陈独秀与潘缙化、葛温仲、张伯寅等筹组"安徽爱国社"。5 月 17 日,在藏书楼发起第二次具有三百多人规模的演说会。与上次创设藏书楼、组织"励志学社"相比,这次演说会以及"安徽爱国社"不再局限于士族子弟,而是面向全社会开放:事前有《会启》并在安庆城内张贴宣传,凡是关心国运,立志爱国的人都可以参与;当日的演说会也不是陈独秀个人演说秀,而是由潘缙化、王君植、葛光廷等"二十余人"组成的多声部演说;演说也不是事先安排的,而是即兴演说,"今晨由沪归皖"的潘旋华也结合自己的返程经历发表了即兴演说;这次演说也主要面对省城各学堂的学生,参会者"合计三百人以外",而其中"大学、武备、桐怀公学各学堂学生约二百人";公举"启草会章"的七人(陈君仲甫、潘君缙华、大学二君、武备二君、桐城学堂体操教习杨君)中有 5 人任职或就读于学校;"演说会"之后旋即发生了安徽省城大学堂学生退学事件,武备学堂、桐城学堂随后也发生了冲突事件。此次演说会的影响很大,是一次成功的传播实践,号称"安徽革命的第一声",这表明了以学堂学生为主,但同时又面向全社会开放的受众(听众)策略的成功。

1903 年 8 月,陈独秀参与创办、编辑《国民日日报》。《国民日日报》面向的读者应为"国民"。虽然"国民"是个宽泛的概念,并不明确指向某类特定人群,但这并不表明《国民日日报》受众定位的不成功。事实上,《国民日日报》是一份很有影响的报纸,清政府想尽办法要绝其销路,这从反面证明了《国民日日报》受众定位的成功。

1904 年 3 月,陈独秀创办《安徽俗话报》。在《开办安徽俗话报的缘故》中,陈独秀将《俗话报》的读者定位为读书的、教书的、种田的、做手艺的、做生意的、当官的、当兵的、妇女小孩、有钱的以及做小生意的人。这种读者定位是宽泛的,囊括了安徽地区的整个社会群体。从清末社会启蒙的视角考察这一定位，可以发现，这个读者定位是极为成功的。因为开民智与爱国救亡的启蒙宗旨是全社会各个阶层都必须面对的严肃话题，需要读书的、教书的、种田的、做手艺的、做生意的、当官的、当兵的、妇女小孩、有钱的、做小生意的等各色人等广泛参与。当然，面向整个社会人群与重点倾向读书的、教书的、当兵的以及本地士绅等读者人群并不矛盾。不管《俗话报》的语言如何通俗，只有对于识文断字的人来说，才能有效果，而且在清末下层启蒙运动中，"妇孺盲塞"也只有通过识文断字之人的"二级传播"才能取得启蒙效果。由上可以看出，《俗话报》的读者定位确实是成功的。因此，该报存在时间虽然不长，但传播较广、影响较大，尤其于安徽省，确实开了一省的风气。

《新青年》与《每周评论》作为姊妹刊物，不仅办刊宗旨相同，受众人群也是相同的。两份报刊的目标受众均为以青年学生阶层为主的知识青年，因此，此处仅对《新青年》的受众定位予以分析。

如前所述，就刊物受众定位来看，《青年杂志》（《新青年》）成立之初，即以青年学生阶层为主的知识青年为预期读者群。事实上，"青年学生阶层"不仅是五四运动的主流，也是《新青年》阅读的主流。《新青年》将目标读者设定为青年学生为主的知识阶层，表明"青年"成为知识精英、思想界关注的重点。陈独秀希望杂志能够到达全国——无论中心城市还是边远乡村——的知识青年手中，进入他们的阅读生活，借以改造他们的思想。五四新文化运动的发生，已经证明《新青年》对青年的改造是有成效的，五四之后，经过改造的"新青年"则成为国共两党看重的国民革命的生力军，这又再次证明《新青年》改造青年的有效性。

应该说，知新的内容与知新的受众是紧密联系的，两者共同构成了陈独秀知新主义的报刊传播理念，这也反映了陈独秀爱国忧民的传播主题。事实上，无论是知新的内容演变，还是知新的受众演变，都源于陈独秀爱国忧民的传播主题，反映出陈独秀希望通过新知识、新思维的输入，改造民众思想，实现救国爱民的目的。

二 "全面彻底"的批判精神

陈独秀作为中国近代著名的报刊活动家，其前期报刊实践不仅主要集

第四章 "一枝独秀":陈独秀前期传播思想评析

中在两次启蒙运动期间,而且都鲜明地表现出全面而彻底的批判精神。就批判的对象而言,文化不仅是陈独秀批判的重点,而且呈现出由国民性到传统文化的发展演变;就批判的方式而言,中西对比、讲求逻辑是其主要的批判方式,但又呈现出由简单到复杂的发展变化,理性色彩愈趋浓厚。

(一) 对象:由国民性到传统文化

总体来看,批判对象呈现出由国民性,到将国民性与民间文化相联系,再到将中国传统文化与输入的公理相联系的演化轨迹,不仅表明文化是陈独秀批判的重心,而且也让这种批判表现出由浅入深的特点,反映出陈独秀思想启蒙,文化改造的志趣。

1903年4月,陈独秀在《爱国演说会演说》中指出,与西方人相比,中国人具有"只争生死,不争荣辱,但求偷生苟活于世上,灭国为奴皆甘心受之"的性质。他对"国贼、逆党","无深谋远虑之绅商","似开通而不开通之士流","草野愚民(乡鄙农民)"四种"漠视国事之徒"进行了批判,认为,"国中人士,十有八九不出此四种,国安得不亡!种安得不灭!"这段论述表明国民性已经成为陈独秀批判的对象。

《国民日日报》期间,陈独秀作为创办人之一,与章士钊一起总理编辑事务。《国民日日报》具有启蒙的面向,批判的内容也较多,但囿于社说多不署名,所以无法详细分析陈独秀批判的内容。然而,根据陈独秀撰写的《近四十年世风之变态》以及带有浓厚陈氏色彩的《论增祺被拘》等两篇文章,仍可以发现陈独秀批判的价值取向及所批判的内容。如《近四十年世风之变态》一文批判《清议报》、《新民丛报》时,所使用的"揭"、"攻"、"诋"、"骂"、"嗤"、"聒聒"等词所表现出的批判态度。又如《论增祺被拘》一文,"不观夫背祖国杀同胞以图富贵者,非波兰之贵族乎?其后受俄人之虐待也奚若?……吾国人抱增祺之目的者,不知其几千万也。吾愿若献媚外人,以冀瓜分后仍得保其官禄者,若学习外国语,以冀瓜分时仰外人保护者,若入外国籍,以冀与外人得平等之权益者,若存银于外国银行,以冀亡国后,尚不失为富翁者,若不知爱国独立之道,惟定计瓜分时执顺民旗以偷生者"[①]。这段文字与上一段陈独秀的爱国会演说

---

① 《论增祺被拘》,《国民日日报》1903年11月15日。

虽有差异，但所用论据是相同的，这再次表明陈独秀对国民性批判的坚持。

《安徽俗话报》，作为第一份由陈独秀独立主编的报纸，让陈独秀批判的价值取向得以全面贯彻。从批判对象来看，民俗、迷信以及国民性成为陈独秀批判的主要对象。底层民众构成了社会的大多数，而民俗、迷信既是底层社会日常生活的"文化规范"，也是国民性得以形成的一个重要原因。因此，上述批判对象的选取与启蒙对象为下层社会是密切相关的，在此种意义上，对民俗、迷信以及国民性的批判就有了文化批判的意味，而且这种文化批判针对的主要是民间文化。不仅如此，如果考虑到国民性的形成与民俗、迷信等民间文化存在的密不可分的关系，这就意味着陈独秀不再单纯地批判国民性，而是努力探寻国民性生成的文化原因，并积极予以批判。这表明陈独秀报刊批判实践及思想的不断深入。

尽管对民俗、迷信以及国民性等方面的报刊批判，陈独秀并不是滥觞者，但他却是较早全面、系统进行文化批判的报人之一。这种批判是全面的，婚姻、风水、迷信、妇女装饰、教育、兵魂、国民性等都成为被批判的对象，甚至可以说，底层民众的日常生活都被予以了批判性的反思。这种批判也是系统的，不仅陈独秀的批判文章是系列文章，而且报刊同人也积极予以唱和，以至于这些文章构成了报刊的主要篇幅。陈独秀还是第一个以浅显的方式展开文化批判，并且成功地将这种批判性反思传播给安徽民众的报人。陈独秀选取民众习以为常的生活场域作为批判对象，运用"俗话"这一直白浅显的语言进行写作，这既有利于增强民众的阅读兴趣，也便于民众的顺利阅读。这一切都促进了近代安徽风气的大开。不仅如此，陈独秀对文化的批判也是深刻而新颖的，既有时代意义，也具有历史意义，已经初步展现了作为一名思想家所具有的思想的敏锐性和穿透力的特点。可以毫不夸张地说，在直面国民尤其是下层社会，展开国民性批判的意义上，陈独秀是引领国民性批判历史潮流的报人之一。

《甲寅》时期，陈独秀发表了《爱国心与自觉心》。该文所具有的批判色彩是毋庸置疑的，事实上，该文是一篇面向知识精英的批判文章，其时知识精英对该文由叱责到接受的转变态度，既预示着陈独秀创办《新青年》面向青年展开启蒙的必然性，也预示着陈独秀即将从事的文化批判必

第四章 "一枝独秀":陈独秀前期传播思想评析

然会阻力重重。

《新青年》时期,陈独秀将思想启蒙的批判精神发展到了一个新的高度,《新青年》对思想文化领域展开了较为全面的、彻底地批判。目前学界几乎一致认为,文学革命、反孔非儒、白话文运动、提倡民主和科学、反对迷信构成了《新青年》的主要内容。而上述内容的展开均与对中国传统思想文化,尤其是儒家思想的批判有关,文学、白话文作为现代思想的传播媒介,挑战了古文、儒家经典的正统地位;民主、科学作为现代文明的发生器,则挑战了孔教、儒学的三纲五常;封建迷信作为传统文化的附生物,反对迷信也意味着对传统文化的挑战。此外,胡适的无后观,周作人的贞操观,《新青年》同人对灵学、旧戏的批判,也都对中国传统文化,尤其是儒家文化进行了挑战。最为重要的是,陈独秀、鲁迅、吴虞、易白沙等人对孔教儒学的直接开火。可以说,中国传统思想文化尤其是儒家文化的各个方面,都被纳入《新青年》批判的范围,这直接导致了儒家传统思想文化由传统中国的"知识资源"沦为"学术资源"。可以说,在中国新闻传播史上,《新青年》对中国传统文化进行的批判具有"唯一性",甚至可以说是空前绝后的。作为杂志主编与灵魂,《新青年》的批判精神无疑最鲜明地体现在陈独秀身上。

《每周评论》作为《新青年》的姊妹刊物,也贯彻了《新青年》的这种批判精神。需要特别指出的是,这种批判精神在《每周评论》及《每周评论》被封后《新青年》输入"公理"的过程中,也有所体现。两份刊物对"公理"的输入,并不是单纯、被动的"接受",其中也包含了对西方"公理"的评价,这种评价本身也具有批判的意义。马克思主义在中国的传播就体现了这一过程,《每周评论》对马克思主义的引介,到《新青年》第六卷第五期所谓"马克思主义专号"对马克思主义的"争鸣"[1],再到《新青年》第八、第九卷对马克思主义的"独尊"与对各种无政府社会主义的批判,这些都表明《新青年》同人批判的接受态度,而这种批判的接受态度在陈独秀身上也有鲜明的表现。

---

[1] 具体情况可参见韩晗《"被中心"还是"被边缘"?——以〈新青年·第六卷·第五号〉为中心的考察分析》,《长江论坛》2011年第1期。

(二) 方式：中西对比与讲求逻辑

此处所谓批判的方式，主要是指批判所使用的方式方法，更具体地说，是指陈独秀进行文化批判时所使用的方式方法。透过陈独秀的文章，可以发现，中西对比、讲求逻辑是他采用的最主要的批判方式。

1. 中西对比

中西对比，是指将西方的知识资源作为参照系，以此考察中国的社会发展问题。知识的获取可以通过多种途径予以实现，但是，认知的深化却一定要通过比较的思维方式，无论是古今对比的纵向比较，还是中西对比的横向比较，都可以促进认知的深化。

中国传统文化的崇古特征决定了古今对比是中国人主要的思维方式。鸦片战争的爆发，让传统中国认识到西方世界的"真实存在"，但这种存在更多地体现在"坚船利炮"上，西方并没有成为中国社会发展的参照系。甲午战争虽让日本及日本仿效的西方的政治文明进入了中国士人的思考视野，并以此作为变法维新的理论来源之一。但是，这种对比既不全面，而且也因为戊戌变法的"昙花一现"而没有广泛普及。事实上，真正自觉以西方文明作为参照系，利用西方的知识资源考察中国的社会发展问题，是陈独秀及其创办的《新青年》所引领的五四新文化运动。需要指出的是，与前述批判对象由国民性，到将国民性与民间文化相联系，再到传统文化与西方公理的发展演变一样，中西对比的批判方式也经历了一个由浅入深的演变过程。

早在组织爱国演说会及其后的《国民日日报》时期，陈独秀就已经运用中西对比的方式对国民性进行了批判。但是，这种中西对比主要表现为"简单"的罗列，并没有展开深入地批判分析。比如，《爱国会演说》及《论增祺被拘》中，对中国国民的重生死、轻荣辱的国民性与西方轻生死、重荣辱的国民性进行的"简单"对比。《俗话报》时期，陈独秀开始尝试性地对西方学说予以介绍，但这种介绍多作为"现成"的论证依据而出现，西方学说本身既不是传播的重点，也没有对西方学说予以必要的分析。比如《亡国篇》对土地、权利、主权等西方国家主权理论的简短论述，主要是为论证中国亡国的写作主题提供一个分析架构，西方国家主权理论并没有成为分析研究的对象。又如《婚姻篇》中对欧美、日本婚俗的介绍，也主要是为了反证中国婚俗的不合理。尽管这种中西对比也能促进思维方式的转变，但这种转变主要体现在少数新式学堂的学生身上，对于绝大多数底层民众来说，效果则很微弱。

作为一篇面向知识精英的批判文章，《爱国心与自觉心》以欧美人的国家观——"为国人共谋安宁幸福之团体"——为前提，对国人盲动的爱国主义进行了批判，提出爱国心必须建立在自觉心的基础上，倡导理性的爱国主义。值得注意的是，陈独秀在文中，不仅对"为国人共谋安宁幸福之团体"的欧美人的国家观进行了详细阐释，还以此分析了德意志、奥地利、日本、塞尔维亚、比利时、朝鲜、土耳其、墨西哥、中国等国国民的"爱国心"，指出"德、奥、日本之国民"是"不知国家的目的而爱之者"，朝鲜、土耳其、墨西哥、中国是"不知国家之情势而爱之者"，塞尔维亚、比利时则是"以国民之福利为目的者也"。尽管文中有些论述存有偏颇之处，但文章本身不仅反映出陈独秀世界主义的分析视角，而且也表明陈独秀对西方知识的接受与批判的态度，他不仅对西方国民的爱国心进行了分析，也对殖民地、附属国国民的爱国心进行了分析，并指出两者的不同之处。在此基础上，分析中国人的爱国心，提出"残民之祸，恶国家甚于无国家"这一发人深省的结论，这也让陈独秀中西对比的批判方式具有了"深度性"，也预示着中西对比的批判方式将在《新青年》上成为主导的批判方式。

《新青年》开篇文字《敬告青年》中，陈独秀旗帜鲜明地提出了"六义"。陈独秀认为，"自主"、"进步"、"进取"、"世界"、"实利"、"科学"为西方文明的特征，"奴隶"、"保守"、"退隐"、"锁国"、"虚文"、"想象"则为东方文明的特征。这种对比虽有些简单，但如果从思维方式的角度考察"六义"，可以发现，"六义"重在要求青年人改变传统崇古的思维方式，树立中西对比的现代思维方式；如果从思考视野的角度来看，"六义"则要求青年人扩大思考的视野，要具有世界主义的眼光。在这个列国竞争的世界没有实现大同之前，陈独秀的"六义"仍有其参考借鉴的意义。

中西对比的批判方式与《新青年》及《每周评论》"介绍西方学说"、"改革青年思想"，进而"改造社会"的报刊宗旨，是一致的。改革青年思想，进而改造社会，确实需要引进西方知识资源，而中国传统文化的根深蒂固，也意味着中西两种知识资源必然存在激烈的"碰撞"，这也决定了中西对比的批判方式的有效性。《新青年》同人也确实让这种中西对比的批判方式成为批判中国传统文化的主导方式。无论是《新青年》倡导的内容，如文学革命、白话文运动、民主和科学，还是《新青年》所批判的内容，如反孔非儒、反对迷信、妇女贞操，都是在中西对比的视角下展开的，都是以西方的知识资源作为参照系，来审视中国的社会问题，这最终造成了中国传统知识资源沦为学术资源，也促进了西方知识资源在中国的"接受"。在此过程中，陈独秀虽然不是肇始者，但却是里程碑式的人物，而这确与其中西对比的批判方式存有密切的关联。

2. 讲求逻辑

逻辑文，是20世纪初形成的一种政论文体，该文体最突出的特征是"为文时具有明确自觉地逻辑意识"[①]，这也是划分这一派的根本依据，章士钊是逻辑文最典型的代表作家。胡适曾说，"自一九○五年至一九一五年，这十年是政论文章的发达时期。这一个时代的代表作家是章士钊"[②]，他把这一时期的政论文称为"章士钊一派的政论的文章"。胡适认为，章士钊创办的《甲寅》（包括月刊、日刊——笔者注）聚集了一批作者，"大家不知不觉的造成一种修饰的、谨严的、逻辑的有时不免掉书袋的政论文学"，"几乎形成一个甲寅派"[③]。钱基博认为，"甲寅派"使逻辑文"别张一军，翘然特起于民国纪元之后"[④]。李大钊、高一涵因为与《甲寅》月刊、《甲寅》日刊的密切关系也被时人称为"甲寅派"的代表作家。

如前所述，陈独秀虽参与编辑《甲寅》，也起到了相当重要的作用，但其真正为《甲寅》撰稿的文章只有一篇——《爱国心与自觉心》，这不仅与《甲寅》其他作者判然有别，而且反映了陈独秀不同的价值主张。然而，参编《甲寅》的经历，对陈独秀还是有影响的，这种影响主要表现在其后陈独秀为文中所表现出的明确自觉的逻辑意识，尤其是在驳论文中。

[①] 徐鹏绪、周逢琴：《论章士钊的逻辑文》，《东方论坛》2002年第5期。
[②] 胡适：《五十年来中国之文学》，《胡适文集》（第4卷），人民文学出版社1998年版，第395页。
[③] 同上。
[④] 钱基博：《现代中国文学史·绪论》，东方出版社2008年版，第7页。

第四章 "一枝独秀":陈独秀前期传播思想评析

应该说,在清末启蒙运动时期陈独秀的报刊实践中,并没有体现出明确自觉的逻辑意识。他在《安徽俗话报》时期的论说文虽具有思想新颖深刻、论证系统有力的特点,但是这些特点并不是通过明确自觉、完整自洽的论说逻辑得以呈现的。思想的新颖深刻主要归功于其作为思想家的思想的敏锐性以及中西对比批判方式的运用,论证的系统有力则要归功于其对论说对象的批评是"完整"的。

《爱国心与自觉心》是一篇具有分水岭意义的文章。与章士钊、张东荪等人撰写的结构严密的逻辑文相比,该文则是一篇颇具文学色彩的论说,论说逻辑并不严密,给读者留下了较多的想象空间。应该说,对于结构严密的逻辑文来说,这种想象空间则是需要努力规避的。需要引起注意的是,该文已经表现出一定的逻辑意识,文章花了约五分之三的篇幅对爱国心与自觉心的关系进行了逻辑推演,即所谓"假令前说为不谬,吾国将来之时局,可得而论定矣"。

《新青年》时期,陈独秀的文章体现出鲜明的逻辑意识。如《再论孔教问题》,"吾国人学术思想不进步之重大原因,乃在持论笼统,与辨理之不明。近来孔教问题之纷呶不决,亦职此故。余故于发论之先,敢为读者珍重申明之"[1]。又如《答佩剑青年》"来书捧诵数四,一一诉诸逻辑之境,觉不犯矛盾律者几希矣"[2]。又如《驳康有为〈共和评议〉》文末,陈独秀对康有为的"忠告","(一)凡立论必不可自失其立脚点,康氏倘直主张其君主制,理各有当,尚未为大失;今不于根本上反对共和,而于现行制度及目前政象,刻意吹求,是枝叶之见也,是自失其立脚点也。(二)凡立论必不可自相矛盾,他人攻之,犹可曰是非未定也;自相矛盾,是自攻也,论何由立?今之青年,论事析理,每喜精密,非若往时学究可欺以笼统之词也。康氏倘欲与吾人尚论古今,慎勿老气横秋,漠视余之忠告"[3]。再如《质问〈东方杂志〉记者——〈东方杂志〉与复辟问题》,"以上疑问(指文中陈独秀提出的 16 个'敢问'——笔者注),乞《东方》记者一一赐以详明之解答,慎勿以笼统不中要害不合逻辑之议论见教;笼统议论,

---

[1] 陈独秀:《再论孔教问题》,《新青年》1917 年第 2 卷第 5 期。
[2] 陈独修:《答佩剑青年》,《新青年》1917 年第 3 卷第 1 期。
[3] 陈独秀:《驳康有为〈共和评议〉》,《新青年》1918 年第 4 卷第 3 期。

固前此《东方》记者黄远庸君之所痛斥也"①。又如《再质问〈东方杂志〉记者》,"……但以《东方》记者珍重征引辜氏生平所力倡之言论宗旨,且称许之,遂推论其与辜为同志。倘谓此二者内包外延自不相同,所推论者陷于谬误;则此等逻辑,非记者浅学所可解矣。""《东方》记者谓可以逻辑之理审察之,则所谓逻辑者,其《东方》记者自己发明之形式逻辑乎?……若举前二者以喻后者为之例证,所谓因明与逻辑,得谓为不谬于事实之喻与例证乎?"②

上述引文虽多为驳论性文字,但这些驳论性文字恰好证明了逻辑意识已经成为陈独秀为文时的自觉实践。因为,陈独秀在以逻辑作为批判武器的同时,也必然要求自己讲求逻辑,注意行文逻辑的完整自洽。考虑到陈独秀的驳论文也是《新青年》大获成功的重要原因,我们可以说逻辑意识已经成为陈独秀《新青年》时期作文的自觉实践。相较于章士钊用古文写作的以时事政治为对象的逻辑文,陈独秀以白话文写作的讨论思想文化的逻辑缜密的文章也应占据一定的历史地位。

总的来看,批判内容的发展演变与批判方式的由浅入深是紧密联系的,既反映了陈独秀批判价值取向的一贯性,也表明了陈独秀前期报刊实践活动的不断深入,这在《新青年》及《每周评论》两份刊物上,表现得最为明显。尽管两份刊物对传统的批判,存在诸多争议,但不可否认的是,这种批判不仅具有历史正当性,而且这种批判精神也是陈独秀及《新青年》同人,留给后世的最可宝贵的精神遗产。

第三节 自由主义的传播思想

陈独秀虽然是中国近现代史上最富争议的人物之一,但称其为自由主义思想家则是众口一词的。的确,陈独秀是中国近现代史上最杰出的自由主义思想家之一,其前期的报刊实践也贯穿了自由主义精神,这是陈独秀

---

① 陈独秀:《质问〈东方杂志〉记者——〈东方杂志〉与复辟问题》,《新青年》1918年第5卷第3期。
② 陈独秀:《再质问〈东方杂志〉记者》,《新青年》1919年第6卷第2期。

第四章 "一枝独秀":陈独秀前期传播思想评析

传播思想中最为精彩的部分。

一 自由主义的特征及自由主义报刊理论的要义

本书不打算对自由主义以及自由主义报刊理论的内含作严格的界定,原因在于:自由主义作为一个术语,含义极其广泛,任何一种对"自由主义"的"严格界定"都是徒劳的,而且殷海光也指出,不仅"像西方自由主义者那样的自由主义者,在中国真是少之又少",而且"中国的自由主义迄未定型"。因此,与其探讨自由主义的定义,还不如描述自由主义的要义,而在这方面可供借鉴的观点颇多(如殷海光的论断就可为这种描述提供理想的架构)。自由主义报刊理论虽源于自由主义理论,但一直饱受争议与批判,事实上,自由主义报刊理论自身也处在不断的"修正"之中,所以,对该理论的界定多少带有"阶段性"(即相对性)的"局限"。特征是对已有实践的归纳,自由主义报刊理论的特征也源自对已有自由主义报刊实践的归纳,这种归纳不仅可能,而且更为"科学"。

殷海光在《自由主义的趋向》中说:"……严格地说,像西方自由主义者那样的自由主义者,在中国真是少之又少。一个真正的自由主义者,至少必须具有独自的批评能力和精神,又不盲从权威的自发见解,以及不依附任何势力集体的气象。……中国的自由主义迄未定型。因此,我们要决定谁是彻头彻尾的自由主义者,这是办不到的事。值此社会文化激变的时代,没有任何人的思想从少到老始终一贯不变,而且也没有这个必要。自严复以降,就我所知,在中国思想界可以做代表人物的人物里,没有任何人的思想是从头到尾像化石一样不变的。既然如此,我们也就没有理由把他们的思想硬装进一个固定的范畴里。我记述或类分思想变动的方法,是列出由六种性质构成的一个组。我所选择的人,当他在某一个阶段的思想合于这一组性质中的四种时,我就将他放进'自由主义'栏里。这一组性质是:一、抨孔;二、提倡科学;三、追求民主;四、好尚自由;五、倾向进步;六、用白话文。"[①]

作为中国自由主义人物谱系中的殿军之将,殷海光不仅自称是"五四

---

① 殷海光:《自由主义的趋向》,《近代中国思想人物论:自由主义》,时报文化出版事业有限公司1985年版,第21—22页。

之子",而且其报刊实践也深深地嵌入了自由主义精神。因此,殷海光的上述论断是"可靠"的。殷海光给出了成为一个"真正的自由主义者""至少"需要的三大特征:必须具有独自的批评能力和精神,不盲从权威的自发见解,以及不依附任何势力集体的气象。以这个特征考察中国的自由主义者,确实是少之又少,无论是早期的梁启超、严复等第一代"自由主义者",还是陈独秀、胡适、鲁迅等第二代"自由主义者",甚至也包括了以殷海光为代表的第三代"自由主义者"。所以殷海光提出了六种性质,并且认为只要具备六种性质中的任意四种,就可以将其称为"自由主义者"。

以殷海光的"三个特征"、"六个性质"来考察陈独秀及其担任中共总书记之前的报刊实践,可以发现,陈独秀既符合"三大特征",也具备"六个性质",是最为典型的自由主义者,甚至可以称为自由主义的旗手。就"三大特征"来说,前两个特征自不待言,而就后一个"不依附任何势力集体的气象"而言,陈独秀在出任中共总书记之前,也确实没有依附过任何势力集体。就"六个性质"来看,陈独秀更是当仁不让地成为五四时期自由主义的旗手,事实上,抨孔、提倡科学、追求民主、好尚自由、倾向进步、用白话文等六个性质正是陈独秀及其《新青年》努力提倡的内容。

自由主义报刊理论诞生于西方,赛博特、施拉姆等人在《报刊的四种理论》中,依据西方自由主义思想以及自由主义报刊实践,"完整"地提出了"自由主义报刊理论"。应该说,与西方自由主义的不断发展一样,自由主义报刊理论也处于不断的"修正"之中,《报刊的四种理论》在成为新闻传播学"经典"的同时,也时刻面对着各种评论,出版于1995年的由尼罗、贝里、布拉曼等著的《最后的权利:重议〈报刊的四种理念〉》一书,即对《报刊的四种理论》进行了"解构性"的评析。尽管如此,自由主义报刊理论仍然是当今西方世界占主导地位的媒介规范理论,其确立的基本原则(要义)仍然是新闻媒介的基本信条。国内学者对自由主义报刊理论的基本原则(要义)概括如下:

李良荣认为自由主义报刊理论的要义有:1. 报刊不受政府的干涉;2. 报刊拥有对政府的监督权;3. "意见自由市场"和"自我修正"理论;

4. 对事实的信念。① 郭庆光认为报刊的自由主义理论（自由主义媒介规范理论），其核心观点是"观点的自由市场"，是"实行自律的自由企业"，自由主义理论的主要原理原则包括：1. 任何人都拥有出版自由而不必经过政府当局的特别许可；2. 除人身攻击以外，报刊有权批评政府和官吏，这种批评是正当合法的；3. 新闻出版不应该接受第三者的事先检查，出版内容不能受到任何强制；4. 在涉及观点、意见和信念的问题上，真理和"谬误"的传播必须同样得到保证。② 应该说，两人对自由主义要义或主要原则的概括基本相同，事实上，这也是国内学者的共识。

能否用自由主义报刊理论的要义来考察陈独秀担任中共书记之前的报刊实践活动呢？陈独秀是个自由主义者，甚至在出任中共书记之前，是最为典型的自由主义者，这一点是毫无疑问的。他在晚年自述自己一生的大部分生涯，都与文字打交道，这在其转向马克思主义之前也更为突出。一个自由主义者的报刊著述、办刊思想，必然呈现出鲜明的自由主义精神，这是一个符合逻辑的推演。上述两本著述对自由主义报刊理论的归纳，都是建立在梳理自由主义理论及自由主义报刊理论的基础上，而且这种梳理是在审视西方报刊理论发展史的意义上进行的，且带有一定的批判色彩。因此，可以用自由主义报刊理论的要义来考察陈独秀担任中共书记之前的报刊实践活动。

以上述殷海光自由主义的三大特征，以及中国新闻学者概括的自由主义报刊理论的基本原则作为参照标准，可以发现陈独秀自由主义的传播思想表现出如下特征。

二 独自的批评能力和批判精神

在殷海光给出的自由主义的"三大特征"中，"独自的批评能力和精神"居首位。独自的批评能力，应该是指从事批评的主体不仅应该具备发现问题的能力，还要具备批评问题的能力，而且这种能力是依靠主体独立完成的，反映出主体独立思考的印迹。批判精神，则是指这种独自的批评能力不是偶发性的，而是一种常态性的存在，反映出主体从事批评实践的

---

① 李良荣：《新闻学导论》，高等教育出版社 2006 年版，第 177—178 页。
② 郭庆光：《传播学教程》，中国人民大学出版社 2003 年版，第 136 页。

内在自觉性,只有自觉地常态地批评实践,才能称为批判精神。

以此考察陈独秀的报刊实践,可以发现,陈独秀不仅具备独自的批评能力,而且其报刊实践活动中贯穿了批判的价值取向,由此呈现出一种批判的精神。作为中国近现代史上最杰出的启蒙思想家之一,陈独秀不仅个性鲜明,而且具有很强的独立思考的能力,这是毋庸置疑的。如前所述,清末启蒙运动中,无论是其发起的两次爱国演说会,还是其后的《国民日日报》以及《安徽俗话报》的报刊活动,反清排满都不是陈独秀的志趣。这是陈独秀相较于"暴得大名"的章士钊、刘师培、林獬等人,显得默默无闻的重要原因,否则以陈独秀的才思文笔,要想"暴得大名"是件轻松的事,这足以表明陈独秀有自己的追求、坚持与思考。又如发表于《国民日日报》的《近四十年世风之变态》一文,他对以《格致汇编》、《经世文牍编》、《盛世危言》、《时务报》、《清议报》、《新民丛报》为代表的近四十年的世风进行了批判。其中对《时务报》、《清议报》、《新民丛报》的批判,已经具有了严格意义上的媒介批评的意味。在《新民丛报》大行其道之时,陈独秀却对此进行批判,陈独秀独立批评的能力由此可见一斑。至于陈独秀创办并主编的《安徽俗话报》、《新青年》以及《每周评论》三份报刊,更是显示出陈独秀独自的批评能力和批判精神,这已在前文相关章节以及本章批判的价值取向部分作了论述,此处不赘。此外,陈独秀于1937年《给陈其昌等的信》中,"我只注重我自己独立的思想,不迁就任何人的意见"的文字,胡适将陈独秀称为"终身的反对派"等,都体现陈独秀思考的独立性。总体来说,陈独秀的报刊实践表现出了独自的批评能力和批判精神。

三 发人深省的自发见解

"不盲从权威的自发见解",是殷海光描述的自由主义"三大特征"的第二个特征。这个特征上承"必须具有独自的批评能力和精神",提出了两个更高的要求:首先要求主体在从事批评性话语实践时,对所批评的对象以及所运用的论证资源必须有着"完整"地理解;其次要求主体的批评话语,必须具有一定的原创性。唯其如此,产生的见解才能体现出"不盲从权威"的色彩。当然,这两个要求又是密切关联的,任何批评性的话语

第四章 "一枝独秀":陈独秀前期传播思想评析

实践,要得出具有原创性意义的"创见",就必须对其所批评的对象以及所运用的论证资源有着"完整"的理解,否则不仅无法产生"创见",反而容易产生"谬见"。要获得对所批评的对象以及所运用的论证资源的"完整"理解,就必须采用批判性的接受态度(亦可称为讨论学理的态度)。当然,这并不意味着采用批判性的接受态度,就必然能够获得"完整"的理解,但这确是获得"完整"理解的正确路径[①]。

考察陈独秀的报刊实践,可以发现,陈独秀的批评性话语实践不仅是"不盲从权威的自发见解",而且往往能够发人深省,体现出很强的原创性。陈独秀能够成为中国近现代最杰出的启蒙思想家之一的重要原因,即在于其思想的创见性,这也是其报刊实践能够引领时代潮流的重要原因。前文相关章节对此有所分析,此处无意重复引证。本书此处想通过他人对陈独秀的"评价",证明陈独秀对中国思想界的贡献,以此从侧面论证"发人深省的自发见解"的论点。毛泽东在1919年7月《湘江评论》创刊号上撰写了《陈独秀之被捕及营救》一文,赞扬陈独秀"为思想界的明星",并高喊"我祝陈君万岁!我祝陈君至坚至高精神万岁!"傅斯年于1932年陈独秀被捕之后,发表《陈独秀案》,称陈独秀为"中国革命史上光焰万丈的大彗星";陈独秀逝世后,昔日政敌吴稚晖在挽联中说他"思想极高明"而"政治大失败";高语罕的挽联为,"喋喋毁誉难认!大道莫容,论定尚须十世后;哀哀蜀洛谁悟!彗星既陨,再生已是百年迟"。陈铭枢的挽联为"言皆新制,行绝诡随,横览九州,公真健者!谤积邱山,志吞江海,下开百劫,世负斯人!"高语罕又在《哭独秀》中写道:"独秀,你死了!独秀你死了!你是独行传中的好老。你事事识得机先,你句句说的到靠,你的言和行没有什么不相当,四十年来的社会斗争史,会给你写下一幅幅真的小照!"程演生的挽词中有,"健笔开聋聩,英声动市廛"的文字。王森然听闻陈独秀死讯后,也写下了"呜呼先生!满腔热血,洒向空林,一生有毅力,无用武之地,吾不反为先生惜,吾惊为民族哭矣"。上述人物身份各不相同,发表文字的时间也前后不一,但均认为陈独秀于中国的思想界多有贡献,这也足以表明陈独秀批评性话语实践所

---

① 需要指出的是,有些批评性话语实践只对批评对象本身展开反思和追问,并不需要引入新的论证资源。

具有的"发人深省的自发见解"的特点。

  这里还有一个问题需要检讨，即殷海光所说的"五四的父亲太浅薄，无法认真讨论问题"。殷海光给他的学生张灏的一封信中这样说道，"这种人坚持独立特行，不属于任何团体，任何团体也不要他。这种人，吸收了五四的许多观念，五四的血液在他的血管里奔流，他也居然还保持着那一代传衍下来的锐气和浪漫主义色彩。然而时代的变动实在来得太快了，五四的儿子不能完全像五四的父亲。这种人认为五四的父亲太浅薄，无法认真讨论问题，甚至被时代的浪潮冲退了色，被岁月磨掉了光彩。而五四的父亲则认为他是一个欠稳健的时代的叛徒，有意或是无意的和他疏远起来"[①]。应该说，殷海光作为中国自由主义人物谱系中的殿军之将，不仅是深受"五四的父亲"影响的"五四的儿子"，而且其报刊实践也深深地嵌入了自由主义精神。因此，他的这种体认具有一定的合理性。确实，"五四的父亲"，如陈独秀、胡适、鲁迅等人的思想也存在这样那样的不足，他们对中国问题的"体认"，对西方知识资源的"接受"也存在一定的"盲区"。然而，这是一种任何人都无法避免的"认知局限"，"先知先觉"固然可能存在，但"全知全觉"则根本不存在。因此，陈独秀等人留给后世的最可宝贵的财产是他们的批判精神，而且，如果他们提出的问题在现代社会仍然是一个"问题"的话，那么他们的思想命题也必然是有效的，仍需要后世予以"认真"地"对待"。

  应该说，对陈独秀、胡适、鲁迅、李大钊等"五四父亲"的"浅薄"、"无法认真讨论问题"进行讨论是必要的。然而，在缺乏批评性话语实践以及缺少对中国问题深刻认知的情况下，对陈独秀等人所进行"纯粹"的学理批评，多少具有"后见之明"的意味，既缺乏"效度"，也算不得"真正的对话"。在这一点上，殷海光的结论与当下的一些批评存在根本的差异。

四　办刊实践从不依附于任何势力集体

  殷海光界定自由主义者的第三个特征，是"不依附任何势力集体的气

[①] 贺照田编：《殷海光书信集》，上海三联书店 2005 年版，第 195—196 页。

象"。何谓"势力集体"呢？对这个词语的解释，关键在于"势力"。"势力"，本质上是指主体拥有的一种力量，但这种力量又具有"威势"的意味，即这种力量能够妨碍其他主体的正当权利。因此，凡是能够妨碍主体行使正当权利的集体，都可以被称为"势力集体"。自由主义认为，言论自由是人的基本权利之一。因此，殷海光所谓"势力集体"，可以理解为妨碍主体言论自由的集体。需要指出的是，势力集体不仅对集体之外的言论自由施加影响，也对集体内部个体言论的自由表达施加压力。这就决定了此处需要考察的内容是，陈独秀的报刊实践与其参与的政治组织活动在时间上是否存有交叠之处？如果存有交叠之处，其参与的政治组织是否对其报刊实践产生了组织性的压力，进而妨碍了他人（无论组织内外）的言论自由表达？

作为近代中国社会革命的先行者，参与和组织政治团体、发起社会革命与从事报刊实践是陈独秀从事的两项主要的社会活动。以下是这一时期陈独秀从事的主要社会活动的简历：1901年11月，第一次赴日本留学期间，与张继等人参加留学生团体"励志社"，但很快因政见不同脱会。1902年3月，陈独秀与何春台等人发起演说会。同年冬，他与张继、蒋百里、潘赞化、苏曼殊等人在日本发起"青年会"。1903年4月，陈独秀因"剪辫"事件"被遣返回国"，在安庆与潘缙化、葛温仲、张伯寅等人筹组"安徽爱国社"，创设藏书楼。同年夏，陈独秀于上海参与创办、编辑《国民日日报》。1904年年初，陈独秀与房秩武、吴守一等人商议办报，同年3月31日，《安徽俗话报》出版。同年11月赴上海参加暗杀团。同年底陈独秀由上海返皖后，编辑《安徽俗话报》的同时，主要精力则集中于办学以及"重组""岳王会"。1907年春，陈独秀再次赴日，与章太炎、刘师培、苏曼殊、日人幸德秋水、印人钵罗罕·保什等发起"亚洲和亲会"。1914年参编《甲寅》。1915年创办《新青年》。1918年年底创办《每周评论》。1920年7月组建上海共产主义小组，1921年7月中共一大召开，被推为总书记，在此一年间，陈独秀除为《新青年》撰稿外，还指导创办《劳动界》《伙友》等工人刊物、《共产党》月刊、《广东群报》等进步刊物。

由上可知，除了后期的《安徽俗话报》（第15—22期，1905年3月—1905年8月），以及从1920年7月组建上海共产主义小组到1921年

7月担任中共总书记这一年间的报刊实践与其政治组织活动在时间上存在交集外，其余的报刊实践与其政治组织活动是交替进行的，而且这构成了陈独秀前期报刊实践的主要部分[①]。可见，陈独秀前期的报刊实践与其参与的政治组织活动在时间上确有交叠之处。那么，这两个时段陈独秀参与的政治组织活动对其报刊实践是否产生了组织性的压力，并进而妨碍了他人（无论组织内外）的言论自由表达呢？

首先，分析第一个交叠之处，即后期的《安徽俗话报》。如前所述，从1904年3月31日《安徽俗话报》创刊，直至11月陈独秀赴上海参加暗杀团，这一段时间陈独秀专心办报，《安徽俗话报》因之大获成功。陈独秀在上海待了一个月后，1905年1月回芜湖。返芜后的陈独秀尽管仍为《安徽俗话报》撰稿，但其工作重心已经由办报转向革命活动了，积极动员旅湘公学迁返芜湖，并"重组""岳王会"使之成为"革命会党"。事实上，《安徽俗话报》第16期（1905年3月）发行时，安徽公学已经正式开学，岳王会已经初步成型。陈独秀的革命转向对《安徽俗话报》产生了重要影响，《安徽俗话报》因此停停歇歇，终至停刊。这段史实不仅表明陈独秀之于《安徽俗话报》办刊的重要性，也表明陈独秀一旦革命转向，《安徽俗话报》就成了"鸡肋"，以至于汪孟邹"无论怎么和他商量，说好说歹，只再办一期，他始终不答应，一定要教书去了"[②]。由此可见，陈独秀在这个时期的政治组织活动虽然对《安徽俗话报》产生了重要影响，但这种影响与言论自由表达无关。

其次，分析第二个交叠之处，即从1920年7月组建上海共产主义小组到1921年7月担任中共总书记的一年时间，其参与的共产主义组织对报刊实践是否产生了组织性的压力，而且这种压力又是否妨碍了他人（无论组织内外）的言论自由表达的问题。与第一次交叠《安徽俗话报》成为

[①] 需要指出的是，两次爱国演说会，陈独秀的报刊实践活动，主要表现为广义的报刊实践，虽有办报的主张，但并没有成为现实，故本书没有将此纳入分析对象。此外，有论点认为同人杂志时期的《新青年》构成了一种话语霸权，也有论点从北大的进德会分析蔡元培的道德主张对陈独秀及《新青年》的影响。杂志同人虽不能称为团体，但"霸权"的结论多少意味对自由表达的妨碍；进德会虽不是政治组织，但确是一个团体组织，也多少意味着妨碍自由表达的组织性压力的存在。尽管这两个问题确实值得讨论，但是无论是杂志同人，还是进德会，都不是严格意义上的妨碍自由表达的势力集体，因此本书此处不予讨论。

[②] 汪原放：《回忆亚东图书馆》，学林出版社1983年版，第16—17页。

第四章 "一枝独秀":陈独秀前期传播思想评析

"鸡肋"不同,这次交叠,陈独秀参与的共产主义组织对其报刊实践产生了组织性的压力。与"岳王会"倡导岳飞精忠报国的爱国精神不同,共产主义的指导思想是西方的马克思主义,这决定了利用刊物宣传马克思主义的必要性,这是报刊实践中组织性压力存在的一个重要原因。事实上,陈独秀转向共产主义之后,其报刊实践迅速改变了"颜色"。《新青年》自第八卷第一期起,成为上海共产主义小组的机关刊物,倾向于共产主义宣传。胡适敏锐地察觉到这种变化,并将之称为"颜色过于鲜明"。此外,陈独秀不仅积极指导创办《劳动界》、《伙友》、《广东群报》、《共产党》月刊等刊物,还在上述刊物尤其是《劳动界》、《广东群报》发表了数量颇多的文章。这些文字也都具有浓厚的马克思主义色彩。这些都可以表明,陈独秀参与的共产主义组织对其报刊实践确实产生了组织性的压力。然而,组织性压力的存在,是否必然妨碍他人(无论组织内外)的言论自由表达呢?

应该说,这种组织性压力的存在,并没有对他人(无论组织内外)的言论自由造成妨碍。比如,针对《新青年》"颜色过于鲜明"的问题,陈独秀也"不以为然",表示要仍"以哲学文学为是",陈望道也有"抹淡颜色",北京同人的文字也照样可以发表。虽然北京同人的文字大幅度减少,但这并不是编辑的把关造成的,而是北京同人源于不同主张的"自觉"行为。又如,积极指导创办新的刊物并为之撰写文章的行为,也表现出陈独秀对言论自由的重视,而陈独秀这一时期的报刊批评,尤其是对以区声白为代表的无政府主义的批判,也主要是从学理讨论的角度展开,显示出客观、理性的讨论态度,与其后你死我活的阶级斗争的批判话语判然有别。再如,这一时期为中共的组织发起时期,参与组织的则是少数倾向于马克思主义的知识分子,维系组织的是共同的信仰[①],不是严密的组织纪律,中共的组织纪律是在一大后逐渐形成的。这批早期的中共党员出现分歧,甚至退党,也是在一大之后才出现。因此,没有证据显示这一时期的报刊实践对共产主义小组内部的言论自由造成了妨碍。

[①] 美国学者周邦奇在《血路:革命中国中的沈定一(玄庐)传奇》(江苏人民出版社1999年版),也对中共共产主义小组的成立作了描述,"这七个最初小组里的人并未与世隔绝。随着许多青年人的加入和退出,上海的革命团体在不断扩张或收缩。""如果说这一团体的成员组成是多变的,其活动区域则是极为确定的"(见该书"沈定一与上海共产主义小组:1920年春夏"部分,第73—78页)。这些也都表明共产主义小组时期组织、纪律并不严密。

总体来看，不依附任何势力集体从事办报实践，是陈独秀担任中共总书记之前报刊实践活动的主要特征。即使退一步讲，相较于梁启超、章士钊的报刊实践，陈独秀的报刊实践还是努力做到了不依附任何势力集体。

五 对思想自由、言论自由的高度关注

通常认为，思想作为主体的一种心理活动，是一种自在的思维活动，任何形式的外力都无法干预。言论作为主体思想的一种外在表现，保障主体的言论自由等同于保护主体的思想自由。因此，思想自由通常被内含于言论自由之中，没有予以突出的强调，这也是言论自由被突出强调的重要原因。这种"常识性"的见解，有一定的合理性。但是，绝对意义上的思想的自在性与思想自由还是有所区别的，主体的任何形式的自在思想行为，都存有思想的樊篱，这决定了思想并不是自由的，因此，自在的思想并不能简单地等同于自由的思想。要想实现思想的自由，首先必须认识到思想樊篱的存在，进而突破思想的樊篱，获得新的思想。这才是真正的自由思想，也只有在这个意义上，才能称得上思想自由。思想的樊篱，是指阻碍自由思想的一种类似集体无意识的惯性思维，文化和意识形态是形成惯性思维的最主要的因素。对于大部分人来说，自由思想并不是件容易的事情，否则，思想家就没有存在的必要了。

言论自由是自由主义报刊理论的核心观点。自由主义报刊理论强调"意见的自由市场"和"意见的自我修正"，认为观点愈辩愈明，人们最终会选择"真理"。为此，自由主义报刊理论反对政府干涉报刊，反对事先检查制度。应该说，"意见的自由市场"是建立在相信人类具有理性、相信理性、选择理性的基础上，唯有如此，观点才会愈辩愈明。然而，理性并不是人类的唯一特性，这就容易出现观点难以辩明，或者人们并不接受被辩明的意见的情形。换句话说，"意见的自由市场"，"意见的自我修正"，不仅依赖于辩者的理性传播，还决定于受者的理性接受。从社会学角度来讲，理性是指主体具有的识别、判断、评估实际理由以及使人的行为符合特定目的等方面的智能，是一种通过逻辑推演，为自己行为寻找合法性的真理发现活动。严格意义上，并非所有的理性活动都能带来真理的发现，然而，真正的真理发现却一定是一种理性活动。应该说，真正的思

第四章 "一枝独秀":陈独秀前期传播思想评析

想自由可以帮助主体突破思想的樊篱,认识到存在于认识过程中的惯性思维,从而让自己的逻辑推演更为严密,以达到严格意义上的真理发现。在这个意义上,思想自由与言论自由有了真正的"交集"。应该说,思想自由与言论自由的关系是紧密联系的,言论自由的保护对象与最终目标是思想自由,思想自由则是言论自由的前提与基础。

尽管陈独秀专门论述思想自由、言论自由的文字并不多,但是我们依然可以从相关文字中,看到陈独秀对思想自由与言论自由的高度关注——不仅思想自由与言论自由常常同时出现,而且呈现出这样一个发展趋势,从清末时期的"思想言论"到《每周评论》创办前《新青年》的"思想自由",再到《每周评论》的"言论思想自由",以至《每周评论》被封后的"言论自由"[①]。但是,"思想言论,事实之母"的基本含义没有变,都在强调思想言论所具有的改造社会的意义。因此,我们可以做出这样的判断:陈独秀非常重视思想言论自由,因为思想言论具有改造社会,再造文明的功用;相较于言论自由,陈独秀更看重思想自由;陈独秀由思想自由"转向"言论自由,与其批评时政,介入现实政治是有密切关联的,而这些判断均在陈独秀的报刊实践中得到了体现。

思想启蒙是陈独秀开出的救国救民的药方,他希望通过对国民的思想改造以改变中国落后挨打的局面。为此,陈独秀批判国民性、启发个体意识,输入西方学理,强调学术自由,最终引领报刊同人发起了一场志在"重新估定一切价值"的五四新文化运动。需要再次强调的是,与梁启超、章士钊以及于右任等人的报刊实践不同,陈独秀在清末不以反清排满为办报志趣,在民初不以批评时政为宗旨,不仅自觉与现实政治拉开距离,而且努力坚持思想启蒙的办报路线。他创办的《安徽俗话报》是清末下层启蒙运动中启蒙报刊的佼佼者,《新青年》、《每周评论》则引领了五四新文化运动,这在中国新闻史上、中国报人中都是独一无二的。如上所述,思想自由是言论自由的前提与基础,只有思想实现了自由,观点才能真正做到"愈辩愈明",也才能真正实现理性地传播与接受。在此种意义上,陈独秀"思想

---

① 这里依据的文本是《会启》、《国民日日报发刊词》、《近四十年世风之变态》、《袁世凯复活》、《答吴又陵》、《旧党的罪恶》、《法律与言论自由》以及《讨论社会实际问题底引言》等8篇相关文字。

言论，事实之母"的观点，以及内含的思想自由、言论自由的思想，不仅"超逾党派政见，且具有普世性价值意义的"①，而且也是"一枝独秀"的。

六 对"舆论"、"党见"的批判

所谓舆论，是指多数人的意见；所谓党见，是指政党意见。如上所述，相对于通常意义上的言论自由，陈独秀更看重思想自由。对陈独秀而言，言论自由固然重要，但思想自由更为重要。只有思想自由了，言论自由才更有价值，否则，言论自由只能是"党见"的自由，"盲见"的自由。这就决定了陈独秀在提倡思想言论自由的同时，对"舆论"与"党见"展开了批判。需要指出的是，此处的"批判"，不是全面否定，而是建立在对"舆论"、"党见"合理性进行确认的前提下展开的批判。前提有两个：第一，政党必须谋益多数人的幸福，否则政党言论只是一党之见，并不代表舆论，需要予以批判；第二，思想必须自由，否则代表多数意见的舆论虽号称多数，但只是盲见，同样需要予以批判。这就可以解释一些"矛盾"现象，陈独秀既反对"舆论"，又重视"舆论"，陈独秀批判政党运动、政党言论，但只要政党运动能够与国民运动结合起来，能够谋益多数人的幸福，他就能够接受，这显然是他转向马克思主义，组建中共的一个重要的原因。

如前所述，1903年4月陈独秀在提出"思想言论，事实之母"观点的同时，还表达了"本社既名爱国，自应遵守国家秩序，凡出版书报，惟期激发志气，输灌学理，不得讪谤诋毁，致涉叫嚣"②的办报主张。这个主张不是囿于环境压力所作的违心之论，而是陈独秀的自觉体认。陈独秀《近四十年世风之变态》一文中，也在"思想言论，事实之母"的视角下，对梁启超的报刊实践，尤其是《清议报》与《新民丛报》进行了批判。陈独秀为何要将梁启超的办报实践归为"讪谤诋毁，致涉叫嚣"呢？

梁启超在1901年12月《本馆第一百册纪辞并论报馆之责任及本馆经历》中提出了"一人之报"、"一党之报"、"一国之报"、"世界之报"等概

---

① 张育仁：《自由的历险——中国自由主义新闻思想史》，云南人民出版社2002年版，第225—239页。
② 《安徽爱国社拟章》，《苏报》1903年6月7日。

第四章 "一枝独秀":陈独秀前期传播思想评析

念,所谓"一党之报"即"以一党之利益为目的者";所谓"一国之报"即"以国民之利益为目的者"。梁启超认为,《时务报》"殆脱一人报之范围而进入于一党报之范围也",亦即《时务报》应为"一党之报",而《清议报》"全脱离一党报之范围,而进入于一国报之范围",亦即《清议报》为"一国之报"。根据梁启超的上述论述,继《清议报》之后创办的《新民丛报》应该属于"世界之报"。应该说,梁启超的论述反映了梁启超的办报主张。尽管梁启超认为他创办的《清议报》、《新民丛报》不是"一党之报",而是"一国之报"、"世界之报",但陈独秀并不这样认为,陈独秀认为梁启超的报纸只不过是在"爱国"的幌子下,宣传一党之见,如前文所引的他对《清议报》、《新民丛报》的批判性文字。应该说,陈独秀的评价并不全面,但结论本身还是有相当的思想意义,反映了陈独秀对思想言论,尤其是报刊言论的重视,对梁启超办刊实践的批评,既含有对"党见"的批判,也透露出对舆论的批判。

在清末新政时期的报刊实践中,陈独秀努力将报刊实践与政治组织活动进行区隔。上文已经指出《安徽俗话报》对于革命转向之后的陈独秀具有的"鸡肋"的象征意义,还指出陈独秀虽组织岳王会,但当岳王会集体加入同盟会时,会长陈独秀却选择了退出。在日本期间,虽与章太炎、刘师培、苏曼殊等同盟会会员过从甚密,但仍然没有加入同盟会,也没有为同盟会刊物撰写过革命论说。民元初年,他虽在安徽军政府担任要职,但遭到新老同志的打击,最终亡命上海。这多少表明陈独秀对政党组织的"排斥"。无独有偶,章士钊是另一个与同盟会拉开距离的人。陈、章二人作为《国民日日报》的总理编辑,这种相似的经历,也表明《国民日日报》的革命宣传,并非"党见之论",而更像是知识分子的自由发声①。

在五四时期,在《答汪叔潜》、《答李亨嘉》、《为什么要南北分立?——

---

① 陈独秀强调书报应该遵守国家秩序,章士钊大力宣传革命排满;两人虽都有实际的革命活动,但都没有加入同盟会;两人文笔出众、擅长论说,但都没有为《警钟日报》撰写过论说;刘师培、林獬两人也曾与陈、章两人合作共事于《国民日日报》,刘、林两人又担任《警钟日报》主笔,又创办《中国白话报》,全力从事革命宣传工作,但刘师培在"辛亥革命"前即已"变节",林獬则最终选择自由报人的身份。这些足以证明《国民日日报》所发之论非"党见之论",而是知识分子的自由发声。

南北人民分立呢？还是南北特殊势力分立呢？》、《国庆纪念底价值》、《反抗舆论的勇气》等几篇文字中，陈独秀对"舆论"、"党见"展开了鲜明地批判。

在《答汪叔潜》（《新青年》第二卷第一期，1916年9月）中陈独秀提出了三个观点：一是近世国家是建立在国民总意的基础上，宪法的制定必须反映国民总意，宪政的实施必须尊重舆论。二是宪政国家，实行政党政治是必然的，但各政党的党见并不等同于舆论，党见只是舆论中的一小部分而已，党见虽能引发舆论，但党见并非舆论本身。三是宪政实施有二要素，即"庶政公诸舆论"与"人民尊重自由"，否则即使是优秀政党掌权，也不能称立宪政治，因为其与多数国民无关。需要指出的是：陈独秀是在国民运动与政党运动的层次上讨论"党见"与"舆论"的，因此文章是在国民总意的意义上使用舆论这个词，亦即舆论必须代表国民总意；二是国民总意指的是一种"尊重自由"条件下的多数国民的民意，因此也是理性的国民总意。

在《答李亨嘉》（《新青年》第三卷第三期，1917年5月）中，陈独秀认为，因为国民偷安苟且、目光短浅，所以不可能产生真正的民意。如果一定要采用少数服从多数的施政方式，结果只能导致"布旧除新"。陈独秀宣称"重在反抗舆论"为杂志宗旨，他认为李亨嘉所谓"代表舆论"是"同流合污媚俗阿世之卑劣名词"，因此《新青年》拒绝这一称谓。可见，陈独秀反抗的舆论不是真正的民意，而是因民众素质低劣产生的"同流合污媚俗阿世"的虚假的"多数民意"。

在《为什么要南北分立？——南北人民分立呢？还是南北特殊势力分立呢？》（《每周评论》第14号，1919年3月23日）中，陈独秀认为，"若真正是多数民意，或者还可以分立。若是少数野心家不正当的政见，便万万没有分立的理由了"。可见，陈独秀是在"真正的多数民意"的意义上使用"舆论"一词。

在《国庆纪念底价值》（《新青年》第八卷第二期，1920年11月）一文中，陈独秀为了论证共和政治并不能造成多数人的幸福，只有社会主义才能造成"实际的多数幸福"，对资本主义社会的舆论进行了批判。他认为，共和政治的金钱政治本质限制了真正的多数民意的表达，也使得资本家可以操纵舆论、制造舆论。与《答汪叔潜》一文相比，这种论述是典型的马克思主义式的政治话语，在某种意义上，陈独秀已将舆论等同于资本家的意见，这多少也意味"党见"具有转化为"舆论"的可能性。当然，陈独秀讨论舆论的前提并没有变，即真正的舆论必须反映多数人的意见，必须保证多数人的自由幸福。

《反抗舆论的勇气》是一篇随感，发表于中共一大召开前夕。陈独秀当时还在广州，一面忙于批判无政府主义，以宣传马克思主义；一面忙于辟谣，与广州、上海报界的造谣作斗争。该篇文章批判的对象是群众舆论，他认为，群众舆论因群众心理的盲目性也表现出盲目性的特征，虽能造就事功，但大半是不合理的，有害于社会进步，因此需要"公然大胆反抗舆论"。这表明陈独秀理想中的群众舆论应是合理性的，能够推动社会进步。当然，这也暗示了陈独秀本人即是公然大胆反抗群众舆论的人。

可以看出，陈独秀虽然在不同时期对"舆论"、"党见"进行了不同的论述与批判，但其论述与批判的前提则是一以贯之的，即舆论必须是多数国民的理性民意，能够谋益多数人的幸福。应该说，他对党见与舆论的区分，对舆论与民意的区分，对群众舆论盲目性的批判，都具有鲜明的现实针对性，不乏灼见真知；他的国家、政党应该谋益多数人幸福的理想追求，则让他勇于反抗舆论的行为也具有了引领舆论的意味，为其革命转向后将"党见"转化为"舆论"提供了可能性。

七 强烈的社会责任意识

所谓强烈的社会责任意识，是指陈独秀的报刊实践中所表现出的对社会、对国家、对国民的强烈的社会责任感。在陈独秀自由主义的报刊实践中，渗透了强烈的社会责任意识，而且这种社会责任意识指向的不是某个特定的阶层，而是"真正"的绝大多数的民众。

由于种种原因，"自由主义"一词在中国往往是贬义的，与"放任"、"散漫"联系在一起，成为"不负责任"的代名词。事实上，自由主义，作为一种主义，也是讲求责任的，只是其负责的对象更偏重于"个体"。当然，这并不意味着自由主义不关心甚至反对"集体"的存在，而是希望以"个体"的真实存在实现"集体"的更高存在。这是自由主义的一个基本含义。

通常认为,自由主义报刊理论之所以需要社会责任理论的修正,是因为自由主义报刊理论在社会责任方面是有所欠缺的,社会责任理论的核心要点即是"强调大众传播媒介对社会和公众应该承担一定的责任和义务"[①]。然而,这并不意味着自由主义报刊实践先天就是缺乏责任的。如果自由主义报刊实践先天就是缺乏责任、自私自利的,那就失去了合法性和存在的价值,也根本没有"修正"的必要。应该说,自由主义报刊理论对言论自由的强调,只为其滑向自私自利提供了理论的和策略的可能性,自由主义报刊实践真正"丧失"社会责任,主要与其对市场的追求有关,而这又与新闻专业主义有着千丝万缕的联系。

如前在探讨《新青年》的新闻精神时指出的,中文报刊在近代中国虽是舶来品,但是近代国人自办报刊的发生、发展有着不同于西方新闻专业主义的发展逻辑,比如近代国人办报实践与爱国救亡之间的密切关联,这与西方现代报刊产生于政治斗争和经济竞争的需要就存在很大的不同。这就让近代国人的办刊实践往往表现出强烈的社会责任感。事实上,无论是《新民丛报》、《甲寅》、《新青年》等具有思想启蒙性质的报刊实践,还是文人论政的报刊精神,都充分证明了这一点。

当然,报刊实践具有强烈的社会责任感,并不意味着从事报刊实践的主体是自由主义者,但是就陈独秀自由主义的报刊实践来看,确实充满了强烈的社会责任感,而且这种社会责任感指向的不是某个特定的阶层,而是绝大多数的民众。陈独秀爱国忧民的传播主题,思想启蒙的传播宗旨,以及上文分析的有关自由主义新闻实践的表现,都可以证明陈独秀前期的报刊实践中所体现出的强烈的社会责任感。此处将对陈独秀关于新闻传播问题的"具体"论述进行分析。

应该说,陈独秀虽是著名的报刊活动家,但是他专门论述新闻传播问题的文字非常少,已有文字多为论述其他问题时顺便提及。以下是五四新文化运动时期陈独秀对新闻传播问题的相关表述。

---

① 郭庆光:《传播学教程》,中国人民大学出版社2003年版,第138页。

第四章 "一枝独秀":陈独秀前期传播思想评析

在《元曲》(《新青年》第四卷第四期,1918 年 4 月)这篇随感中,陈独秀认为,新闻记者是"国民之导师",需要具备"常识",不能听风是雨,传载谣言。根据文中的表述,"常识"首先是指基本的现代科学知识,即欧美日大学均设有戏曲科目,以及西医的科学实验证明;其次"常识"是指基本的推理能力(逻辑思维能力),如果记者既不具备基本的现代科学知识,也无法获取第一手信息,那么就要对所报道的对象进行逻辑推理,以此断定报道对象的真伪。如果"元曲"为"亡国之音",那么"周秦诸子、汉唐诗文"均无"研究之价值",而印度、希腊、拉丁文学,"更为亡国之音"。

在《关于北京大学的谣言》(《每周评论》第 13 号,1919 年 3 月 16 日)中,陈独秀对张厚载"传播谣言来中伤异己"的行为进行了批评,指出"据理争辩"是记者应有的言论态度,记者应该尊重事实,不能"闭着眼睛说梦话",否则丧失了"新闻记者的资格"。不光如此,如果使用"倚靠权势"、"暗地造谣"这"两种武器",那么只能表明记者"发生人格问题了"。

在《讨论社会实际问题底引言》(《广东群报》1921 年 2 月 12 日)中,陈独秀认为,"在言论上指导社会是新闻家一种职务",但是记者的言论态度应该严肃、合法,不能"时常造谣言攻击个人的阴私",报道的问题也必须是"实际问题","若是离开了实际问题,专门空发议论",那么这种新闻自由是一种"滑稽的假的言论自由",不要也罢。只有"敢于"讨论"实际问题",并且"堂堂正正地发表主张",才是"真的言论自由"。

《影画戏院问题》(《广东群报》1921 年 2 月 19 日)是"讨论社会实际问题"中的一篇。陈独秀认为,影画戏院问题之所以重要,是因为它是一种社会教育形式,然而,侦探片热映则是不好的现象,因为它不但能养成机诈作恶的心理,还能教人机诈作恶的方法,如"上海阎瑞生杀害妓女莲英底案中,完全是模仿影戏",所以需要禁止。

在《答冯菊坡先生的信》(《广东群报》1921 年 1 月 11 日)的首段,"因为不幸我所见过广州报,不是无关重要的记载,便是发讦反对方面的阴私,或是用无条理的诡辩、谩骂来出风头,像冯先生这样有理性的讨论,我第一次见着,所以我格外欢迎"。表明陈独秀赞成理性的讨论态度,反对无关痛痒、攻讦阴私以及诡辩谩骂的言论态度。

在《新出版物》(《新青年》第七卷第二期，1920年1月)这篇随感中，陈独秀首先强调新杂志应该说"人"话，讨论"人"的实际问题；其次办刊要讲求"经济"，在同一地区创办相同的刊物，是一种人力、财力的浪费，"像北京、上海同时出了好些同样的杂志，人力上财力上都太不经济了"；再次办刊要有创造性，"许多人都只喜欢办杂志，不向别的事业底方面发展，这也是缺少创造力底缘故"，不能千篇一律，如果"看杂志的同是那一班人"，就"未免太重复了"；最后，办杂志必须要有"一种不得不发的主张"，像这种"没有一定的个人或团体负责任，东拉人做文章，西请人投稿"的"百衲杂志"，"实在没有办的必要"。

由上述几篇文字分析可知，陈独秀对新闻从业者提出了以下要求：就记者职责言，记者是国民的导师，通过言论指导社会；就报道内容言，记者必须尊重事实，讨论社会实际问题，杜绝传播谣言；就报道态度言，记者必须理性立论，反对诡辩漫骂和依靠权势；就创办报刊言，既要有一种不得不发的主张，也要有创造性，百衲杂志不仅没有创造性，也是一种人力、财力的浪费。应该说，陈独秀提出的这些要求可以归纳为一点，即要求记者要有强烈的社会责任感，既要在对国家、国民负责的心态下从事报刊工作，也要通过负责任的言论、报道推动社会的进步。

总体来看，陈独秀自由主义的报刊实践中，渗透了强烈的社会责任意识，不仅渗透于陈独秀本人的报刊实践中，也表现在陈独秀对新闻从业者所提的要求中。这既是陈独秀自由主义报刊实践的出发点，也是其自由主义传播思想的最可宝贵之处。

小 结

尽管陈独秀专门论述传播问题的文字非常少，与其拥有的丰富的报刊实践形成了鲜明的对比。但稍稍放大"传播思想"的考察范围，我们就可以发现陈独秀前期传播思想的独特之处。

在陈独秀前期的传播思想中，爱国忧民的传播主题与思想启蒙的传播宗旨，作为两条主线贯穿了陈独秀前期报刊实践的始终，而自由主义则是其前期传播思想的最重要的特征。近代报人中，只有陈独秀的报刊实践将这三者水乳交融地糅合在一起,他鲜明地将多数民众的幸福安康作为国家可爱与否的前提,这既是他报刊活动的根本出发点,也是他先后两次转向革命的思想根源;他对中国问题开出了文化启蒙的药方,试图通过思想文化的改造,再造新国民,再造新国家,为此积极投身于近代中国的两次思想启蒙运动,《安徽俗话报》成为清末下层启蒙报刊的佼佼者,《新青年》与《每周评论》则成功掀起了中国近代史上最为动人的思想革命。陈独秀的批评性话语实践不仅表现出"彻底全面"的批判精神,得出的见解也往往能够"警醒国民"。陈独秀的报刊实践反映出他极为重视思想自由、言论自由,为此他既对党见、舆论展开批判,又努力规避任何势力集体产生的组织性压力。更重要的是,这是一种具有崇高社会责任感的自由主义传播思想,其负责的对象既不是一党一派,也不是少数群体,而是绝大多数带有盲目心理的民众。其创办的《新青年》与《每周评论》不仅是中国自由主义报刊实践的"典范",而且引领了评论性报刊的新潮流,对其后的自由主义报刊实践影响很大。所以,用"一枝独秀"来概括评价陈独秀前期的传播思想,的确是实至名归。

结语 一枝独秀:陈独秀前期报刊实践与传播思想的再认识

鸦片战争一役,西方殖民者凭借坚船利炮,打破了清政府闭关锁国的天朝迷梦,中国被强行拖入资本主义主宰的"现代世界",遭遇到亘古未有之"大变局"。虽有少数开明的官吏与率先觉醒的士人,敏锐地察觉到了这种"不寻常的变化",但直至维新运动期间,康梁等维新志士运用报刊宣传变法维新思想主张,"危局"意识才逐渐成为广大读书人共有的"论域"。这不仅唤醒了一批先进的知识分子,也使"新式"报刊成为知识分子"救亡图存"的重要手段,从而拉开了近代中国三次国人办报高潮的"序幕"。事实上,每一次国人办报高潮出现,都是与日趋严重的"国家危局"息息相关,它折射出先进知识分子的责任意识与爱国情怀,也成就了中国近现代报刊史的辉煌篇章。在三次办报高潮中,涌现出一批又一批出类拔萃的报人,他们利用其创办的报刊,宣传各自不尽相同的救国主张,形成了各具特色的报刊实践和传播理念,陈独秀无疑是其中一个颇具代表性的人物:第一次办报高潮中已经出现了他"跃跃欲试"的身影,而在第二次、第三次办报高潮中,他更以"引领者"的姿态指点江山,激扬文字,跃上了报人生涯的巅峰。

纵观陈独秀前期的报刊实践活动,我们可以发现,陈独秀前期的报刊实践不仅与其社会革命活动基本交替进行,而且表现出鲜明的思想启蒙的特性。虽然"启蒙"与"救亡"是近代中国的历史难题,也是陈独秀们面临的真实困境,但是,陈独秀不仅直面困境,而且努力破除困境,并且终其一身。事实上,无论是其报刊实践,还是其革命活动,都是为了"救亡"的需要,都源于其深沉的"爱国情怀"。在这个意义上,其报刊实践

结语 一枝独秀：陈独秀前期报刊实践与传播思想的再认识

与社会革命活动交替进行的特性，不仅反映了"救亡"与"启蒙"的历史意义，更表现出知识分子"救国救民"的爱国热忱，这在同时代报人中也是独特的。不仅如此，陈独秀对思想启蒙的执着，在中国新闻传播史上也是独一无二的。在清末新政时期，当昔日的《国民日日报》同人章士钊、张继、刘师培、林白水等人，或投身实际的革命组织活动，或继续激烈的革命宣传之时，陈独秀选择了面向底层民众开展思想启蒙，创办《安徽俗话报》。在五四新文化运动时期，陈独秀的《爱国心与自觉心》被章士钊誉为"汝南晨鸡，先登坛唤"，创办的《新青年》与《每周评论》，更是以思想启蒙为宗旨，不仅引领了五四新文化运动，也成就了中国新闻传播史上启蒙报刊的"典范"。

尽管陈独秀的报刊实践不可避免地存在一定的"缺陷"，但如果我们放宽考察的视野，摆脱革命的话语方式，就能发现陈独秀创办的《安徽俗话报》、《新青年》、《每周评论》，以及他参与并扮演重要角色的《国民日日报》与《甲寅》月刊等报刊所贯穿的思想启蒙特征，如果承认这些报刊对中国思想文化以及中国新闻传播实践都产生了重要的影响，那么，我们就能发现陈独秀的报刊实践在中国新闻传播史上所具有的"唯一性"。

如前所述，指引陈独秀前期报刊实践的是其独具特色的传播思想，在其"一枝独秀"的传播思想中，爱国忧民的传播主题与思想启蒙的传播宗旨是贯穿其报刊实践的两条主线，自由主义则是其传播思想的重要特征。就爱国忧民的传播主题来看，陈独秀鲜明地将大多数民众的幸福安康作为国家可爱与否的前提，不仅继承了传统文化中"心忧黎民"的精髓，更将爱国主义推到了一个新的历史高度，这事实上也是陈独秀从事报刊实践的根本追求，而且是其毕生的追求。在此种意义上，陈独秀确为近代中国伟大的爱国主义者。就思想启蒙的传播宗旨来看，其本质就是通过报刊对民众进行思想文化启蒙，这是陈独秀开出的救国救民的文化药方，也贯穿了陈独秀前期的报刊实践。如果我们承认思想文化的改造是进入现代社会的必要条件，那么我们就能理解陈独秀对思想启蒙的执着，在此种意义上，陈独秀实是近代中国的思想巨人。就自由主义的传播思想来看，陈独秀本人不仅是众所周知的自由主义者，其前期的报刊实践也鲜明地表现出自由主义这个特征，更为重要的是，陈独秀的自由主义报刊实践是一种具有崇高社会责任感的传播实践，其负责的对象不是一党一派，也不是少数群体，而是绝大多数带有盲目心理的普罗大众，因而这种崇高的社会责任感又具有了壮烈的牺牲与悲剧精神。在此种意义上，陈独秀的自由主义新闻思想不仅是"一枝独秀"的，而且也确具"普世的价值"。

应该看到，这种"唯一"性是由具体的"质素"构建起来的。陈独秀的报刊实践表现出了高度的开放性，他以"百家平等，不尚一尊"的自由平等精神指导办报，渴望社外文字加入讨论，努力扩大作者队伍，不仅其主办的《新青年》与《每周评论》是中国新闻史上最具开放性的思想言论性报刊，而且他对章士钊主办的《国民日日报》、《甲寅》（月刊）的开放性面向也有很大的贡献，甚至连早期的《论略》也表现出寻找"海内同志"的"渴望"。陈独秀有着很强的受众意识，不仅其报刊实践的受众呈现出由士族子弟到学堂学生到国民到下层民众再到青年学生的发展趋势，内容也呈现出由"学问"、"时事"到"学说"、"公理"的演变，由最初的开通一省风气，到最终掀起中国近现代史上最为动人的思想革命。这充分表明其报刊实践成功地将受众定位、内容定位与地域定位结合在了一起，这对于思想性刊物尤为难得。陈独秀的报刊文字也是独领风骚的，其《安徽俗话报》时期的白话实践已经多有创造，到了五四时期，则成功引领了白话文实践，"随感录"的文采飞扬与一针见血，论说文的条分缕析与讲求逻辑。事实上，陈独秀不仅仅是白话文运动的发起者，他也从艺术性与逻辑性两个维度成功证明了白话文的"优越性"。陈独秀的报刊实践也是极富创造力的，"随感录"的设立，《每周评论》的"评论性"特征，"通信"栏在《新青年》时期的发扬光大，《国民日日报》的"舒缓"与格式创新，这些都与陈独秀有着密切的联系，反映出其报刊实践的创造性，甚至连创设西学藏书楼、发起"励志学社"与爱国演说会，也都具有鲜明的创新色彩。事实上，这也是其报刊实践能够引领报界潮流，"开通""转变"风气的重要原因。最为重要的是，陈独秀身上体现出的独立思想的品格，只注重"自己独立的思想，不迁就任何人的意见"。这既让他的早期言论新颖而又深刻，也让他"只眼"就能带来"光明"。不仅如此，陈独秀往往能于举国喧嚣之时，发出冷静、客观的"警告"，在勇于引领舆论的同时，敢于批判各式各样的"舆论"与"党见"。由此看来，陈独秀确

结语 一枝独秀:陈独秀前期报刊实践与传播思想的再认识

是立于清末民初转型期中国这一"破漏之船""船头的瞭望者",这也足以表明他是中国新闻史上最为"成功"的报人之一。

如果我们承认近代中国的两次思想启蒙运动不够彻底,为此需要在某种程度上进行再次启蒙的话(正如不少有识之士所指出的那样);如果我们承认,五四时期陈独秀、胡适、鲁迅等先贤提出的思想命题对于现代中国仍需要认真对待的话,我们就能"发现"陈独秀前期报刊实践及其传播思想的长效价值。因为不仅在清末民初的特定语境中,它曾经起到了振聋发聩的警醒作用,而且对于转型期的中国社会而言,在迈向现代化的征程中,它仍然具有某种借鉴意义和启迪作用。

不必讳言,陈独秀在中国近代史上是个"悲剧性"的人物。就其报刊实践来看,近代中国两次思想启蒙运动的不彻底性,让陈独秀所服务的普罗大众,难以走近、接受陈独秀;他对传统文化彻底、绝不妥协的批判精神,则注定要为近代中国传统文化的"断裂"接受后世的"清算";他为五四青年开启了理性之光,相应地也"应该"对五四青年日后的"左"倾或"右"倾,选择不同的道路,承担一定的"历史责任"。而从其投身革命实践的效果特别是结局看,他以书生的理想主义从事残酷的政治斗争,其结果必然以"失败"而告终,他在旧民主主义革命时期及新民主主义革命当中的两次"落伍",也充分印证了这一点。中国传统文化的"成败论"无疑加剧了"悲剧性"的色彩。最为"可悲"的是,当其他《新青年》同人忙于跑马圈地、从事学术著述的时候,他将其主要时间和精力都投入了写作报刊"时文"以及从事实际的革命工作,当他转入学术著述时,选择的又是冷僻过时的"小学",这不可避免地造成了他在中国学术史上的地位"阙如"。此外,陈独秀将其一生的绝大部分时间都投身于中国革命,生前被捕五次[①],晚年困死江津,身后更是饱受争议,这导致了陈独秀研究资料的不足,除了报刊文字之外,不仅陈独秀本人少有其他存世的文字,而且其时、其后论及陈独秀的真正具有史料价值的文字也不多,甚至即使存世的部分报刊文字,其作者也存在争议。由此形成了在陈独秀研究中陈独秀本人话语的"缺席"状态,这也导致了后来有关陈独秀的研究众

[①] 具体被捕时间可参见强重华、杨淑娟等人编《陈独秀被捕资料汇编》,河南人民出版社1982年版。

说纷纭,因为不同的研究者往往可以做出各种"合理性解释",甚至凭着主观臆断就随意涂抹。

　　然而辩证地看,这些"可悲之处"未必真正"可悲"。陈独秀的报刊实践与其社会革命活动二者交替进行的事实表明,他是近代中国知识分子"知行合一"的践行者和表率。其不乏真知灼见的"知",体现了知识分子独立思考追求真理的可贵品质,其不计得失、义无反顾的"行",彰显出执着率真的人格魅力。可以毫不夸张地说,陈独秀不仅是近代中国转型期的思想巨人,也是变革社会的行动巨人,他不仅在领导革命活动、推动社会进步方面功不可没,而且也给中国思想史、文化史和新闻史等诸多领域留下了一笔宝贵遗产。

　　随着时间的推移和研究的不断深入,历史人物的真正价值终究是会被发掘和认识的。事实上,21世纪以来兴起的陈独秀研究让我们有理由相信,陈独秀由于种种原因而被"封存""遮蔽"的"本色",将会在客观公正全面的历史研究与评价中逐步"显影",而他光彩的一面也将被越来越多的人认识和认同!我们对此充满信心。

附录一 《俗话报》各栏目篇目一览表

1.《安徽俗话报》各栏目及各期文章篇数一览表

期次＼栏目篇数	论说	时事新闻	本省新闻	历史	地理	教育	实业	小说	诗词	闲谈	要件	来文	戏曲	图画	兵事	卫生	传记	格致	调查	博物	附录	学术
1	1	5	7			1	1	1	3			1										
2	1	12	7			1	1	1	6		2											
3	1	8	5	1	1	1	1		1		1	1	1									
4	1	5	6	1		1	1	1	2	4		1										
5	1	15		1	1	1	1	1	2	4	1											
6	1	6	4	1	1		1	2	7				4		1							
7	1	7	6	1	1	1		1	1		1	1		1								
8	1	3	7	1			1		1					1	1	1	1					
9	1	13		1			1	2				1		1	1		1					
10	1	10	1	1			1		1				1	1	1		1					
11	1	4				1	1				1	1		1		1						
12	1	6	2		1	1			5				1			1	1					
13	1	8	1	1	1		1					1	1	2		1						

— 243 —

续表

篇数\栏目\期次	论说	时事新闻	本省新闻	历史	地理	教育	实业	小说	诗词	闲谈	要件	来文	戏曲	图画	兵事	卫生	传记	格致	调查	博物	附录	学术
14	1	5	2		1		1	1			1		2	1			1	1				
15	1	6	7		1						1		2	1	1			1	1			
16	1	10		1	1			1	1					1								1
17	1	6	17		1	1			3					1			1	1			1	1
18	1	17	2	1		1			2			1				1	1	1				
19	1	29						1	1	1												
20	1	5	7		1		1						1				1	1				
21—22合期	1	78	13		1		1	2		1	1						1	2				
合计	21	258	94	11	8	16	9	15	36	15	7	9	9	12	9	7	4	12	7	1	2	2

注：1. 上述统计文章没有包括第1期《开办安徽俗话报的缘故》、第9期"警告"《铜关山事件》。2. 第1期《要停科举办学堂的论折》，目录中标为"来文"，报中标为"要件"，上表归入"要件"。3. 第10期、第12—15期等5期，目录与正文均没用"本省的新闻"一栏，上表列出的"本省新闻"在报刊中被归在"新闻"或"时事"一栏。如前分析，《俗话报》"要紧的新闻"（时事新闻）一栏名称经历了由"要紧的新闻"到"新闻"再到"时事"的演变。4. 第19期的29条"时事"，包括"甲辰十一月望后至乙巳正月三十日的大事表"中所列"大事"22条，以及"最近时事"7条。5. 第21—22合期的78条"时事"，包括"五月的大事"中所列的"大事"63条，以及"外国的大事"15条。

附录一 《俗话报》各栏目篇目一览表

2.《安徽俗话报》"诗词"栏一览表

期次	名称	作者	期次	名称	作者
1	叹五更·伤国事也	龙眠女士	8	醒梦歌	
	醉东江·愤时俗也①		9	戒吸鸦片歌（仿梳妆台五更体）	天地寄庐主人④
	送郎君·悲北事也	讴歌变俗人			
2	招国魂·哀军人之不振也	节录杭州白话报	10	蚂蚁（学堂唱歌）	志忞⑤
	鸦片战·恨洋烟之害人也			叹十声（仿烟花调）	合肥觉梦子
	好江山·恨土地之日削也		12	观物杂谣五首（骆驼、野牛、蝲蟆、蜉蝣、海葵海和尚）	
	文明种·望蒙学之改良也				
	步步娇·怜缠足之恶习也				
	守财奴·恶富家之吝啬也		14	祝国歌（仿鲜花调）	爱生
3	十恨小脚歌	桐城潘女士	16	女儿叹	曼聪女士
4	闺中叹·悯国难也	桐城方瑛子女士	17	过督元陂吊荆轲	潘慎生
	十杯酒·识苛税也	黄金世界之女名士		国耻歌	桐城崇实学堂唱歌
				勉学歌	
5	湘江郎调·叹恶俗也	卓呆	18	女箴	名隐
	国民进行歌	桐城学堂日本教师		从吾游·秋之夜调	雪聪
			19	醒世格言	
6	从军行（仿十送郎调）	浮渡生②	21—22	远怀城隍会诗	可群
	书恨（八首之二）	皖江忧国士③			
7	十二月想郎（梳妆台调）	怀宁汉瞻女士		好男儿歌	今前

---

① 《醉东江·愤时俗也》这首"词"，以往都被挂在三爱（陈独秀）名下。沈寂在其《陈独秀传论》中，称其可能是将此"词"划归陈独秀名下的始作俑者，后来他认识到这种说法不确，纠正了这一说法。按照《俗话报》的行文，本书认为，这首"词"与《叹五更·伤国事也》均为龙眠女士所作。值得注意的是，《俗话报》的诗歌有几首均署名"某某女士"。

② 浮渡生即房秩武，他在《俗话报》教育栏刊登的文章则署名"饬武"。

③ 皖江忧国士即周祥骏，《俗话报》第18期刊登的戏曲《胭脂梦》署名为"皖江忧国士"，此外《睡狮园》、《康茂才投军》、《团匪魁》、《薛忠祭江》等也是他的作品。

④ 这篇文章的作者天地寄庐主人为汪笑侬，根据李秋菊《汪笑侬的六首时调》（《文史杂志》2009年第2期）。天地寄庐主人为汪笑侬的化名，汪笑侬在李伯元主编的《绣像小说》第三期"时调唱歌"栏目，发表《戒吸烟歌（仿梳妆台五更）》，署名"天地寄庐主人倚声"，"倚声"是指根据当时民间广泛流行的曲调（即"时调"）填写唱词，如同"倚声填词"，故署"天地寄庐主人倚声"。本书作者比对了两本刊物上的相关内容，可以确定《俗话报》上刊登的这篇"诗词"是汪笑侬所作。

⑤ 志忞即曾志忞，近代著名的音乐教育家，对学堂乐歌做出了巨大贡献，《蚂蚁》即为其中的一首。

3. 《安徽俗话报》"戏曲"栏篇目一览表

名称	期次	作者	名称	期次	作者
睡狮园	3	未署名	瓜种兰因	11—13	汪笑侬
团匪魁	9	春梦生	薛虑祭江	14	未署名
康茂才投军	10	未署名	胭脂梦	18—19	皖江忧国士

4. 《安徽俗话报》"闲谈"栏篇目一览表

期数	内容	作者	期数	内容	作者
4	小姐怨 清人贱种 日娘！什么王爷 交合权	黄金世界之女名士	6	烈女题诗 波兰人叛逆 大人恩典大人栽培 爱国女儿墓 今日洋鬼子异日圣明君 虐待金鱼的罪名 狗的酒馆子	
5	卫太太的书信 国是皇上家里的 天下第一贵重的坟墓 天主教讲究策论	黄金世界之女名士			

5. 《安徽俗话报》"图画"栏一览表

期数	内容	备注	期数	内容	备注
6	俄兵高丽劫掠图 红胡子拆毁满洲铁路图 日俄大战图 安徽全省地图	每幅图1页篇幅，前两幅有文字描述，后两幅没有	13	国耻图其一　将军被囚 国耻图其二　包脚受辱	有图名、文字描述，每幅图1页，内容都是庚子年八国联军侵华
7	檀香山焚烧华人市场惨状图①		14	国耻图其三　搜刮财主 国耻图其四　捉人为奴	
8	红胡子拆毁满洲铁路图	与第6期相同	15	国耻图其五　顺民被戮 国耻图其六　拷打文人	

---

① 丁苗苗的硕士论文在论述《俗话报》图画栏时，有这幅图画的记载。其后文依据的人民出版社1983年影印版的《安徽俗话报》第7期缺少封面、目录、图画，直接以"论说"起头，安徽省图书馆藏的《安徽俗话报》第7期也直接以"论说"起头，所以是否有这幅图画，暂且存疑。

6.《安徽俗话报》"教育"栏所刊文章一览表

期数	名称	作者	期数	名称	作者
1	整顿蒙学馆的法子		12	家庭教育	饬武
2	整顿蒙学馆的法子		14	王阳明先生训蒙大意的解释	三爱
3	国语教育	三爱	15	家庭教育	饬武
4	蒙学应用各书的说	饬武	16	王阳明先生训蒙大意的解释	三爱
5	蒙学应用各书的说	饬武	17	敬告各位女东家太太	了百
6	家庭教育	饬武	18	西洋各国小学情形（一）俄国	三爱
7	家庭教育	饬武	20	女子教育	铁仁
9	家庭教育	饬武	21—22	女子教育	

7.《安徽俗话报》"兵事"栏所刊文章一览表

期数	标题	备注	期数	标题	备注
8	东海兵魂录	负伤渡河、林夫人、义父义子、义母训子、无泪的烈女、一千勇士	15	枪法问答	三爱
			16	枪法问答	三爱
9	东海兵魂录	军神、弃妇从军、一死报国、金州丸死×的壮士	17	中国兵魂录	先轸、赵苞母、虎威将军、臧洪
10	说水雷	作者为公因	18	中国兵魂录	弘演、卞庄子、狼瞫、二勇
14	枪法问答	三爱	20	中国兵魂录	睢阳血战、靴中短刀

8.《安徽俗话报》"来文"、"要件"栏文章一览表

来文栏			要件栏		
刊期	内容	署名	刊期	内容	署名
1	要停科举办学堂的论折	兢化	2	日华商合办宿松煤矿合同	
3	雷之话	白嶽		贵池区仁三保和岭合约	
4	劝徽州人不要裹脚的道理	徽州不裹脚会来稿	3	美国留学生给日本留学生的书信	
7	桐城不缠足善会的缘起	桐城不缠足善会来稿	5	赴美赛会登岸情形的日记	黄金世界之女名士
11	续无鬼论演义	卓呆	7	绩溪县官劝人看俗话报启	
13	续无鬼论演义	卓呆	19	放脚的法子	节录吴门天足社稿
14	续无鬼论演义	卓呆			
15	续无鬼论演义	卓呆			
21—22	奉劝大家要晓得国民的权利和义务	中国人	21—22	奉劝中国的众同胞不买美国的货物	

9.《安徽俗话报》"调查"栏文章一览表

刊期	内容	署名	备注
14	泸州卖书的情形	科学图书社社员	报中为"泸州书市的情形"
17	安徽全省物产表	安徽调查稿	本期"附录"刊登了安徽调查会的章程
18	无为州学堂情形	安徽调查会稿	
19	安徽全省物产表	安徽调查会稿	
20	皖北的土话	安徽调查会稿	
21—22	寿州南乡的庙产一览表 合肥钱粮的弊端	安徽调查会稿	

附录二 《每周评论》相关栏目篇目一览表

1. 国外大事述评（共69篇）

期数	文章	期数	文章
1	平和会议●	10	鲁意乔治之宣言
	德国政状■		战费之推测
	英国总选举○		比利时之要求
2	德国内政之纷扰■	11	德意志外交总长宣言■
	和平会议须公开●		日本劳动者之自觉※
	威尔逊总统在苏尔朋大学之演说		波兰的国会□
	吗啡与日本※		克里孟梭遇刺
3	俄罗斯之混沌状态▲		克里孟梭遇刺后的世界和平会议●
	柏林之骚动■		巴瓦利亚的革命■
	德意志之新宪法■		世界和平会的重要时期●
4	多忙之威尔逊总统	12	欧战赔款问题●
	英国总选举之结果○		处置德国战舰问题●
	波兰之奋发□		俄国问题●
	俄国包围过激派之运动▲		废除潜水艇的提议●
5	平和会议及国际大同盟●		限制德国军备问题●
	不靖之柏林■	13	英国的劳工大会○
	英国军人与解兵○		巴黎和平会议的消息●
	英国内阁成立○		朝鲜独立的消息□
6	新国家之消息	14	朝鲜独立活动的情状□
	和平会议之消息一束●		奥国新政府的主张
	德国之消息■		克里孟梭辞职的原因
7	爱尔兰之独立□	15	日本修改选举法和要求普通选举的示威运动之经过※
	俄国与平和会议●		
	平和会议与国际联盟●		埃及的革命□

续表

期数	文章	期数	文章
7	小国家之抗议●	16	匈牙利的情形
	德意志选举之成绩■		意大利力争富姆海港
	和平会议与远东●		对德媾和条件的大概●
	日本政治思想的新潮流※	17	匈牙利新政府的消息
	德国殖民地处置问题●		国际劳动委员会的草案●
8	国际联盟之进行●	18	各国劳农界的势力
	社会党国际大会	19	各国国会里的女议员
9	英国国会开会○		暹罗华侨问题
	国际劳动立法委员会●	20	菲律宾独立运动□
	德意志之新政府■	24	新银行团与日本※
	和平会议中之暗潮●	25	巴黎和会议定的劳工待遇条例●

注：●号表示关于巴黎和会的报道；■号表示关于德国的报道；□号表示关于新兴国家及民族独立的报道；○号表示关于英国的报道；※号表示关于日本的报道；▲号表示关于俄国的报道。

2. 国内大事述评（35 篇）

期数	文章	期数	文章
1	和平会议的代表	9	中外注目的国防军
	和平会议的地点		和平会议近来的消息
	和平会议的阻碍一	10	中外反对的国防军
	和平会议的阻碍二		和平会议开幕的消息
2	各方面对于和平会议的意见	11	铁路统一问题
	北京政府对于和平会议的方针		和平会议中两大问题
3	和平会议的仲裁机关	12	和议停顿后的消息
	北方代表口中的和平意见	13	和平会议应该先决的问题
4	参战军改国防军	14	不死不活的和议消息
	北京中西新闻记者对于时局的意见	15	蒙古独立的消息
5	和平会议的各种消息	16	中外反对的八年公债
	焚土的消息	17	上海和议的情形
6	南方的和平意见	18	上海和议的情形
	积极进行之国防军	19	外交上种种的噩耗
7	消息离奇的国防军	20	山东问题

附录二 《每周评论》相关栏目篇目一览表

续表

期数	文章	期数	文章
8	青岛问题之波澜	24	
	和平会议协商会议规则	25	查禁"妨害治安"的集会出版之经过
	国防军的各种消息		军警压迫中的学生运动

3. 社论（40篇）

期数	文章	作者	期数	文章	作者
1	国际社会之改造	若愚	10	我的国内和平意见（四）国防军问题	只眼
	有饭大家吃 有工大家做	质心		祖先崇拜	仲密
2	欧战后东洋民族之觉悟及要求	只眼		国际的革命	若愚
	救世军	赤		我的国内和平意见（五）国会问题	只眼
3	新纪元		11	思想革命	仲密
	国防军问题（告四国银行团）	只眼		数之哲理	赤
	去兵后之"内乱外患问题"	寄生		今日之梅特涅	若愚
4	甚么叫做"国民制宪"（辟国民制宪倡导会的主张）	涵庐	12	人种差别待遇问题	只眼
5	除三害	只眼	13	兑现	若愚
	悼美前总统罗斯福			朝鲜独立运动之感想	只眼
6	真真费解的"国民大会"——"按之政理法理皆不可通"	涵庐	14	为什么要南北分立？——南北人民分立呢？还是南北特殊势力分立呢？	只眼
	烧烟土	只眼	18	我的国内和平意见（六）宪法问题	只眼
	请问蒋观云先生	只眼		无政府共产主义与国家社会主义	若愚
7	我的国内和平意见（一）先决问题	只眼	19	贫民的哭声	只眼
	结婚与妇人	赤		废娼问题	常
8	我的国内和平意见（二）废督问题	只眼	20	中国士大夫阶级的罪恶	一湖
	嫁娶有理据吗？	赤子		关于胶州和约的修正意见	涵庐
9	我的国内和平意见（三）裁兵问题	只眼	24	对于日使照会及段督办通电的感言	只眼
	法律和事实	元		危险思想与言论自由	常
	祝黎明会	明明	25	我们究竟应不应当爱国？	只眼

— 251 —

4. 文艺时评（8篇）

期数	文章	作者	期数	文章	作者
2	涵庐剧评（一念差）	涵庐	7	文学的考据	适
4	论黑幕	仲密	8	杀儿的母	仲密
5	平民文学	仲密	10	我的戏剧革命观	涵庐
7	中国小说里的男女问题	仲密	17	"是可忍"——孰不可忍？	涵庐

5. 新文艺（33篇）

期数	文章	作者	备注	期数	文章	作者	备注
1	他们的儿子	仁	译文，小说	20	爱情与面包	适	连载
	奔丧到家	适	新诗	23	白旗子	程生	小说
2	他们的儿子	仁	连载	25	偶成	仲密	新诗
	雪	志希	新诗		前门遇马队记	仲密	散文
4	水圳	胡觉	新诗	28	欢乐的花园	仲密	译文，散文
	出门	胡觉	新诗		威权	适	新诗
5	卖馒头	谋	新诗		一封未寄的信	天风	译文，小说
	父亲	涵庐	译文，小说	29	爱情与痛苦	适	新诗
6	弑父之儿	适	译文，小说		动	辛白	新诗
7	弑父之儿	适	连载		一封未寄的信	天风	连载
8	出气	程生	小说	30	云	寒星	新诗
9	可怜的若格	赵祖欣	小说		怀陈独秀	辛白	新诗
13	背枪的人	仲密	新诗		女乞	辛白	新诗
14	当兵	程生	小说	31	羊肉店	寒星	新诗
15	逃兵	涵庐	小说		人生的礼物	仲密	译文，散文
16	名节	程生	小说	32	一个问题	适	小说
17	京奉车中	仲密	新诗	33	我的儿子	适	新诗
18	爱情与面包	适	译文，小说	34	一颗星儿	适	新诗
19	爱情与面包	适	连载	35	一片哭声	胡思聪	小说

6. "国内劳动状况"（7篇）

期数	文章	作者	期数	文章	作者
3	北京之男女佣工	植	8	人力车夫问题	善根
4	修武煤厂之工头制	善根	12	唐山煤厂的工人生活	明明
5	北京剃头房与理发店之今昔		13	上海人力车夫罢工	植
6	北京剃头房与理发店之今昔		18	山东东平县的佃户	渔村

7. "评论之评论"（5篇）

期数	文章	作者	期数	文章	作者
4	无职业的人不得干预政治	若愚	13	关于北京大学的谣言	只眼
6	鬼学	赤	20	孔教研究	只眼
10	破坏与建设	世纪			

8. 第28—37号，共发表18篇论说，具体篇目如下表所示：

期数	文章	作者	期数	文章	作者
28	欢迎我们的兄弟——《星期评论》	适	32	俄国的新银行法	心
28	俄国的新宪法	慰慈	32	自由与秩序（续三十号）	赤
29	俄国的土地法	慰慈	33	民众运动的目的	涵庐
29	阶级竞争与互助	守常	34	女子解放与家庭改组	慰慈
30	俄国的婚姻制度	慰慈	34	司法独立与教育独立	若愚
30	自由与秩序	赤	35	欢迎中山先生脱离军政府	涵庐
31	俄国遗产制度之废止	慰慈	35	评徐佛苏的《西南自治与和平》	涵庐
31	克鲁泡特金学说的要点	涵庐	36	武者小路理想的新村	涵庐
32	科学的思想 思想的科学	寄	37	中日怎样才能够亲善	涵庐

主要参考文献

一 报刊类

《中国白话报》，中国白话报社 1903—1904 年版。

《国民日日报》，国民日日报社 1903 年版。

《安徽俗话报》，安徽俗话报社 1904—1905 年版。

《甲寅》（月刊），甲寅杂志社 1914—1915 年版。

《新青年》，群益书社 1916—1920 年版；新青年社 1920—1921 年版。

《每周评论》，每周评论社 1918—1919 年版。

《劳动界》，新青年社 1920—1921 年版。

《伙友》，新青年社 1920—1921 年版。

二 论著类

唐宝林：《陈独秀全传》，社会科学文献出版社 2013 年版。

王观泉：《被绑的普罗米修斯——陈独秀传》，台湾业强出版社 1996 年版。

任建树：《陈独秀大传》，上海人民出版社 1999 年版。

郑学稼：《陈独秀传》，台湾时报文化出版企业有限公司 1989 年版。

沈寂：《陈独秀传论》，安徽大学出版社 2007 年版。

朱文华：《陈独秀传》，红旗出版社 2009 年版。

陈万雄：《新文化运动前的陈独秀》，香港中文大学出版社 1982 年版。

郭成棠：《陈独秀与中国共产主义运动》，台北联经出版社 1992 年版。

方汉奇：《中国新闻史通史》（第一卷），中国人民大学出版社 1997 年版。

宁树藩：《中国新闻史通史》（第二卷），中国人民大学出版社 1997 年版。

方汉奇：《中国近代报刊史》，山西人民出版社1981年版。
丁淦林：《中国新闻事业史》，高等教育出版社2002年版。
曾建雄：《中国近代新闻评论史》，广西师范大学出版社1996年版。
黄瑚：《中国新闻事业发展史》，复旦大学出版社2009年版。
吴廷俊：《中国新闻史新修》，复旦大学出版社2008年版。
赖光临：《中国近代报人与报业》，台湾商务印书馆1987年版。
丁守和主编：《辛亥革命时期期刊介绍》，人民出版社1986年版。
戈公振：《中国报学史》，生活·读书·新知三联书店1955年版。
闾小波：《中国早期现代化中的传播媒介》，上海三联书店1995年版。
张育仁：《自由的历险——中国自由主义新闻思想史》，云南人民出版社2002年版。
关绍箕：《中国传播思想史》，台北正中书局2000年版。
唐宝林：《中国托派史》，台北东大图书股份有限公司1994年版。
彭明：《五四运动史》，人民出版社1998年版。
朱汉国、汪朝光主编：《中华民国史》（第一册），四川人民出版社2006年版。
张宪文：《中华民国史》（第一卷），南京大学出版社2005年版。
葛兆光：《中国思想史》，复旦大学出版社2004年版。
李泽厚：《中国近代思想史论》，天津社会科学院出版社2003年版。
李泽厚：《中国现代思想史论》，东方出版社1987年版。
王尔敏：《中国近代思想史论》，社会科学文献出版社2003年版。
王尔敏：《中国近代思想史论续集》，社会科学文献出版社2005年版。
李龙牧：《五四时期思想史论》，复旦大学出版社1990年版。
郭湛波：《近五十年中国思想史》，上海古籍出版社2005年版。
常乃德：《中国思想小史》，中华书局1930年版。
胡绳：《从鸦片战争到五四运动》，人民出版社1997年版。
高力克：《历史与价值的张力——中国现代化思想史论》，贵州人民出版社1992年版。
哈佛燕京学社编：《启蒙的反思》，江苏教育出版社2005年版。
金观涛、刘清峰：《观念史研究：中国现代重要政治术语的形成》，香港中文大学出版社2008年版。

肖公权等著：《近代中国思想人物论——社会主义》，台北时报文化出版事业有限公司1982年版。

杨念群：《"五四"九十周年祭——一个"问题史"的回溯与反思》，世界图书出版公司北京公司2009年版。

陈平原：《触摸历史与进入五四》，北京大学出版社2005年版。

李孝悌：《清末的下层社会启蒙运动：1901—1911》，河北教育出版社2001年版。

罗志田：《权势转移：近代中国的思想、社会与学术》，湖北人民出版社1999年版。

桑兵：《晚清学堂学生与社会变迁》，生活·读书·新知三联书店1995年版。

张朋园：《知识分子与近代中国的现代化》，百花洲文艺出版社2002年版。

王森然：《近代二十家评传》，书目文献出版社1987年版。

欧阳哲生：《新文化的传统——五四时期人物与思想研究》，广东人民出版社2004年版。

萧廷中等编：《启蒙的价值与局限——台湾学者论五四》，山西人民出版社1989年版。

闫润鱼：《自由主义与近代中国》，新星出版社2007年版。

张宝明：《启蒙与革命——"五四"激进派的两难》，学林出版社1998年版。

邹小站、郑大华：《传统思想的近代转换》，社会科学文献出版社2007年版。

李仁渊：《晚清的新式传播媒体与知识分子——以报刊出版为中心的讨论》，稻乡出版社2005年版。

高力克：《五四的思想世界》，学林出版社2003年版。

陈万雄：《五四新文化的源流》，生活·读书·新知三联书店1997年版。

王跃、高力克主编：《五四：文化的阐释与评价——西方学者论五四》，陕西人民出版社1989年版。

谭彼岸：《晚清的白话文运动》，湖北人民出版社1956年版。

张宝明：《多维视野下的〈新青年〉研究》，商务印书馆 2007 年版。

[美] 伊丽莎白·爱森斯坦：《作为变革动因的印刷机：早期近代欧洲的传播与文化变革》，何道宽译，北京大学出版社 2010 年版。

[美] 费正清编：《剑桥中华民国史》上卷，中国社会科学出版社 1994 年版。

[美] 费正清、刘广京编：《剑桥中国晚清史》上、下卷，中国社会科学出版社 1993 年版。

[美] 徐中约：《中国近代史：1600—2000，中国的奋斗》（第六版），世界图书出版公司北京公司 2008 年版。

[美] 周策纵：《五四运动：现代中国的思想革命》，江苏人民出版社 1996 年版。

[美] 海登·怀特：《后现代历史叙事学》，中国社会科学出版社 2003 年版。

[意] 克罗齐：《历史学的理论和历史》，田时纲译，中国社会科学出版社 2005 年版。

[美] 周策纵：《五四与中国》，时报文化出版事业有限公司 1982 年版。

[美] 舒衡哲：《中国的启蒙运动——知识分子与"五四"遗产》，新星出版社 2007 年版。

[法] 朱利安·班达：《知识分子的背叛》，佘碧平译，上海人民出版社 2005 年版。

[美] 理查德·A. 波斯纳：《公共知识分子：衰落之研究》，中国政法大学出版社 2002 年版。

[美] 马克·里拉：《当知识分子遇到政治》，新星出版社 2010 年版。

[美] 林毓生：《中国意识的危机——"五四"时期激烈的反传统主义》，贵州人民出版社 1986 年版。

[美] 李欧梵：《未完成的现代性》，北京大学出版社 2005 年版。

[美] 林毓生：《中国传统的创造性转化》，生活·读书·新知三联书店 1988 年版。

[英] 诺曼·费拉克拉夫：《话语与社会变迁》，殷晓蓉译，华夏出版社 2003 年版。

［法］让·纳内：《西方媒介史》，段慧敏译，广西师范大学出版社 2005 年版。

［美］西伯特、彼得森、施拉姆：《传媒的四种理论》，展江、戴鑫译，中国人民大学出版社 2008 年版。

［美］新闻自由委员会：《一个自由而负责的新闻界》，展江、王征、王涛译，中国人民大学出版社 2004 年版。

［美］尼罗、贝里、布拉曼等：《最后的权利：重议〈报刊的四种理念〉》，周翔译，汕头大学出版社 2008 年版。

梁启超：《饮冰室合集》，中华书局 1989 年版。

章士钊：《章士钊全集》，上海文汇出版社 2000 年版。

殷海光：《殷海光哲学与文化思想论集》，南京大学出版社 2008 年版。

三 史料类

唐宝林、林茂生编：《陈独秀年谱》，上海人民出版社 1988 年版。

王光远编：《陈独秀年谱：1897—1942》，重庆出版社 1987 年版。

郅玉如：《陈独秀年谱》，香港龙门书店 1974 年版。

陈东晓：《陈独秀评论》，亚东书局 1933 年版，国家图书馆缩微胶卷。

张静庐：《中国近代出版史料初编》，中华书局 1957 年版。

任建树编：《陈独秀著作选编》，上海人民出版社 2009 年版。

万仕国：《刘师培年谱》，广陵书社 2003 年版。

强重华等：《陈独秀被捕资料汇编》，河南人民出版社 1982 年版。

四 学位论文

邓金明：《从〈新青年〉到"新青年"——五四青年对〈新青年〉杂志的阅读研究》，首都师范大学博士学位论文，2008 年。

李宪瑜：《〈新青年〉杂志研究》，北京大学博士学位论文，2000 年。

黄晓红：《〈安徽俗话报〉研究》，安徽大学博士学位论文，2010 年。

丁苗苗：《〈安徽俗话报〉研究》，安徽大学硕士学位论文，2005 年。

后 记

　　高语罕在给陈独秀的挽联中有"大道莫容，论定尚须十世后"的文字，言下之意，中国人对陈独秀的公允评价当在十代或三百年后，这表明中国人对陈独秀的认识与评价必将是一个长期的过程。确实如此，陈独秀作为近代中国最具争议的历史人物之一，其逝世的时间距今虽只有"短短"的七十二年，但他的历史行迹已然"模糊不清"，对他的评价也"饱受"意识形态的侵扰。此种状况，一方面让本论题具有了较高的研究价值，一方面也对我提出了更高的要求。既要求努力发掘新的史料，也需要"重新"解读现有的史料，更需要对已有的各种评价进行辩证的析取。这对于毫无史学背景的我来说，是个不小的挑战。不宁唯是，生于70年代的我，年纪已然不小，但读史识世的阅历仍属浅薄，这也必然给博士论文写作带来一定的困难。现任安徽省陈独秀研究会会长、安徽大学历史系沈寂教授即对我表示了这种担心。幸运的是，我最终勉力完成了博士论文的写作。本书即是在博士论文的基础上修改完成的。

　　本书采取了在梳理陈独秀前期报刊传播实践的基础上，以传播主题、传播宗旨以及自由主义的传播思想为架构，归纳陈独秀前期传播思想的结构方式，对陈独秀前期传播思想生成的政治、经济、文化等社会背景着墨不多，也没有探究其产生的各种原因，这让本书多少缺少了深度感和历史感。然而，在我看来，相较于分析、探究陈独秀传播思想的社会背景及产生原因，描述陈独秀前期传播思想的各种"表现"更为重要。就本研究而言，社会背景作为已然的事实，不仅不可"还原"，实现"时空倒转"，而且也无法提供"完整"的历史认知，这就让"表现"显得更为重要，事实上，这才是真正值得"借鉴"的地方，体现了"以史为鉴"的本义。陈独秀传播思想的生成，肯定存在诸多的原因，也存在一定的来源，探讨原因与来源也是一件很有意义的研究。然而，就本论题而言，"原因"与"背景"一样，都是已然的事实，也不可能提供"完整"的认知。陈独秀的思想是复杂的，坚持自己的见解，批判性的接受态度，让探究陈独秀传播思想的来源，存在很大的难度，在一定意义上，也不可能"完整"呈现陈独秀传播思想的来源。相形之下，探讨陈独秀传播思想的"表现"及内含的价值，无疑更具有研究的价值，也更具有强烈的现实意义。

本书也没有检讨陈独秀前期报刊实践活动及传播思想中存在的"缺憾"。表面上看，这是一种缺失，但我认为，"缺憾"的生成不仅严格受制于历史境遇，"缺憾"的寻找也必须源自对历史境遇的真实考察，任何由"僵化"的"一体两面"的哲学观念而找寻到的"缺憾"，不仅考察的视角是"全知全能"的，而且极易沦为"后见之明"，这是一种"不合理"的"批评"。当然，学理商榷本身也有助于恢复历史的本来面目，正因如此，本书花了相当篇幅对当前流行的一些颇有影响的观点进行了学理商榷，甚至这构成了部分章节的主体，这是本书没有检讨"缺憾"的另一个原因。

当然，探讨背景、原因、来源以及缺憾，确是件很有意义的事情，能够让陈独秀真正成为一位"历史人物"。但解决上述问题，需要一个更为严密，更为可行的分析架构，还要努力摆脱简单的因果决定论。这需要更多的时间，更为深入的思考，以及更好的研究条件。我相信，这些"憾事"都将在今后的研究道路中得到比较好的解决。

我要感谢我的导师曾建雄教授。在人生苦闷抑郁之时，我的导师再次将我收入门下，入读暨大，受教于范以锦、林如鹏、刘家林、董天策、蔡铭泽、蒋建国等诸位教授，开始了我严格意义上的学术道路。在博士论文写作过程中，我的导师精心指导，严格要求，为此我颇受"折磨"，然而，导师"严肃求真"的学术品格已经深深影响了我，在未来的学术道路上，我也必将"严肃求真"作为学术研究的座右铭。我还要感谢蔡铭泽、蒋建国两位教授，他们对论文的选题、写作也提供了宝贵的意见。我还要感谢安徽大学历史系沈寂教授，沈老不仅启发了我的研究思路，也坚定了我的某些判断。感谢安庆图书馆古籍室的三位女士，及淮阴师院图书馆陈慧鹏老师提供的帮助。读博的生活是清苦的，因此我还要感谢胡汉斌、左文

后　记

卫、沈天舒、庄东明、李绍元等诸位友朋，感谢暨南大学新闻学院的诸位老师，感谢我的同班同学，感谢我的诸位同门，谢谢他们提供的各种帮助。

我要感谢我的家人，尤其是我的母亲，我的岳母，我的妻子，正是她们对小甫的照顾，才让我能够全身心投入论文的写作，完成本书！

陈独秀是中国近现代史上最富争议性的人物之一，这决定了将陈独秀还原为有血有肉的"历史人物"必将是一个长期的过程。本书只是参与这一长期过程的一个小小的阶段性研究，尽管存在种种不足，但仍期望本书能够"丰富"读者对陈独秀的认知。

陈长松
6月11日凌晨于交通路公寓